개념기반 독서

개념기반 독서

발행일	2026년 4월 13일
지은이	정용석
펴낸이	백대현
펴낸곳	도서출판 정기획(Since 1996)
출판등록	2010년 8월 25일(제2010-000003호)
주소	경기도 시흥시 서촌상가4길 14
전화번호	(031)498-8085, 010-2310-8085
팩스번호	(031)498-8084
이메일	cad96@naver.com

ISBN   979-11-93579-18-3 03190 (종이책)   979-11-93579-21-3 05190 (전자책)

개념기반 독서

정용석 지음

읽어도 남지 않고, 외워도 잊히는 독서가 고민이라면
이제 뇌가 반응하는 '의미'를 읽어라!

**읽는 즉시 이해되고 평생 기억에 남는,
뇌과학 기반 신개념 독서 혁명**

정기획

새로운 독서의 문을 열며

당신은 지금까지 어떻게 책을 읽어 왔나요? 아마도 많은 사람들이 유치원에서 문자를 배울 때와 같은 방법으로 책을 읽고 있을 것입니다. 글자를 한 자 한 자 또박또박 첫 페이지부터 마지막 페이지까지 차례대로 말이지요. 그런데 과연 그 방법이 좋은 방법일까요? 아니면 단지 더 좋은 방법을 몰라서 그렇게 해 왔나요? 이는 책을 읽는 모든 사람이 당연히 해 보아야 할 질문입니다. 만약 이런 질문을 해 본 적이 없었다면 지금 바로 자신에게 물어보세요.

눈의 본래 기능을 되찾아야 합니다

한번 실험해 봅시다. 화분에 있는 꽃을 볼 때 당신은 책을 읽듯이 또박또박 잎, 줄기, 꽃을 하나하나 살펴본 다음 저 꽃이 무슨 꽃인지를 알아차리나요? 아니면 전체를 한눈에 보고 바로 알아차리나요? 우리는 사물을 전체적으로 보고 바로 알아차립니다. 감각기관을 통해 대상을 볼 때 우리 뇌는 여러 요소가 조직되어 있는 사물을 뭉쳐서 하나로 알아차립니다. 이렇게 대상을 덩어리로 알아차리기 위해서 우리 뇌는 개념화 기능을 활용합니다. 그런데 유독 책을 읽을 때만 이 자연스러운 능력을 사용하지 않고 있습니다. 습관적으로 글자를 또박또박 읽는 방법은 우리 눈의 원래 기능과 역할에 어긋납니다. 책을 들기만 해도 졸음이 온다는 사람이 있는데, 바로 눈의 본래 기능과 역할에 어긋난 방법으로 책을 읽기 때문입니다. 그래서 눈이 쉽게 피로해집니다.

자연스러운 집중력의 발현

책은 눈으로 읽지 말고 생각으로 읽어야 합니다. 즉, 하나의 의미(혹은 명제)를 하나치[1]로 읽어야 합니다. 그래야 생각으로 읽어 낼 수가 있습니다. 개념 기반 독서법을 훈련하다 보면 집중해야만 읽어 낼 수 있다는 것을 깨닫게 됩니다. 그래서 눈이 아닌 생각으로 하는 독서법은 자연스럽게 주의력을 높여 줍니다. 하나의 기억 단위를 한 번에 읽어 내려면 그만큼 집중력이 필요하므로 의도적으로 집중해야 하는 것이 아니라 저절로 집중되는 것입니다. 그 대신 에너지 소모가 많아지는 것을 느낄 수 있습니다. 그만큼 뇌가 활성화되기 때문입니다.

> ### 최신 뇌과학 연구 결과
>
> 21세기 들어 뇌과학은 급속도로 발전했습니다. 앞으로 인류의 미래에 마지막으로 남은 탐구 분야가 바로 '뇌'입니다. 그리고 이 뇌과학 연구들이 우리에게 들려주는 이야기는 정말 놀랍습니다. 인간의 뇌는 가소성이 풍부해서 사용하기에 따라 폭발적으로 능력을 높일 수 있다는 것입니다. 특히 독서와 학습에 관한 연구 결과들은 우리의 상식을 완전히 바꾸어 놓았습니다.

뇌과학이 밝혀낸 놀라운 사실은 최근 7만 명을 14년간 추적해서 연구한 결과, 단 2분만 책을 읽어도 뇌가 새로운 지식을 쉽게 받아들이는 상태가 된다는 것입니다. 또한 우리 뇌가 텍스트를 처리할 때는 실제로 경험하는 것과 거의 동일한 신경 활동이 일어난다는 점도 확인되었습니다. 그러나 현실은 어떻습니까? 책을 열심히 읽었는데도 내용이 기억나지 않는다고 호소하는 분들이 점점 늘어나고 있습니다.

인식 체계의 전환이 필요한 시대

우리는 책을 읽기 전에 먼저 책 읽는 태도부터 가다듬어야 합니다. 책에는 저자의 생각

---

1) '단위'를 뜻하는 순우리말.

이나 감정이 녹아 있습니다. 당연히 나와 다른 생각이나 감정을 마주해야 합니다. 그리고 새로운 정보나 지식을 대할 때는 그 지식과 정보를 나와 연관시켜 수용 여부를 결정해야 합니다. 그러므로 우선 내가 가진 낡은 고정관념이나 사고방식을 내려놓아야 저자의 의도를 곧이곧대로 읽어 낼 수 있습니다. 패러다임(paradigm)은 생활의 지침으로 활용할 때는 요긴하지만 새로운 정보나 지식을 배우는 데는 훼방꾼입니다.

디지털 시대의 새로운 도전

현대인의 평균 집중 시간이 급격히 단축되고 있습니다. 스마트폰과 각종 디지털 기기에 둘러싸인 우리의 뇌는 지속적인 정보의 홍수와 멀티태스킹으로 인해 깊이 있는 사고 능력이 약해지고 있습니다. 이러한 현실에서 전통적인 독서법은 한계가 있습니다. 우리에게는 뇌과학에 기반한 새로운 접근법이 필요합니다.

개념 기반 독서법의 4가지 핵심 원리

이 책에서 제안하는 개념 기반 독서법은 최신 뇌과학 연구 결과를 적용한, 과학적이고 체계적인 방법입니다. 이 방법은 다음 4가지 핵심 원리로 구성되어 있습니다.

첫째, 의미 하나치 읽기: 우선 책을 읽을 때 글자를 한 자 한 자 또박또박 읽지 말고 문장(명제 또는 의미 단위)에 있는 생각 또는 의미를 하나치로 읽어야 합니다. 생각은 이야기를 만들어 내는 것이고, 이야기에는 줄거리가 있고 그 줄거리가 일화기억의 내용이 되면 쉽게 그리고 오래 기억할 수 있습니다.

둘째, 주의력 집중: 생각이나 의미 단위로 책을 읽으려면 많은 글자를 동시에 새겨야 하니까 무엇보다 주의력이 요구됩니다. 주의력을 키우려면 주의력에 대한 세심한 접근법과 깊은 이해가 필요합니다.

셋째, 효과적 학습법 적용: 읽은 책의 내용을 기억하려면 효과적인 학습법이 중요합니다. 지금은 뇌 연구로 하루가 다르게 과학적인 학습법이 밝혀지고 있습니다. 이를 적용해서 독서와 동시에 학습이 이루어지는 효과적인 방법을 훈련해야 합니다.

넷째, 몸으로 익히는 자동화: 반복적인 연습으로 몸이 길들여집니다. 무슨 행위든 몸에 배지 않으면 제대로 해낼 수 없습니다. 숨 쉬듯 자연스럽게 해내기 위해서는 반복적인 훈련 말고는 달리 방법이 없습니다. 몸에 배도록 인내하고 길들이는 과정이 필요합니다. 책을 읽을 때는 언제나 정신을 바짝 차리고 책에 매달려야 합니다. 독서는 다른 무엇보다도 더 적극적이고, 통합적인 정신 활동입니다.

뇌의 놀라운 변화

개념 기반 독서법은 뇌의 시냅스를 활성화해서 공부하기 적당한 뇌로 구조가 바뀐다는 사실도 알아둘 필요가 있습니다. 뇌과학자들이 밝힌 바에 의하면 인간의 뇌는 가소성이 풍부해서 사용하기에 따라 폭발적으로 능력을 높일 수 있다고 합니다.

목적의식의 중요성

그동안 막연히 책을 읽었다면 지금부터는 왜 책을 읽는지 스스로 질문해 보아야 합니다. 당신은 왜 책을 읽는가요? 인간을 '목적 지향적인 유기체'라 합니다. 인간의 모든 행동에는 목적이 있다는 말입니다. 물론 무의식적인 반사행동도 있습니다. 그러나 순간적으로 일어나는 역하자극[2]도 그것에 반응하는 우리의 행동을 자세히 살펴보면, 자신도 모르게 몸이 스스로 알아차리고 위험을 피하려는 목적이 있습니다.

우리말에는 '마음먹다'라는 말이 있습니다. 여러분은 이 말뜻을 잘 알고 있겠지요? 마음을 먹기 위해서는 부족함을 느껴야 하고 이것을 채우려는 욕구가 있어야 합니다. 책을 읽을 때 우리가 먹는 마음이 바로 책을 읽는 목적이 아닐까요? 어떤 마음을 먹고 책을 읽는가요? 이 마음이 절실해야 집중해서 책을 읽을 수 있습니다. 꼭 해내겠다는 마음이 절실하다면 당신의 뇌는 그것을 해낼 방법을 찾아내어 당신이 그것을 해낼 수 있도록 해 줍니다.

---

2) 의식적으로 인지할 수 없을 만큼 약한 자극. 우리가 느끼지 못해도 무의식적으로 처리될 수 있다.

독서는 의미 구성 과정입니다

독서는 독자의 사전 지식과 정보와 경험으로 저자가 제시한 단서를 읽고 독자 나름으로 알아차려 의미를 만들어 가는 과정입니다. 독서를 의미 구성 과정으로 여기고, 의미 있는 구문의 문맥에서 개별 단어의 뜻을 파악할 수 있어야 한다는 게 이 책에서 말하는 독서의 뜻입니다.

이 책의 특별한 구성

이 책은 10개의 장으로 구성되어 있으며 각 장은 체계적인 학습을 위해 다음과 같은 주제로 이어집니다.

1장, 왜 다르게 읽어야 하는가?
2장, 뇌과학이 밝혀낸 독서의 비밀
3장, 개념 기반 독서법의 4가지 원리

이상 3개의 장은 이론 부분으로 기존 독서법의 한계와 뇌과학이 밝혀낸 독서 처리 메커니즘, 그리고 개념독서의 4가지 원리를 설명합니다.

4장, 개념의 이해와 적용
5장, 의미 하나치 읽기
6장, 텍스트 유형별 맞춤 독서법
7장, 독서 효과 극대화 전략

이상 4개 장은 실천 부분으로 앞선 3개 장의 이론을 기반으로 실제 책을 읽고 이해하고 적용하는 구체적인 방법을 익히도록 편성되어 있습니다.

8장, 학습자별 맞춤형 독서

9장, 디지털 시대의 독서법
10장, 평생 독서 습관 만들기

위 3개 장은 개인적인 맞춤 독서법으로 시대적 변화를 적극적으로 수용하고 개념독서를 자동화하는 틀을 제공합니다. 각 장마다 풍부한 실습과 체험 활동, 자가 진단 도구, 그리고 최신 뇌과학 연구 결과로 녹여 낸 내용이 포함되어 있습니다.

개인차를 인정하며 나아가기

이 책은 독서와 독서를 통한 학습 방법을 안내하기 위해 쓴 책입니다. 그러나 세상의 모든 사람이 모두 잘 해낼 수 있는 단 한 가지 방법이란 있을 수 없습니다. 그것은 사람마다 몸과 마음이 다르고, 평소에 행동하는 습관도 다르기 때문입니다. 효과적으로 읽고, 학습하는 방법을 배우기 위해서 무엇보다 먼저 살펴야 할 것은 자기의 몸과 마음입니다. 특히 읽기를 위해 사용하는 신체 부위의 기능과 역할 그리고 비언어인 우리의 느낌(감각 기능, 감정) 또 언어인지에 대한 이해가 필요합니다. 미래를 향한 새로운 출발점인 21세기 지식 정보 사회에서 독서는 단순한 취미나 교양이 아닙니다. 책은 인공지능 시대에도 인간만이 할 수 있는 창의적 사고, 비판적 판단, 감정적 정서를 기르는 핵심 도구입니다.

<table>
<tr><td>뇌과학의 미래</td></tr>
<tr><td>인류의 미래에 마지막으로 남은 탐구 분야가 바로 '뇌'입니다. 매일 새로운 연구 결과들이 나오고 있으며, 이는 우리의 학습과 독서 방법에 계속해서 새로운 통찰을 제공하고 있습니다. 이 책은 그러한 최신 연구 결과들을 교육 현장에서 실제로 활용할 수 있도록 체계화한 실용적 안내서입니다.</td></tr>
</table>

하나밖에 없는 유일한 도구인 우리 몸과 마음을 다시 한번 가다듬고 다 함께 새롭게 출발합시다. 이 책과 함께하는 여정을 통해 여러분은 단순히 새로운 독서법을 배우는 것이 아니라 생각하는 방식 자체를 근본적으로 변화시키는 경험을 하게 될 것입니다. 그 변화의 첫 발걸음을 지금 시작합시다.

차례

II부 실전 활용편

Ⅲ부 심화편

개념 기반 독서의 이론적 토대

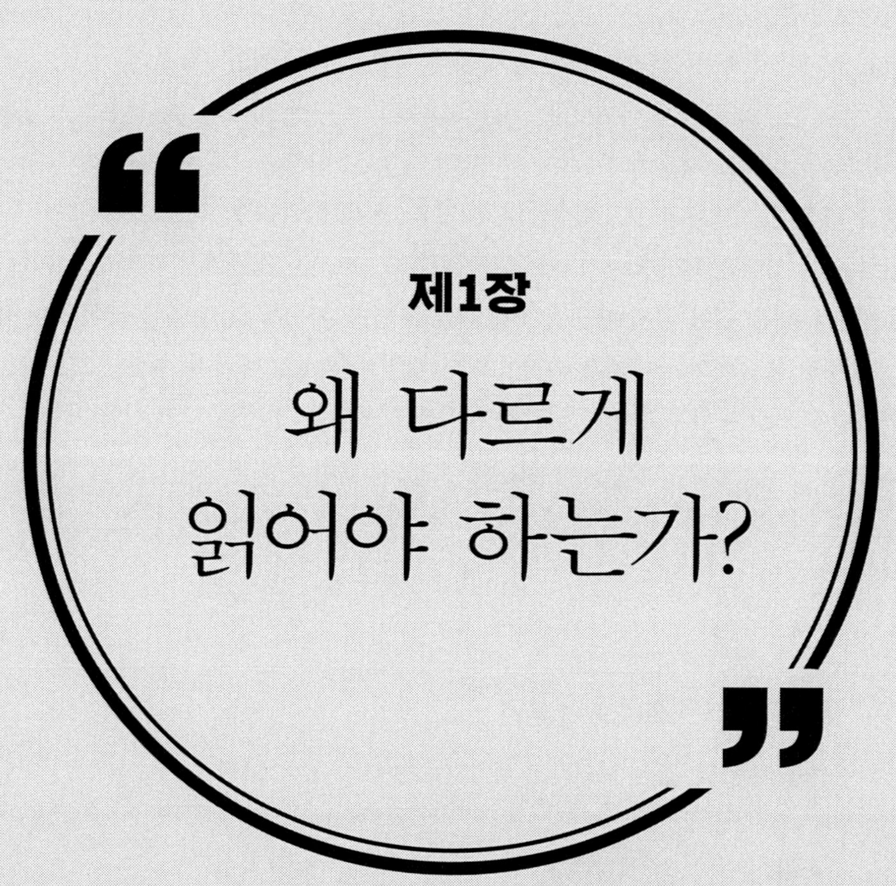

제1장
왜 다르게
읽어야 하는가?

여러분, 혹시 이런 경험이 있나요?

책을 다 읽었는데 내용이 기억나지 않거나 중요한 시험을 앞두고 문제지를 여러 번 읽었는데도 머릿속에 남는 게 없어서 당황스러웠던 순간 말입니다. 아니면 당신의 아이가 책을 많이 읽고 있지만 독해력이나 사고력이 늘지 않아 고민한 적이 있었나요?

이것은 여러분만의 문제가 아닙니다. 최근 교육계의 연구에 따르면, 우리나라 학생들의 대부분이 "책을 읽어도 내용이 잘 기억나지 않는다."라고 답했습니다. 성인의 경우에는 더 많은 분이 이 같은 어려움을 호소했습니다. 이것은 전 세계적인 현상이기도 합니다.

왜 이런 일이 일어날까요? 답은 의외로 간단합니다. 우리는 지금까지 '어떻게' 읽어야 하는지를 제대로 배운 적이 없기 때문입니다. 마치 수영을 배우지 않고 물에 뛰어드는 것과 같지요. 아무리 물속에서 팔다리를 휘저어 봐도 제대로 앞으로 나아갈 수 없는 것처럼, 올바른 독서법을 모르면 아무리 많은 시간을 투자해도 원하는 결과를 얻기 어렵습니다.

잠깐, 우리 뇌는 어떻게 세상을 이해할까요? 본격적인 내용에 들어가기 전에, 간단한 활동을 하나 해 봅시다. 이 활동이 왜 중요한지는 곧 알게 될 것입니다.

활동 1: 같은 것끼리 묶어 보기

아래 그림들을 보세요. 같은 무리라고 생각되는 것끼리 묶어 보세요.

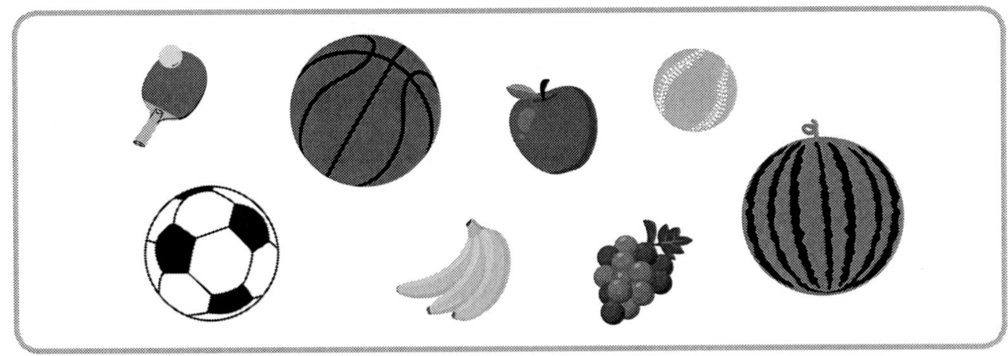

여러분은 어떻게 묶었나요? 아마 대부분 이렇게 묶었을 것입니다.

첫 번째 무리	두 번째 무리
사과, 수박, 포도, 바나나	축구공, 농구공, 탁구공, 야구공

그런데 왜 이렇게 묶었나요?

잠시 생각해 보세요. 사과와 수박은 생김새도 다르고, 크기도 다르고, 맛도 다릅니다. 그런데 우리는 이것들을 자연스럽게 한 무리로 묶었습니다.

활동 2: 이름 붙이기

이제 묶은 것들에 한 단어로 이름을 붙여 보세요.

첫 번째 무리의 이름: _______________________________________

두 번째 무리의 이름: _______________________________________

아마 '과일'과 '공'이라고 적었을 것입니다.

우리 뇌가 방금 한 일: 방금 여러분의 뇌는 다음과 같은 세 단계의 작업을 수행했습니다.

[여러 사물] → ① 다른 점 발견하기(사과와 축구공은 다르구나) → ② 비슷한 것 묶기(사과와 바나나는 비슷하네) → ③ 이름 붙이기(이것들을 '과일'이라고 부르자) → [하나의 개념]

이것이 바로 '개념'을 만드는 과정입니다.

우리 뇌는 세상의 수많은 것들을 일일이 따로 기억하지 않습니다. 비슷한 것들을 묶어서 하나의 개념으로 저장합니다. 덕분에 난생처음 보는 과일을 만나도 '아, 이것도 과일이구나.' 하고 바로 이해할 수 있지요.

그렇다면 글을 읽을 때는?

여러분이 꽃을 볼 때 꽃잎 하나, 줄기 하나를 따로따로 보지 않듯이, 글도 이런 방식으로 읽을 수 있다면 어떨까요? 글자 하나하나를 따로 읽는 것이 아니라, 의미 덩어리로 묶어서 읽는 것입니다. 이것이 바로 이 책에서 배울 개념 기반 독서법의 핵심입니다. 이제 왜 우리에게 새로운 독서법이 필요한지, 그리고 이 방법이 어떻게 작동하는지 자세히 알아보겠습니다.

이 장에서는 기존 독서법의 문제점을 점검해 보고 왜 우리에게 새로운 접근법이 필요한지를 살펴보겠습니다. 그리고 개념 기반 독서법이 이러한 문제들을 어떻게 해결할 수 있는지 뇌과학적 근거와 함께 알아봅니다.

이 장을 마치면 여러분은 다음과 같은 변화를 겪게 될 것입니다.

<table>
<tr><td align="center">**학습 목표**</td></tr>
<tr><td>

1. 현재 독서법의 근본적 문제점을 정확히 이해할 수 있습니다.
2. 정보 과부하 시대에서는 왜 기존 방식이 통하지 않는지 알 수 있습니다.
3. 개념 기반 독서법이 제시하는 해결책의 과학적 근거를 알게 됩니다.
4. 자신의 독서 습관을 객관적으로 진단하고 개선 방향을 마련할 수 있습니다.

</td></tr>
</table>

현재 독서법의 숨겨진 함정들: 속독의 달콤한 유혹과 쓰라린 현실

'1분에 1,000자를 읽을 수 있다면 얼마나 좋을까요?'

많은 분이 한 번쯤은 이런 꿈을 가져 보았을 것입니다. 실제로 인터넷에는 속독법을 가르치는 강의들이 넘쳐나고 '3배 빠른 독서법', '하루 만에 독서 속도 늘리기' 같은 제목들이 우리를 유혹합니다. 그러나 최근 뇌과학 연구에서는 지금 진행되고 있는 속독 훈련의 문제점이 많이 밝혀지고 있습니다.

여러 연구에 따르면 속독 훈련을 받은 사람들의 읽기 속도는 상당히 빨라지지만 이해도는 오히려 감소하는 것으로 나타났습니다. 더 놀라운 것은 훈련이 끝난 몇 개월 후 읽은 내용의 기억률이 일반 독서법을 사용한 사람들보다 훨씬 낮았다는 점입니다. 왜 이런 현상이 일어날까요? 최근 뇌영상 연구에서 속독할 때 언어 처리 영역의 활동이 많이 감소하는 것으로 밝혀졌습니다. 특히 브로카 영역의 활동이 현저히 줄어드는데 이는 뇌의 핵심 언어 처리 능력이 억제된다는 것을 의미합니다. 브로카 영역은 언어의 문법적 구조를 분석하고 의미를 구성하는 핵심 부위이기 때문입니다.

1. 표면적 읽기라는 피해야 할 덫

"다 읽었지만, 기억이 안 나요."

이것은 현대인들이 가장 많이 하는 독서 관련 고민 중 하나입니다. 분명히 집중해서 읽었는데, 마지막 페이지를 덮는 순간 앞부분의 내용이 가물가물해지는 경험을 누구나 해 보았을 것입니다. 인지과학자들은 이 현상을 '표면적 읽기(surface reading)'라고 부릅니다.

최신 연구에 따르면 현대인 다수가 글자는 인식하지만 깊이 있는 의미 처리는 일어나지 않는 표면적 읽기 유형을 보인다고 지적합니다. 마치 수박 겉핥기처럼 내용은 모르고 책에 있는 글자만 읽고 스쳐 지나가는 것을 말합니다. 뇌과학적으로 살펴보면, 표면적 읽기를 할 때는 후두엽의 시각 피질만 주로 활성화됩니다. 반면 깊이 있는 읽기를 할 때는 뇌의 여러 부위가 팀을 이루어 함께 일합니다.

뇌 부위	위치	역할
전두엽	이마 쪽	집중하고 판단하기(감독)
측두엽	귀 위쪽	언어와 의미 이해하기(통역사)
두정엽	정수리 쪽	주의를 기울이고 정보 통합하기(조율자)

표면적 읽기가 혼자서 북 치고 장구 치는 것이라면, 깊이 있는 읽기는 여러 사람이 함께 하는 팀 활동과 같습니다.

2. 수동적 정보 수용의 위험성

우리는 오래전부터 독서를 '정보를 받아들이는 수동적 행위'로 여겨 왔습니다. 마치 빈 컵에 물을 부어 채우듯이 책에서 정보를 뽑아내어 머릿속에 채워 넣으면 된다고 생각한 것입니다. 그러나 이것은 오해입니다. 인지과학 연구에 따르면 인간의 학습은 본질적으로 능동적인 구성 과정입니다. 뇌는 새로운 정보를 받아들일 때 늘 기존 지식과 연결하고, 유형을 찾고, 의미를 재구성하는 복잡한 작업을 스스로 수행합니다.

수동적 정보 수용은 이러한 자연스러운 뇌의 작동 방식에 어긋납니다. 뇌과학 연구에서 수동적 독서를 할 때 해마의 활동이 크게, 감소하는 것이 확인되었습니다. 해마는 뇌의 안쪽 깊은 곳에 있는 작은 부위로, 모양이 바다의 해마(海馬)를 닮아서 이런 이름이 붙었습니다. 해마의 역할을 쉽게 설명하면 도서관 사서와 같습니다. 새로 들어온 책(정보)을 받아서 어느 서가에 꽂아야 할지 선택해서 정리하고, 나중에 그 책을 찾을 수 있도록 기록해 두는 것이죠. 수동적으로 읽으면 이 사서가 '이건 중요하지 않은 것 같네.'라고 판단해서 제대로 정리하지 않습니다. 그래서 나중에 기억이 나지 않는 것입니다.

3. 실제 사례: 은혜 학생의 이야기

중학교 1학년 은혜는 책 읽는 것을 좋아했습니다. 그러나 이상하게도 읽고 나면 내용이 기억나지 않았습니다. 국어 시험에서 지문을 읽고 문제를 풀 때도 '분명히 읽었는데,' 하면서 다시 지문을 찾아보는 일이 많았죠. 은혜의 읽기 습관을 살펴보니, 눈은 글자를 따라가고 있었지만 머릿속으로는 딴생각을 하는 경우가 많았습니다. 이것이 바로 표면적 읽기입니다.

은혜는 개념 기반 독서법을 배운 후, 한 문단을 읽을 때마다 '이 문단의 핵심이 뭐지?'라고 스스로 물어보는 습관을 갖게 되었습니다. 처음에는 귀찮았지만, 한 달쯤 지나자 신기한 변화가 생겼습니다. 한 번 읽은 내용이 머릿속에 또렷이 남기 시작한 것입니다.

6개월간 개념 기반 독서법을 훈련한 결과 은혜의 독해 속도는 오히려 약간 느려졌지만, 이해도는 크게 향상되었습니다. 더 중요한 것은 한 번 읽은 내용을 훨씬 더 오래 기억할 수 있게 되었다는 점입니다.

정보 과부하 시대, 우리 뇌는 어떻게 변하고 있을까?

우리가 하루에 접하는 정보의 양이 얼마나 될까요? 디지털 시대에 생산되는 정보의 양은 과거와는 비교도 할 수 없을 만큼 폭발적으로 늘어났습니다. 스마트폰, SNS, 유튜브 등을 통해 우리가 하루에 접하는 정보량은 과거 세대가 일주일, 또는 한 달 동안 접했던 양보다 엄청나게 증가한 수치입니다. 스마트폰, 태블릿, 컴퓨터를 통해 쏟아지는 정보의 홍수 속에서 우리의 뇌는 과연 잘 버티고 있을까요?

디지털 환경과 집중력의 변화

디지털 기기 사용이 일상화되면서 우리의 집중 패턴이 크게 변화했습니다. 여러 연구에서 일관되게 보고되는 현상은 '지속적 집중 시간의 단축'입니다. 한 화면에서 다른 화면으로, 한 앱에서 다른 앱으로 빠르게 전환하는 습관이 뇌를 '빠른 전환 모드'로 훈련시키기 때문입니다. 이러한 변화의 중심에는 전전두피질이 있습니다.

이마 바로 뒤에 위치한 이 영역은 다음과 같은 핵심 기능을 담당합니다.

집중력 조절: 주의를 한 곳에 유지하거나 필요할 때 전환하는 능력

충동 억제: '지금 당장 확인하고 싶다.'라는 욕구를 참는 능력

작업기억: 읽은 내용을 머릿속에 잠시 붙들어 두는 능력

계획과 의사결정: 복잡한 과제를 단계별로 수행하는 능력

신경 영상 연구들은 디지털 기기를 과도하게 사용하는 경우 전전두피질의 '회백질 밀도'와 '활성화 패턴'에 변화가 나타날 수 있음을 보여 줍니다. 특히 청소년기에는 전전두피질이 아직 완전히 성숙하지 않은 상태(대략 21세까지 발달이 진행됨)이므로, 이 시기의 디지털 습관이 뇌 발달에 미치는 영향이 더 클 수 있습니다. 여기서 핵심적인 역할을 하는 것이

도파민입니다. 새로운 알림, 좋아요, 짧은 영상 등을 볼 때마다 뇌는 소량의 도파민을 분비합니다. 이처럼 '즉각적 보상'에 익숙해진 뇌는 긴 글을 읽거나 복잡한 문제를 풀 때 필요한 '지연된 보상'을 기다리기가 어려워집니다.

1. 멀티태스킹의 달콤한 착각

'나는 여러 가지 일을 동시에 잘 처리할 수 있어!'

많은 분이 이렇게 생각합니다. 실제로 젊은 세대일수록 이런 믿음이 강합니다. 그러나 이는 뇌과학적으로 불가능한 일입니다. 인지과학 연구에 따르면 인간의 뇌는 동시에 여러 가지 인지적 과제를 처리할 수 없도록 설계되어 있습니다. 우리가 멀티태스킹이라고 부르는 것은 실제로는 '과제 전환(task switching)'인 것입니다.

문제는 이 전환 과정으로 인해 상당한 인지적 비용이 발생합니다. 최근 연구에 따르면 과제를 전환할 때마다 상당한 재집중 시간이 필요합니다. 즉, 독서 중에 스마트폰을 확인하고 나서 다시 책에 완전히 집중하기까지는 꽤 오랜 시간이 걸린다는 뜻입니다.

뇌영상 연구에서는 더욱 구체적인 증거를 볼 수 있습니다. 멀티태스킹을 할 때 뇌의 전대상피질에서 과도한 활성화가 일어납니다. 이 영역은 갈등 감지와 인지적 제어를 담당하는데, 지속적인 과활성화는 정신적 피로와 스트레스를 유발합니다.

2. 깊이 있는 사고의 위기

정보 과부하와 멀티태스킹의 일상화는 우리의 사고방식 자체를 바꾸고 있습니다. 인지과학자들은 이를 '얕은 사고의 확산'이라고 표현합니다. 최근 대규모 연구에서는 이러한 변화가 실제로 확인되었습니다. 과거 세대와 현재 세대의 독서 유형을 비교 분석한 결과, 평균 독서 지속 시간이 많이 감소했습니다. 또 추론적 사고 능력도 상당히 저하된 것으로 나타났습니다.

뇌과학적으로 살펴보면, 깊이 있는 사고를 할 때 활성화되는 '기본 모드 네트워크'의 기능이 약화되고 있습니다. 이름이 어렵게 느껴지지만, 쉽게 말하면 '멍때리기 회로'입니다. 아무것도 안 하고 창밖을 바라보거나 샤워하면서 생각에 잠길 때 활발해지는 뇌 영역이죠. '어? 갑자기 좋은 아이디어가 떠올랐어.'라는 경험, 해 본 적이 있나요? 그게 바로 이 네트워크가 일한 결과입니다. 그런데 스마트폰을 계속 보면서 뇌에 자극을 주면, 이 '멍때리기 회로'가 작동할 틈이 없어집니다. 결국 창의적 생각이나 깊은 성찰을 할 기회가 줄어드는 것입니다.

3. 실제 연구 사례: 스마트폰과 독서력의 관계

저명한 연구기관에서 흥미로운 실험을 수행했습니다. 대학생들을 두 그룹으로 나누어 한 그룹은 스마트폰을 다른 방에 두고 독서하게 하고, 다른 그룹은 스마트폰을 책상 위에 두고 독서하게 했습니다. 그러자 놀라운 결과가 나왔습니다. 스마트폰을 다른 방에 둔 그룹의 독해력이 훨씬 높게 측정되었습니다. 더 흥미로운 것은 스마트폰을 실제로 사용하지 않았음에도 불구하고 단순히 시야에 있기만 해도 주의력이 크게 분산되었다는 점입니다. 뇌영상 분석 결과, 스마트폰이 시야에 있을 때는 뇌의 전전두피질에서 지속적인 활성화가 관찰되었습니다. 이는 뇌가 스마트폰의 존재를 인식하고 지속적으로 경계 태세를 유지한다는 것을 의미합니다.

개념 기반 독서법, 뇌과학이 제시하는 해답: 뇌의 학습 방식을 따르다

그렇다면 어떻게 해야 할까요? 답은 우리 뇌의 본래 작동 방식을 이해하는 데 있습니다. 앞에서 우리는 사과, 수박, 바나나를 '과일'이라는 하나의 개념으로 묶는 활동을 해 보았습니다. 이것이 바로 우리 뇌가 세상을 이해하는 방식입니다.

인간의 뇌는 유형 인식 기계입니다. 새로운 정보를 접할 때 뇌는 자동으로 기존 지식과의 연결점을 찾고 의미 있는 유형을 구성하려고 노력합니다. 이것이 바로 개념 형성(concept formation)의 과정입니다. 최근 뇌과학 연구에 따르면 뇌의 신경 네트워크는 계층적 개념 구조로 정보를 저장합니다. 구체적인 사실들이 추상적인 개념으로 묶이고 이 개념들이 더 상위 개념과 연결되는 방식입니다.

예를 들어 '사과'라는 개념을 살펴보겠습니다. 뇌는 '빨간색', '둥근 모양', '달콤한 맛', '과수원' 등의 구체적 특징들을 '사과'라는 개념으로 묶습니다. 그리고 이 '사과' 개념은 '과일'이라는 더 큰 개념의 일부가 되고 '과일'은 다시 '식물'이라는 개념에 포함되며 '식물'은 다시 '생물'이라는 상위 개념에 포함됩니다.

1. 스키마 이론의 놀라운 통찰

인지심리학에서 제시된 스키마(schema) 이론은 개념 기반 독서법의 핵심 이론적 토대입니다. 스키마란 우리가 세상을 이해하기 위해 머릿속에 구성해 놓은 지식의 틀을 말합니다. 최근 뇌과학 연구에서는 스키마의 활성화 과정을 실시간으로 관찰할 수 있었습니다. 뇌영상을 이용한 실험에서 피실험자가 책을 읽을 때 측두엽의 개념 저장 영역과 전두엽의 실행 제어 영역 사이에 강력한 연결이 형성되는 것이 확인되었습니다.

흥미로운 것은 기존 스키마가 활성화될 때와 새로운 스키마가 형성될 때의 뇌 활동 유형이 완전히 다르다는 점입니다. 기존 스키마를 활성화할 때는 인식과 검색이 빨라지고 새로운 스키마를 형성할 때는 창의성과 통찰이 촉진됩니다.

2. 개념 기반 접근법의 과학적 우수성

개념 기반 독서법이 기존 방법보다 우수한 이유를 뇌과학적으로 분석해 보겠습니다.

(1) 작업기억 효율성 극대화

우리의 작업기억 용량은 매우 제한적입니다. 그러나 개념 단위로 정보를 처리하면 이 한계를 극복할 수 있습니다. 최근 연구에 따르면, 개념 기반 처리를 할 때 작업기억의 효율성이 현저히 향상됨을 알 수 있습니다. 이는 개별 정보 조각들이 하나의 의미 있는 덩어리로 통합되기 때문입니다.

(2) 장기기억 인코딩(encoding) 최적화

인코딩(encoding)은 정보를 정해진 규칙에 따라 변환하는 과정을 말합니다. 주로 컴퓨터가 이해할 수 있는 디지털 형태로 데이터를 바꾸는 작업이며, 반대로 디지털 데이터를 원래의 정보로 되돌리는 것을 디코딩(Decoding)이라고 합니다. 최근 뇌과학 연구에서는 개념 기반 학습이 장기기억 형성에 미치는 긍정적 효과를 입증했습니다. 개념적 연결을 통해 학습한 정보는 훨씬 더 오래 기억되었습니다. 뇌과학적 연구 결과로 살펴보면 개념 기반 학습 시 해마와 신피질 간의 연결이 강화됩니다. 해마는 새로운 기억을 임시 저장하고, 신피질은 장기 저장을 담당합니다. 이 두 영역 간의 원활한 소통이 효과적인 기억 형성의 핵심으로 알려져 있습니다.

(3) 전이 학습 능력 향상

개념 기반 독서법의 가장 큰 장점 중, 하나는 전이 학습(transfer learning) 능력입니다. 한 영역에서 학습한 개념을 다른 영역에 적용할 수 있는 능력을 말합니다. 최근 연구에서는 개념 기반 학습으로 훈련한 학생들의 전이 학습 능력이 크게 향상되었습니다. 이들은 새로운 문제 상황에서도 기존 지식을 창의적으로 활용할 수 있었습니다.

3. 실제 적용 사례: 경영학 개념의 전이

중학교 2학년 진영이는 수학 시간에 '비례' 개념을 깊이 있게 이해했습니다. 단순히 공식을 외운 것이 아니라, '두 양이 일정한 관계를 유지하며 함께 변한다.'라는 핵심 원리를 파악한 것이죠.

며칠 후 과학 시간에 용액의 농도 문제가 나왔습니다. 다른 친구들은 새로운 공식을 외워야 한다고 생각했지만, 진영이는 '이것도 비례 관계잖아?'하고 떠올렸습니다. 용질의 양과 용액의 양 사이의 관계가 수학에서 배운 비례와 같은 원리라는 것을 알아챈 것입니다.

이것이 바로 전이 학습의 힘입니다. 개념의 핵심 원리를 이해하면, 그 원리가 다른 과목, 다른 상황에서도 적용된다는 것을 알아챌 수 있습니다.

과목	개념	공통 원리
수학	비례식	두 양의 일정한 관계
과학	농도 계산	용질과 용액의 일정한 관계
사회	인구밀도	인구와 면적의 일정한 관계

진영이처럼 '이건 결국 무엇에 관한 이야기인가?' 하고 핵심을 파악하는 습관을 들이면, 하나를 배워서 열 가지에 활용할 수 있게 됩니다.

4. 변화를 위한 첫걸음: 독서 패러다임의 전환
[수동적 독자에서 능동적 의미 구성자로]

지금까지 우리는 독서를 정보 전달 과정으로 이해해 왔습니다. 저자가 책에 담은 메시지를 독자가 받아들이는 일방향 소통으로 말입니다. 그러나 이것은 잘못된 생각입니다. 현대 인지과학의 관점에서 독서는 '의미 구성 과정(meaning construction process)'입니다. 독자는 책과 능동적으로 상호작용하면서 새로운 의미를 창조하는 주체입니다. 최근 뇌과학 연구에서는 이러한 능동적 독서 과정을 뇌영상으로 확인했습니다. 능동적 의미 구성을 할 때 뇌의 다중 네트워크가 동시에 활성화되는 것이 관찰되었습니다.

5. 다중 네트워크 활성화

1. 언어 네트워크: 문장의 이해
2. 실행 네트워크: 주의 조절과 인지 제어
3. 현저성 네트워크: 중요한 정보 선별
4. 기본 모드 네트워크: 개인적 경험과 연결

6. 선형적 읽기에서 순환적 사고로

기존의 독서법은 선형적(linear) 접근을 강조했습니다. 첫 페이지부터 마지막 페이지까지 순서대로 읽으면서 정보를 축적하는 방식이죠. 그러나 우리 뇌의 자연스러운 사고 과정은 '순환적(recursive)'입니다. 최근 뇌과학 연구에 따르면 효과적으로 학습 활동이 일어날 때 뇌는 지속적인 순환 과정을 거칩니다.

7. 학습의 순환 과정

① 새로운 정보 입력 → ② 기존 지식과 비교 → ③ 유형 탐지 → ④ 개념 수정/확장 → ⑤ 새로운 연결 형성 → (①로 돌아가서 반복)

개념 기반 독서법은 이러한 뇌의 자연스러운 순환 과정을 최대한 활용합니다. 책을 읽으면서 지속적으로 개념을 형성하고, 수정하고, 확장하는 역동적인 과정을 통해 깊이 있는 이해에 도달하게 됩니다.

8. 암기 중심에서 이해 중심으로

'시험에 나올 것 같으니까 외워 두자.'

이런 생각으로 독서한 적이 있나요? 우리 교육 시스템은 오랫동안 암기 중심이었습니다. 그러나 21세기 지식 정보 사회에서는 이해와 적용 능력이 훨씬 중요합니다. 최근 뇌과학 연구에서는 암기 학습과 이해 학습의 뇌과학적 차이를 명확히 보여 주었습니다.

암기 학습과 이해 학습

암기 학습 시	이해 학습 시
1. 주로 해마만 활성화	1. 전뇌적 네트워크 활성화
2. 단기적 기억 형성	2. 장기적 기억 형성
3. 맥락과 분리된 정보 저장	3. 통합적 개념으로 저장

9. 다양한 맥락과 연결된 지식 구조 형성

더 놀라운 것은 이해 기반 학습이 기억력에도 훨씬 효과적이라는 점입니다. 같은 정보라도 의미적 맥락과 함께 학습하면 훨씬 더 오래 기억됩니다.

10. 고립된 지식에서 연결된 지혜로

기존 독서법의 또 다른 문제점은 지식의 파편화입니다. 각각의 책, 각각의 장, 각각의 문단을 독립적인 정보 덩어리로 여기는 것이죠. 그러나 진정한 지혜는 지식 간의 연결에서 나옵니다. 최근 연구에서는 지식연결 능력이 높은 사람들의 특징을 분석했습니다.

지식연결 능력이 우수한 사람의 특징

① 창의성이 현저히 높음
② 문제 해결 능력이 뛰어남
③ 비판적 사고력이 우수함
④ 학습 효율성이 크게 향상됨

뇌과학적으로 살펴보면 지식연결 능력이 높은 사람들은 뇌의 다양한 영역 간 연결성이 뛰어났습니다. 특히 전전두피질과 측두엽 간의 연결이 일반인보다 훨씬 더 강했습니다.

11. 실제 사례

(1) 융합적 사고의 힘 1

애플의 창립자 스티브 잡스는 '점들을 연결하는 것(connecting the dots)'의 중요성을 강조한 적이 있습니다. 그는 대학에서 들은 서체 디자인 수업이 나중에 매킨토시 컴퓨터의 혁신적인 폰트 시스템으로 이어졌다고 회고했습니다. 이는 우연이 아닙니다. 최근 경영학 연구에 따르면, 혁신적인 아이디어의 대부분이 서로 다른 분야의 지식을 연결할 때 탄생했습니다.

(2) 융합적 사고의 힘 2

중학교 3학년 영란이는 평소 웹툰 그리기를 좋아했습니다. 그런데 역사 수업에서 조선 시대 신분 제도를 배울 때, 문득 이런 생각이 들었습니다. '이걸 웹툰처럼 캐릭터로 표현하면 어떨까?' 영란이는 양반, 중인, 상민, 천민을 각각 개성 있는 캐릭터로 만들고, 이들의 관계를 4컷 만화로 그렸습니다. 결과는 놀라웠습니다. 그림을 그리면서 신분 제도의 특징이 머릿속에 선명하게 정리되었고, 시험에서도 좋은 성적을 받았습니다.

12. 실전 적용: 나의 독서 습관 진단하기

이제 여러분의 현재 독서 습관을 객관적으로 진단해 보겠습니다. 솔직하게 답변해 주세요. 정답은 없으며 현재 상태를 파악하는 것이 목적입니다.

독서 습관 자가 진단 점검 리스트
다음 각 항목에 대해 해당하는 정도를 선택해 주세요.
항상 그렇다.(5점)
자주 그렇다.(4점)
보통이다.(3점)
가끔 그렇다.(2점)
전혀 그렇지 않다.(1점)
독서 속도와 집중력 영역
1. 책을 읽을 때 빠르게 읽으려고 노력한다.
2. 한 번에 여러 페이지를 연속으로 읽을 수 있다.
3. 독서 중에 스마트폰이나 다른 일이 신경 쓰인다.
4. 읽다가 자주 멍하니 딴생각한다.
5. 방해 요소가 있으면 쉽게 산만해진다.
이해와 기억 영역
6. 책을 다 읽고 나서도 앞부분 내용이 기억나지 않는다.
7. 중요한 내용과 부수적인 내용을 구분하기 어렵다.
8. 읽은 내용을 다른 사람에게 설명하기 어렵다.
9. 비슷한 주제의 다른 책과 연결해서 생각하지 못한다.
10. 책의 핵심 메시지가 무엇인지 명확하지 않다.
능동성과 참여도 영역
11. 읽으면서 저자의 주장에 대해 의문을 제기한다.
12. 읽은 내용에 대해 나만의 의견을 형성한다.
13. 실생활 경험과 연결해서 생각한다.

14. 읽으면서 질문을 만들어 본다.
15. 내용을 요약하거나 정리하는 습관이 있다.
학습 전이와 적용 영역
16. 읽은 내용을 실제 상황에 적용해 본다.
17. 다른 분야의 지식과 연결해서 생각한다.
18. 새로운 아이디어나 통찰을 얻는 경우가 많다.
19. 읽은 책이 나의 생각이나 행동에 영향을 준다.
20. 독서 후 추가 학습이나 탐구를, 하고 싶어진다.
진단 결과 해석
1~5번 문항: 역점수 적용 (5점 → 1점, 4점 → 2점, 3점 → 3점, 2점 → 4점, 1점 → 5점)
6~10번 문항: 역점수 적용
11~20번 문항: 그대로 점수 적용
점수별 현재 상태
80점 이상(우수 형): 축하합니다. 이미 효과적인 독서 습관을 갖고 계십니다. 개념 기반 독서법을 통해 더욱 체계적으로 발전시킬 수 있습니다.
60~79점(발전형): 기본적인 독서 능력은 갖추고 있지만, 몇 가지 영역에서 개선이 필요합니다. 개념 기반 독서법이 큰 도움이 될 것입니다.
40~59점(성장 형): 독서에 관심은 있지만 효과적인 방법을 찾지 못한 상태입니다. 체계적인 훈련을 통해 크게 향상될 수 있습니다.
40점 미만(도약 형): 현재는 전통적인 독서 유형에 머물러 있습니다. 개념 기반 독서법을 통해 극적인 변화를 경험할 수 있습니다.

13. 연습 1: 개념 기반 독서 맛보기 체험

이제 간단한 실습으로 개념 기반 독서법을 직접 체험해 보겠습니다.

(1) 준비 단계(5분):

다음 짧은 책을 읽기 전에 잠시 준비해 보세요

인공지능의 발전은 인간의 일자리를 위협하고 있다. 그러나 역사를 돌아보면 새로운 기술의 등장은 기존 일자리를 없애는 동시에 새로운 일자리를 창출해 왔다. 산업혁명 시기에도 수많은 수공업자가 실직했지만 공장 노동자, 기계 기술자, 관리직 등 새로운 직업이 생겨났다. 중요한 것은 변화에 적응하는 능력이다. 미래에는 인공지능과 협업할 수 있는 능력, 창의적 사고력, 감정적 지능 등이 더욱 중요해질 것이다.

(2) 기존 방식으로 읽기(3분)

위 책을 평소 방식대로 읽어 보세요. 다 읽고 나서 핵심 내용을 한 문장으로 요약해 보세요.

(3) 개념 기반 방식으로 읽기(7분)

이번에는 다음 순서를 따라 읽어 보세요.

핵심 개념 찾기: 이 글의 주요 개념들은 무엇인가요?

1. 인공지능
2. 일자리 변화
3. 역사적 유형
4. 적응 능력

개념 간 관계 파악: 이 개념들은 어떻게 연결되어 있나요?

1. 인공지능 → 일자리 위협(원인-결과)
2. 역사적 유형 → 현재 상황(유추)
3. 변화 → 적응 능력(대응)

개인 경험과 연결: 이 개념들이 여러분의 경험이나 지식과 어떻게 연결되나요?

비판적 질문: 저자의 주장에 대해 어떤 질문을 던질 수 있나요?

(4) 효과 비교(5분) 두 방식을 비교해 보세요

어떤 방식이 더 깊이 있는 이해를 가능하게 했나요?

어떤 방식에서 더 많은 통찰을 얻었나요?

어떤 방식이 더 오래 기억될 것 같나요?

대부분 사람은 개념 기반 방식에서 더 풍부한 이해와 연결을 경험합니다. 이것이 바로 개념 기반 독서법의 효과입니다.

(5) 통합 정리: 새로운 독서 여정의 시작(핵심 메시지 재정리)

이 장에서 우리가 함께 살펴본 핵심 내용들을 정리해 보겠습니다.

기존 독서법의 한계
속독의 이해도 저하 효과
표면적 읽기의 기억력 문제
수동적 정보 수용의 학습 저해
정보 과부하 시대의 도전
평균 집중 시간의 현저한 단축
전전두피질 기능 약화
깊이 있는 사고 능력 저하
개념 기반 독서법의 과학적 근거
작업기억 효율성 현저한 향상
장기기억의 지속성 증가
전이 학습 능력의 상당한 향상

패러다임 전환의 핵심

1. 수동적 독자 → 능동적 의미 구성자
2. 선형적 읽기 → 순환적 사고
3. 암기 중심 → 이해 중심
4. 고립된 지식 → 연결된 지혜

여러분만의 독서 습관 변화 계획
1주 차: 인식 전환
매일 15분씩 의식적으로 느리게 읽기
읽으면서 '이것은 무엇에 관한 내용인가?' 질문하기
스마트폰과 책 사이 최소 2미터 거리 유지하기
2주 차: 개념 중심 접근
한 문단씩 읽고 핵심 개념 하나씩 찾기
개념 간의 연결 관계 그려 보기
개인 경험과 연결점 찾아보기
3주 차: 능동적 참여
읽으면서 저자에게 질문 던지기
동의하지 않는 부분에 대해 근거 생각해 보기
다른 분야 지식과 연결해 보기
4주 차: 통합과 적용
읽은 내용을 실생활에 적용해 보기
다른 사람에게 설명하면서 이해도 점검하기
추가 학습 계획 세우기

(6) 자가 점검 점검 리스트: 다음 항목들을 매주 점검해 보세요

인식 변화 영역
속독보다 깊이 있는 읽기의 중요성을 이해했다.
멀티태스킹의 해로움을 인식하고 주의 집중 환경을 조성했다.
수동적 읽기의 한계를 체감하고 능동적 자세를 갖췄다.
실천 행동 영역
개념 중심으로 책을 분석하는 습관이 생겼다.
읽으면서 질문을 던지고 비판적으로 사고한다.
새로운 지식을 기존 지식과 연결해서 생각한다.
효과 체감 영역
읽은 내용이 이전보다 오래 기억된다.
다른 상황에 읽은 내용을 적용할 수 있다.
독서를 통해 새로운 통찰과 아이디어를 얻는다.
지속 동기 영역
독서에 대한 흥미와 즐거움이 증가했다.
더 깊이 있는 책을 읽고 싶은 욕구가 생겼다.
평생 학습에 대한 확신과 의지를 갖게 되었다.

(7) 다음 여정으로의 연결: 뇌과학의 비밀을 찾아서

이제 여러분은 왜 다르게 읽어야 하는지 명확히 이해하셨을 것입니다. 기존 독서법의 한계를 깨닫고 개념 기반 접근법의 필요성을 느꼈을 것입니다. 그러나 '왜'를 알았다면, 이제 '어떻게'를 알아야 할 차례입니다. 다음 제2장에서는 뇌과학이 밝혀낸 독서의 비밀을 자세히 탐구해 보겠습니다.

우리가 글을 읽을 때 뇌에서는 정확히 무슨 일이 일어날까요? 가장 중요한 주의력과 언어를 이해하는 신경 메커니즘은 어떻게 작동할까요? 기억은 어떤 과정을 거쳐 형성되고 저장될까요? 그리고 이러한 뇌과학적 지식을 어떻게 실제 독서에 활용할 수 있을까요? 2장에서는 이 모든 질문에 대한 흥미진진한 답을 찾아가겠습니다. 여러분의 뇌가 얼마나 놀라운 능력을 지니고 있는지 그리고 그 능력을 어떻게 최대한 활용할 수 있는지 알게 되면, 독서에 대한 여러분의 관점이 완전히 바뀔 것입니다.

'뇌를 알면 독서가 보인다.'

'변화는 한 번에 일어나지 않습니다. 그러나 올바른 방향으로 한 걸음씩 나아가다 보면, 어느새 전혀 다른 풍경을 보게 될 것입니다. 여러분의 독서 여정에 개념 기반 독서법이 든든한 나침반이 되기를 바랍니다.

| 참고 문헌 |

1. 속독의 한계

- Rayner, K., Schotter, E. R., Masson, M. E., Potter, M. C., & Treiman, R. (2016). So much to read, so little time: How do we read, and can speed reading help? Psychological Science in the Public Interest, 17(1), 4-34. (속독 훈련의 이해도 저하 효과)

2. 디지털 환경과 집중력

- Ward, A. F., Duke, K., Gneezy, A., & Bos, M. W. (2017). Brain drain: The mere presence of one's own smartphone reduces available cognitive capacity. Journal of the Association for Consumer Research, 2(2), 140-154. (스마트폰의 단순 존재가 인지 능력에 미치는 영향)

- Mark, G., Gudith, D., & Klocke, U. (2008). The cost of interrupted work: More speed and stress. Proceedings of the SIGCHI Conference on Human Factors in Computing Systems, 107-110. (작업 중단과 재집중 비용)

※ 스키마 이론은 3장에서 상세히 다룸

※ 뇌 구조(브로카 영역, 해마, 전전두피질 등)는 2장에서 상세히 다룸

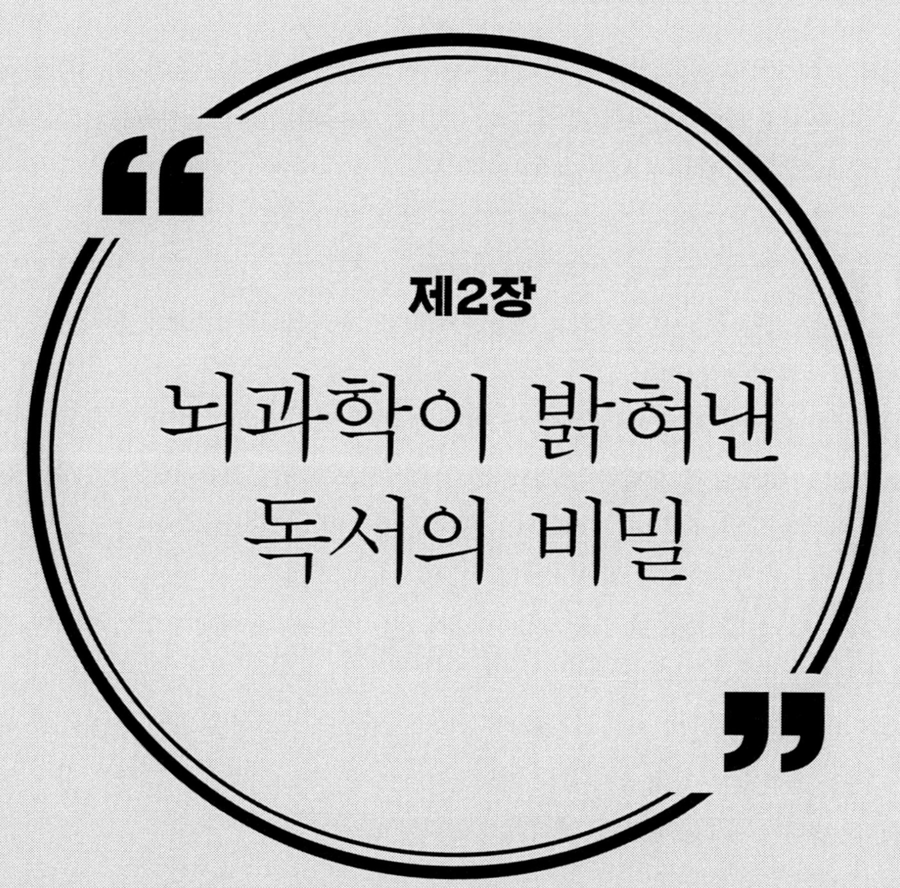

제2장

뇌과학이 밝혀낸
독서의 비밀

　1장에서 은혜 학생의 이야기를 통해 기존 독서법의 한계를 살펴보았습니다. '왜 열심히 읽어도 기억에 남지 않을까?', '어떻게 하면 더 깊이 있게 이해할 수 있을까?'라는 질문을 던졌지요. 이제 그 답을 찾아볼 시간입니다.

　여러분은 혹시 이런 경험이 있나요? 책을 읽을 때 어떤 구절은 마치 형광펜으로 칠을 한 것처럼 선명하게 기억나는 반면, 어떤 내용은 금방 읽었는데도 가물가물했던 경험 말입니다. 이런 차이는 단순히 집중력만의 문제가 아닙니다. 우리의 뇌가 정보를 처리하고 저장하는 특별한 방식 때문입니다.

　최근 뇌과학 연구의 획기적인 발견들이 이를 명확히 보여 줍니다. 연구 팀들은 뇌영상 기술을 이용해 독서 중인 사람들의 뇌 활동을 실시간으로 관찰했습니다. 놀랍게도 같은 텍스트를 읽더라도 읽는 방식에 따라 뇌의 활성화 유형이 완전히 달랐습니다. 개념 중심으로 읽을 때는 전전두피질과 해마, 각회전3)이 동시에 활성화되면서 마치 뇌 전체가 하나의 네트워크처럼 연결되었지만 단순 반복 읽기에서는 주로 시각 피질과 언어 영역만 활성화되었습니다.

　더 흥미로운 것은 시간이 지난 후 실시한 기억력 테스트 결과였습니다. 개념 중심 독서를 한 그룹은 훨씬 많은 내용을 정확히 기억했지만 기존 방식으로 읽은 그룹은 상당 부분을 잊어버렸습니다. 무려 2배 이상 차이가 났습니다.

　왜 이런 차이가 났을까요? 바로 우리의 뇌가 정보를 처리하는 고유한 방식 때문입니다. 뇌는 단순히 정보를 저장하는 창고가 아닙니다. 끊임없이 연결하고, 분류하고, 의미를 만들어 내는 놀라운 시스템입니다. 마치 거대한 도서관에 새로운 책이 들어올 때마다 가장

---

3)　각회전(Angular Gyrus)은 뇌의 두정엽(Parietal Lobe)에 있는 중요한 영역으로, 다양한 감각 정보를 통합하고 언어 및 인지 기능을 수행하는 핵심적인 역할(언어 처리, 통합적 사고, 산술 및 공간 인지)을 한다.

적합한 서가를 찾아 배치하고, 관련된 다른 책들과 연결 고리를 만들어주는 사서처럼 정보를 처리합니다.

이 장에서는 바로 그 비밀을 파헤쳐 보겠습니다. 최신 뇌과학 연구 결과를 바탕으로 읽기와 학습, 기억과 이해의 신경학적 메커니즘을 살펴보겠습니다. 복잡해 보이는 뇌과학 이론들을 여러분의 일상과 연결해서 쉽게 설명해 줄 테니 걱정하지 마세요.

이 장을 마치면 여러분은 다음을 알게 됩니다.

<table>
<tr><td>학습 목표</td></tr>
<tr><td>

1. 읽기의 뇌과학적 메커니즘: 글자가 눈에 들어와서 의미로 바뀌는 놀라운 과정을 이해하게 됩니다.
2. 기억의 과학적 원리: 왜 어떤 내용은 오래 기억되고 어떤 것은 금방 잊어버리는지, 그 비밀을 알게 됩니다.
3. 집중력의 뇌과학: 주의력이 어떻게 작동하는지 어떻게 하면 더 깊이 몰입할 수 있는지 배우게 됩니다.
4. 개념 형성의 신경과학: 인간만이 가진 추상적 사고 능력의 비밀과 이를 독서에 활용하는 방법을 익히게 됩니다.

</td></tr>
</table>

은혜 학생을 다시 만나 보겠습니다. 1장에서 그는 '아무리 읽어도 머리에 안 들어온다.'라고 좌절했었지요. 그러나 이제 그의 뇌에서 무슨 일이 일어나고 있는지 정확히 알 수 있습니다. 그리고 더 중요한 것은 어떻게 하면 그의 뇌가 최대한의 성능을 발휘할 수 있는지도 알게 될 것입니다. 자, 이제 우리 뇌가 하는 독서 비밀의 여행을 시작해 볼까요?

읽기의 뇌과학: 신경망이 만드는 기적

여러분이 지금 글을 읽고 있는 이 순간, 여러분의 뇌에서는 정말 놀라운 일이 벌어지고 있습니다. 단순해 보이는 검은 글자들이 어떻게 생생한 의미와 감정 그리고 이해로 변하는 걸까요?

최신 뇌과학 연구가 이 비밀을 밝혀냈습니다. 연구 팀들은 초고해상도 뇌영상 기술과 뇌파 측정 기술을 동시에 사용해 독서 과정을 세밀하게 추적했습니다. 그 결과 읽기는 단순한 정보 입력이 아니라 뇌의 여러 영역이 정교하게 협력하는 복잡한 교향곡 연주와 같은 과정임이 드러났습니다.

1. 눈에서 뇌로: 0.1초의 기적

글자가 눈에 들어온 순간부터 의미를 이해하기까지 놀랍게도 단 0.1초밖에 걸리지 않습니다. 이 찰나의 순간에 우리 뇌에서는 어떤 일이 벌어질까요? 눈으로 보고 무엇을 알아차리는 과정은 먼저 시각 피질에서부터 시작됩니다. 망막에 맺힌 글자의 이미지가 시신경을 통해 후두엽의 1차 시각 피질로 전달됩니다. 여기에서는 마치 정교한 유형 인식 프로그램처럼, 선분의 방향, 곡선의 각도, 대비 등 기본적인 시각 정보를 분석해 냅니다. 그리고 2차, 3차 시각 피질로 분석된 정보가 보내집니다. 이곳에서는 개별 선분들이 조합되어 글자의 전체 모양을 알아차립니다. 마치 퍼즐 조각들이 모여서 하나의 그림을 만드는 것과 같습니다.

2. 언어의 뇌: 브로카와 베르니케의 만남

시각 정보가 글자로 인식되면 이제 진정한 언어 처리가 시작됩니다. 최근의 뇌과학 연구에 따르면 이 과정에서 브로카 영역과 베르니케 영역은 마치 듀엣을 부르듯 서로 협력합니다. 언어를 처리하는 뇌의 두 핵심 영역을 번역 팀에 비유해 볼까요?

베르니케 영역은 '이해 담당자'입니다. 귀 위쪽(좌반구 측두엽)에 위치하며, 글자나 소리가 무슨 뜻인지 파악합니다. 외국어 문장을 보고 '아, 이런 뜻이구나.'라고 이해하는 역할이지요. 브로카 영역은 '표현 담당자'입니다. 이마 아래쪽(좌반구 전두엽)에 위치하며, 생각을 말이나 글로 표현하는 것을 담당합니다. 책을 읽을 때 속으로 소리를 내며 읽는 것도 이 영역의 역할입니다.

이 두 영역은 '활꼴다발(arcuate fasciculus)'이라는 신경 다발로 연결되어 있습니다. 마치 번역 팀의 두 사람이 메신저로 끊임없이 소통하는 것처럼요. 숙련된 독자일수록 이 연결이 더욱 빠르고 정확합니다. 오랫동안 함께 일한 파트너처럼 완벽한 호흡을 보여 주는 것이죠.

3. 의미의 네트워크: 각회전의 역할

그러나 진정한 이해는 여기서 끝나지 않습니다. 뇌과학의 획기적인 발견에 따르면 깊이 있는 독서에서는 각회전(angular gyrus)이라는 특별한 뇌 영역이 활성화됩니다. 각회전은 머리 옆쪽 뒤편, 두정엽과 측두엽이 만나는 지점에 있습니다. 각회전의 역할을 '연결의 허브' 또는 '지식의 교차로'라고 생각하면 이해하기 쉽습니다. 여러 지하철 노선이 만나는 환승역처럼, 각회전에서는 다양한 정보가 만나고 연결됩니다.

들어오는 정보	각회전에서 하는 일
방금 읽은 내용	기존에 알던 것과 연결
개별 단어의 의미	전체 맥락 파악
구체적 사실	추상적 개념으로 통합

1장에서 배운 은혜의 경우를 예로 든다면, 그가 만약 역사 교과서를 읽는다고 했을 때 각회전이 제대로 활성화되지 않는다면, 개별 사건은 기억해도 '이 시대에 왜 이런 일이 일어났는지'라는 큰 그림을 파악하기 어려웠을 것입니다. 각회전이 마치 거대한 지식 네트워크의 허브 역할을 하는 것이지요.

4. 기억과의 연결: 해마의 등장

읽기의 마지막 단계에서는 해마가 등장합니다. 해마는 새로운 정보를 장기기억으로 전환하는 핵심 구조물입니다. 뇌과학 연구 결과에 따르면 의미 있는 독서를 할 때 해마와 신피질 사이의 연결이 상당히 증가한다고 합니다. 흥미로운 점은 해마가 단순히 정보를 저장하는 것이 아니라 새로운 정보를 기존 지식과 연결하는 '관계형 데이터베이스' 역할을 한다는 것입니다. 예를 들어 여러분이 '광합성'이라는 단어를 읽을 때 해마는 이를 이전에 배운 생물학 지식, 식물 관찰 경험, 심지어 어린 시절 과학 실험의 기억까지 찾아서 연결해 줍니다.

5. 개념 기반 독서법의 뇌과학적 근거

이제 왜 개념 기반 독서법이 효과적인지를 뇌과학적으로 이해할 수 있게 되었습니다. 기존의 단순 반복 읽기에서는 주로 시각 피질과 언어 영역만 활성화됩니다. 마치 자동차를 운전할 때 일부 부품만 사용하는 것과 같지요. 반면에 개념 기반 독서에서는 다음과 같이 뇌의 여러 영역이 동시에 활성화됩니다.

개념 기반 독서의 뇌 영역 활성화	
시각 피질	글자 인식
언어 영역	의미 파악
각회전	개념 형성과 맥락 이해
전전두피질	추상적 사고와 메타인지
해마	기억 형성과 연결

최근 뇌과학 연구에 따르면 개념 기반으로 읽을 때 이런 다중 네트워크 활성화가 일반적 독서에 비해 현저히 증가한다고 합니다. 마치 뇌 전체가 하나의 팀처럼 협력하는 것이지요.

6. 실제 적용: 뇌과학을 개념 기반 독서에 활용하기

그렇다면 이런 뇌과학 지식을 실제 독서에 어떻게 적용할 수 있을까요?

(1) 뇌 준비시키기(Pre-activation)

독서를 시작하기 전에 먼저 30초 정도 책의 주제에 대해 미리 생각해 보세요. '이 책에서 무엇을 배우고 싶은가?', '내가 이미 알고 있는 관련 지식은 무엇인가?'와 같은 질문을 던져 보는 것입니다. 이렇게 하면 관련 뇌 영역들이 미리 활성화되어 목표로 하는 새로운 정보를 받아들일 준비를 갖추게 됩니다.

(2) 다중 감각 활용하기

단순히 눈으로만 읽지 마세요. 중요한 부분은 작은 소리로 읽어 보거나 핵심 개념을 노트에 적어 보세요. 이렇게 하면 시각, 청각, 운동감각이 모두 활성화되어 기억 형성을 위해 함께 힘을 모아 제 역할을 다해 줍니다.

(3) 연결 고리 만들기

새로운 정보를 읽을 때마다 '이것과 비슷한 것이 무엇인가?', '내 경험과 어떻게 연결되는가?'를 생각해 보세요. 이런 연결 작업이 각회전과 해마를 활성화해서 깊은 이해를 돕습니다. 실제로 은혜 학생이 이 방법을 적용한 후 3주 만에 독서 이해도가 크게 향상되었습니다. 그의 뇌가 제 기능을 다해서 맞춤 네트워크를 형성하기 시작한 것이죠.

우리 뇌는 이러한 놀라운 잠재력을 가지고 있습니다. 단지 올바른 방법을 알고 실천하지 못했을 뿐입니다. 늦지 않았습니다. 이제까지 알려진 뇌의 잠재력과 앞으로도 밝혀질 뇌 기능을 모두 잘 활용하면 독서와 학습이 더 효율적으로 이루어질 것입니다.

기억의 과학: 어떻게 텍스트가 마음에 새겨지는가?

'어? 분명히 읽었는데 기억이 안 나네.'

여러분도 이런 경험을 많이 했지요? 때로는 금방 읽은 문단도 가물가물하고 어제 열심히 읽었던 내용도 흐릿합니다. 반대로 몇 년 전에 읽었던 책 한 구절이 생생하게 떠오르는 경우도 있지요. 이런 차이는 우연이 아닙니다. 우리의 뇌가 기억을 만들고 저장하는 특별한 메커니즘(mechanism) 때문입니다. 저명한 기억 연구자들의 최신 발견에서 기억 속에서 정보는 단순히 보관되어 그대로 있는 것이 아니라 끊임없이 재구성되고 강화되는 변화의 과정을 거친다고 합니다.

1. 작업기억: 생각의 작업대

기억의 첫 번째 관문은 바로 작업기억(Working Memory)입니다. 이것은 우리가 지금 당장 생각하고 있는 내용을 임시로 보관하는 공간이라고 할 수 있습니다. 마치 요리를 할 때 사용하는 도마와 같습니다.

1956년 미국의 인지심리학자 조지 밀러(George Miller)는 유명한 논문 「마법의 숫자 7, 7±2」를 발표했습니다. 이 연구에 따르면 우리가 한 번에 기억할 수 있는 정보의 개수는, 즉 5개에서 9개 정도입니다. 전화번호가 7~8자리인 것도, 우편번호가 5자리인 것도 이런 이유입니다. 다만 최근 연구에서는 복잡한 정보를 다룰 때 실제 용량은 3~4개 정도로 더 제한적이라는 결과도 나왔습니다. 어느 쪽이든 작업기억의 용량은 생각보다 작다는 것이 핵심입니다.

은혜 학생이 긴 문단을 읽을 때 뒷부분에서 앞부분을 까먹는 이유가 바로 이 때문입니다. 그러나 여기에 희소식이 있습니다. 작업기억의 용량은 고정되어 있지만 정보를 '청킹

(chunking)' 하면 훨씬 더 많은 내용을 처리할 수 있습니다. 청킹이란 관련된 정보들을 하나의 의미 덩어리로 묶는 것입니다.

예를 들어 '1-4-9-2-1-9-4-5'라는 숫자를 외우기는 어렵지만 '1492년과 1945년'이라고 의미를 부여하면 쉽게 기억할 수 있습니다. 개념 기반 독서법이 바로 이런 원리를 활용하는 것입니다.

2. 장기기억의 두 얼굴: 의미기억과 일화기억

작업기억에서 처리된 정보는 장기기억으로 넘어갑니다. 여기서 흥미로운 점은 장기기억은 두 가지 형태로 저장된다는 것입니다.

① **의미기억**(Semantic Memory)은 사실과 개념에 관한 기억입니다. '서울은 한국의 수도다.', '광합성은 식물이 빛을 이용해 양분을 만드는 과정이다.'와 같은 일반적 사실(지식)들이지요. 이런 기억들은 맥락과는 상관없이 접근할 수 있습니다.

② **일화기억**(Episodic Memory)[4]은 특정 시간과 장소에서 일어난 개인적 경험에 관한 기억입니다. '작년 여름 해변에서 읽었던 소설의 감동', '시험 전날 밤 도서관에서 공부했던 기억' 같은 것들이지요. 또 아침에 일어나서부터 저녁에 잠자리에 들기까지 하루 종일 했던 많은 경험도 쉽게 떠올려집니다.

---

4) 일화기억이 하루 종일의 경험을 쉽게 떠올릴 수 있게 해 주는 것은, 여러 특성과 메커니즘이 있기 때문이다.
- 시공간적 맥락 통합: 일화기억은 시간과 장소라는 강력한 조직 구조가 있다. 하루라는 시간적 틀과 특정 장소들이 경험을 하나의 일관된 서사로 연결해서 기억 인출을 쉽게 한다.
- 순차적 연결 고리: 하루 동안의 사건들은 자연스럽게 순차적으로 연결되어 있어서, 한 사건을 기억하면 그다음 사건으로 이어지는 연상 네트워크가 활성화된다. 아침에 일어난 일을 떠올리면 점심, 오후 활동들이 연쇄적으로 기억난다.
- 다중 감각 정보 통합: 일화기억은 시각, 청각, 촉각, 후각 등 다양한 감각 정보를 함께 저장한다. 이런 풍부한 단서들이 서로 연결되어 하나의 기억이 다른 기억을 불러일으키는 역할을 한다.
- 감정적 결합: 하루 동안 느꼈던 다양한 감정들이 각 경험에 '태그'처럼 붙어 있어, 특정 감정 상태를 떠올리면 그와 관련된 하루의 사건들이 함께 활성화된다.
- 해마의 유형 완성 기능: 해마는 부분적인 단서만으로도 전체 기억 유형을 복원하는 능력이 있다. 하루 중 일부만 기억해도 나머지 부분들이 자동으로 재구성되는 것이다.
이러한 특성들이 결합해서 일화기억은 개별 사건들을 따로 기억하는 것이 아니라, 하루라는 의미 있는 단위로 통합된 경험을 저장하고 꺼낼 수 있게 해준다.

뇌과학 연구가 놀라운 사실을 밝혀냈습니다. 독서 내용이 개인적 경험과 연결될 때 즉 의미기억과 일화기억이 함께 활성화될 때 기억 지속성이 현저히 증가한다는 것입니다. 단순히 정보를 암기하는 것보다 자기의 경험과 연결할 때 훨씬 오래 기억된다는 뜻입니다.

3. 해마: 기억의 지휘자

기억 형성의 핵심은 해마(Hippocampus)입니다. 해마는 측두엽 안쪽에 있는 작은 구조물이지만 기억에서는 절대적인 역할을 합니다. 마치 거대한 도서관의 사서처럼 어떤 정보를 어디에 저장할지 어떤 정보들을 연결할지를 결정합니다. 최신 뇌과학 연구에 따르면 해마는 새로운 정보를 받아들일 때 다음과 같은 과정을 거친다고 합니다.

① **유형 분리**(Pattern Separation): 새로운 정보를 기존 정보와 구별해 인식
② **유형 완성**(Pattern Completion): 부분적 정보만으로도 전체 기억을 복원
③ **인코딩**(Encoding): 정보를 장기기억으로 전환하는 과정

특히 해마 안에 있는 CA3 영역은 관련된 기억을 서로 연결하는 역할을 합니다. CA3를 '기억의 검색 엔진'이라고 생각해 보세요. 인터넷에서 검색어를 입력하면 관련된 페이지들이 함께 뜨는 것처럼, CA3는 새로운 정보가 들어오면 '이것과 비슷한 게 뭐가 있었지?'라고 기존 기억을 뒤져서 연결해 줍니다. '아, 이건 예전에 읽었던 그 내용과 비슷하네.'라는 느낌이 드는 순간, 바로 CA3가 열심히 일한 결과입니다.

4. 망각곡선과 기억의 생존법

안타깝게도 모든 기억이 영원히 남는 것은 아닙니다. 1885년 독일의 심리학자 헤르만 에빙하우스(Hermann Ebbinghaus)는 기억에 관한 획기적인 연구를 발표했습니다. 그는 자신을 실험 대상으로 삼아 무의미한 음절들을 외우고, 시간이 지남에 따라 얼마나 잊어버리는지를 측정했습니다. 이 연구로 발견된 '망각곡선'에 따르면, 새로 학습한 정보는 시간이

지날수록 급격히 잊힙니다. 특히 학습 직후 첫 20분에서 1시간 사이에 가장 많이 잊어버리고, 이후에는 망각 속도가 점차 느려집니다.

130년이 지난 지금도 에빙하우스의 발견은 유효합니다. 다만 그가 사용한 무의미한 음절과 달리, 의미 있는 내용을 배울 때는 망각 속도가 훨씬 느리다는 것도 후속 연구를 통해 밝혀졌습니다. 이것이 바로 개념 기반 독서법의 과학적 근거 중 하나입니다.

그러나 아직도 우리에게는 희망이 있습니다. 뇌과학 연구에 따르면, 적절한 복습과 연결 작업을 통해 망각을 크게 줄일 수 있다고 합니다. 특히 다음과 같은 방법이 효과적입니다.

(1) 복습 간격 반복(Spaced Repetition)

동일한 내용을 점점 긴 간격으로 복습하는 방법입니다. 첫 번째는 하루 후, 두 번째는 3일 후, 세 번째는 일주일 후 이런 식으로 말입니다.

(2) 정교화 리허설(Elaborative Rehearsal)

단순히 반복하는 것이 아니라, 새로운 정보를 기존 지식과 연결하고 의미를 부여하는 방법입니다.

(3) 상호 연결(Interleaving)

관련된 여러 주제를 번갈아 가며 학습하는 방법입니다. 이렇게 하면 뇌가 각 주제 간의 차이점과 공통점을 파악하면서 더 깊이 이해할 수 있습니다.

5. 기억 강화의 비밀: 수면의 역할

놀랍게도 우리가 잠들어 있는 동안에도 기억은 계속 만들어집니다. 뇌과학 연구에 따르면, 수면 중에 해마에서 신피질로 기억이 전송되면서 장기기억이 공고화된다고 합니다. 특히 서파수면(slow-wave sleep) 단계에서 이런 일이 활발하게 일어납니다. 마치 하루 종일 받아들인 정보들을 정리하고 분류하는 것과 같습니다. 그래서 중요한 독서를 한 후에는 충분히 잠을 자는 것이 중요합니다.

6. 실전 적용: 기억 친화적 독서법

이제 이런 기억의 과학을 실제 독서에 어떻게 적용할 수 있을까요?

(1) 청킹을 활용한 독서

긴 문단을 읽을 때는 의미 있는 단위로 나누어 읽으세요. 각 단락의 핵심 개념을 파악하고, 이를 하나의 '청크'로 만드는 것입니다.

(2) 개인적 연결 만들기

읽는 내용을 자기의 경험과 연결해 보세요. '이 내용이 내 상황에서는 어떻게 적용될까?', '비슷한 경험이 있었나?' 같은 질문을 던져 보는 것입니다.

(3) 능동적 복습 시스템 구축

읽은 후 바로 요약해 보고 하루 후 다시 떠올려 보고, 일주일 후 관련 내용을 다시 찾아보는 시스템을 만드세요.

은혜 학생은 이런 방법을 적용한 후 기억 지속률이 상당히 향상되었습니다. 그의 뇌가 효율적인 기억 네트워크를 구축하기 시작한 것이죠. 여러분의 뇌도 이런 놀라운 기억 능력이 있습니다. 이 능력을 제대로 활용하려면 올바른 방법으로 훈련하는 것이 가장 중요합니다.

주의 집중 – 독서의 시작:
주의 없이는 독서도 없다

스마트폰 알림이 울리고 창밖에서 들리는 소음에 시선이 흩어지고 책을 읽다가도 다른 생각이 떠오르는 경험을 여러분도 많이 했었지요? 현대인의 집중력은 점점 짧아지고 있습니다. 그러나 이것이 단순한 의지력만의 문제일까요? 아닙니다. 독서는 매우 애써야 하는 정신노동입니다. 그래서 무엇보다 주의력이 필요합니다.

책을 읽을 때 우리의 주의력은 시작되는 글의 핵심을 먼저 마음속에 담아 둡니다. 그리고 다음으로 이어지는 글의 내용과 연결해서 하나의 문장이나 문단이 마무리되어 전체의 의미가 완결될 때까지 계속 활성화 상태로 마음속에 유지해야 합니다. 우리의 뇌에는 주의를 조절하는 정교한 시스템이 있고 이를 깊이 이해하면 집중력을 획기적으로 향상시킬 수 있습니다. 그러나 그 이전에 우리는 더 근본적인 질문을 던져 보아야 합니다.

'주의란 무엇인가?'

1. 주의와 알아차림의 본질적인 두 얼굴: 대상과 능력

표준국어대사전에서는 주의를 '무엇인가를 알아차리기 위해 그 알아차려지는 대상에 관심을 집중하는 것'이라고 풀이합니다. 그러나 주의는 그 대상만이 아니라 알아차리는 행위 그 자체도, 주의에 포함되어야 합니다. 우리에게는 느끼거나 의식하거나 관심을 기울일 수 있게 해 주거나 알아차리게 해 주는 능력 자체가 있습니다. 그리고 그 능력이 적절한 감각기관을 통해 대상을 향해 주의를 집중하면, 그 대상이 알려지게 되는 것입니다.

2. 알아차림의 본질: 보이지 않는 공간

생각해 보세요. 지금 앉아 있는 방안에 무엇이 있는지 묻는다면 우리는 쉽게 책상, 의자, 꽃병, 컴퓨터, 전등 등을 꼽을 수 있습니다. 그러나 이러한 사물들이 놓여 있는 공간이 있다고 말하는 사람은 드뭅니다. 공간은 특정한 형태로 보이지는 않지만, 분명히 있습니다. 마치 물고기가 물의 존재를 모르듯 우리는 알아차림의 공간을 인식하지 못한 채 살아갑니다.

이것이 우리의 딜레마(dilemma)입니다. 우리는 평생을 알려지는 대상에만 몰두하고 알려지게 해 주는 그 자체(경험, 느낌, 의식, 또는 알아차림)를 잊고 살아갑니다.

3. 절대적 알아차림: 완벽하게 비어 있는 공간

제대로 무엇인가를 알려면 알아차려지는 대상에만 마음을 빼앗기지 말고 알아차림 그 자체의 경험에도 관심을 가져야 합니다. 즉 알아차림을 알아차려야 합니다. 그리고 알아차림 그 자체는 '절대'여야 합니다. 알아차림은 그 어떤 흠집도 없는 완벽한 그것 자체여야 합니다.

우리의 다섯 감각을 예로 들어 설명해 보겠습니다. 시각을 위해서는 빛이 비치는 공간이 늘 맑고 투명하게 비어 있어야 합니다. 무엇이든 그 비어 있는 공간에 있는 그대로를 방해받지 않고 비칠 수 있도록 모든 흔적이 깨끗이 지워진 공간이어야 합니다.

청각을 위해서는 지극한 고요함이 요구됩니다. 무슨 소리이든 지금의 소리 그 자체를 구별해서 알아차릴 수 있으려면 소리가 들려지는 그 바탕은 어떠한 소리의 흔적조차 말끔하게 지워진 상태여야 합니다.

미각, 후각, 촉각 역시 마찬가지입니다. 그 바탕은 각각 그 감각을 알아차리기에 합당하게 온전히 비어 있어야 합니다. 이렇게 우리 몸의 감각기관이 제대로 기능하려면 그것들은 그 자체로 '절대적'이어야 합니다.

이 공간이 바로 알아차림이고 경험이고 느낌이고, 의식이라고 말할 수 있습니다.

4. 감각을 통한 알아차림의 체계

이 세계에는 우리의 감각기관을 통해 알아차려지는 다양한 대상이 있습니다. 이를 체계적으로 이해하면 독서할 때 주의력을 전략적으로 활용할 수 있습니다.

(1) 오감(五感)

오감(五感)
시각(視覺)
감각기관: 눈
매체: 빛
독서와의 연결: 글자의 형태, 문단의 구조를 시각적으로 파악
예시: 책의 글자, 단락 배치, 강조된 부분
청각(聽覺)
감각기관: 귀
매체: 소리
독서와의 연결: 내적 음성으로 문장의 리듬과 운율 인식
예시: 문장의 어조, 리듬, 강세
미각(味覺)
감각기관: 혀
매체: 맛
독서와의 연결: 텍스트에 묘사된 맛의 상상적 재현
예시: '달콤한 꿀', '쓴 약' 등의 표현
후각(嗅覺)
감각기관: 코
매체: 냄새
독서와의 연결: 향기에 대한 묘사의 생생한 체험
예시: '장미 향', '커피 향' 등의 표현
촉각(觸覺)
감각기관: 피부
매체: 접촉
독서와의 연결: 질감과 온도에 대한 상상적 경험
예시: '차가운 겨울', '부드러운 비단' 등의 표현

(2) 육감(六感): 몸의 내부 감각

오감을 제외한 몸의 감각으로 알아차려지는 것들입니다. 이것은 일상생활에서 느끼게 되는 직관적이고 잘 눈에 띄지 않는 감각들입니다. 우리 몸 안에서 일어나는 심장 박동, 혈액 순환, 호흡과 물질대사, 내분비 호르몬 작용 등에 의해 촉발되는 느낌입니다. 이를 정동(affect)이라고도 합니다. 육감은 다음과 같은 특징이 있습니다.

① 유인성(Valence)

감정이 긍정적인지 부정적인지를 나타내는 요소

긍정적 유인성: 기쁨, 만족, 편안함

부정적 유인성: 슬픔, 불안, 불편함

② 흥분도(Arousal)

감정의 강도를 나타내는 요소

높은 흥분도: 놀람, 긴장, 흥분

낮은 흥분도: 평온, 차분함, 이완

- **독서와의 연결**

  긴장감 있는 스릴러(thriller)를 읽을 때 심장의 두근거림

  감동적인 장면에서 느끼는 뭉클함

  어려운 내용을 읽을 때의 답답함

(3) 칠감(七感): 마음의 작용

마음으로 알아차려지는 영역입니다. 불교에서는 마음을 '생각과 느낌의 다발'이라고도 합니다. 마음(mind)은 인간의 인지, 감정, 사고, 의식 등을 포함하는 복합적인 개념으로 우리가 외부 세계를 인식하고 감정을 경험하며 판단을 내리고 결정하는 데 핵심적인 역할을 합니다.

- **독서와의 연결**

  텍스트를 읽으며 떠오르는 생각과 느낌

내용에 관한 판단과 평가

저자의 의도에 대한 추론

읽는 과정에서의 메타인지(내가 이해하고 있는지에 대한 인식)

(4) 팔감(八感): 관계적 알아차림

몸 밖과의 다양한 외부적 관계로 알아차려지는 영역입니다.

예시: 집에서 기르는 애완견을 보고 느끼는 사랑이나 애착

밤하늘의 반짝이는 별들을 보고 느끼는 신비로움

자연 속에서 느끼는 경외감

다른 사람과의 공감과 유대감

- **독서와의 연결**

  등장인물에 대한 공감과 애착

  작품 속 세계관에 대한 몰입

  저자와의 정신적 교감

  텍스트가 전달하는 가치관과의 공명

5. 주의의 신경과학: 뇌는 어떻게 집중하는가?

이제 알아차림의 본질을 이해했으니, 이것이 뇌에서 어떻게 작동하는지 과학적으로 살펴보겠습니다.

(1) 선택적 주의의 비밀

우리의 뇌는 매 순간 엄청난 양의 정보에 노출됩니다. 시각, 청각, 촉각 등 모든 감각을 통해 들어오는 정보를 모두 처리한다면 뇌는 과부하에 걸려 아무것도 제대로 처리하지 못할 것입니다.

그래서 뇌는 '선택적 주의(Selective Attention)'라는 놀라운 기능을 발달시켰습니다. 최신 뇌과학 연구 팀이 뇌영상 기술을 이용해 선택적 주의의 메커니즘을 밝혀냈습니다. 주의를

기울일 때 뇌에서는 다음과 같은 네트워크가 활성화됩니다.

(2) 주의 네트워크의 3대 영역

① 전대상피질(Anterior Cingulate Cortex, ACC)
역할: 주의의 사령탑
기능: 어떤 정보에 집중할지 결정하고 방해되는 자극들을 차단한다.
비유: 복잡한 교차로에서 차량 흐름을 조절하는 교통경찰의 역할

② 전전두피질(Prefrontal Cortex)
역할: 목표 지향적 주의
기능: '지금은 이 책에 집중해야겠다.'라는 의식적 결정을 내리고 유지한다.
비유: 오케스트라의 지휘자

③ 두정엽 주의 네트워크(Parietal Attention Network)
역할: 공간적 주의 조절
기능: 시선을 특정 부분에 고정하고 주변 자극들을 억제
비유: 스포트라이트 조명

홍미롭게도 숙련된 독자일수록 이 세 영역 간의 연결이 더욱 강화되어 있다는 것이 알려졌습니다.

6. 주의력의 방해 요소들(뇌과학이 밝힌 집중의 훼방꾼)

(1) 새로움의 편향(Novelty Bias)

우리의 뇌는 진화적으로 새로운 자극에 주의를 기울이도록 설계되어 있습니다. 이 메커니즘은 원시시대에는 생존에 필수적이었지만 현대에는 오히려 집중력을 방해하는 요소가 되었습니다. 다음이 좋은 사례들입니다.

- 사례: 스마트폰 알림에 끊임없이 주의를 빼앗긴다.

  SNS 업데이트를 확인하고 싶은 충동

  책을 읽다가 다른 생각으로 빠져드는 현상
- 독서 적용: 독서 전 스마트폰을 다른 방에 두거나 비행기 모드로 설정하는 것이 뇌과학적으로 필요합니다.

(2) 기본 모드 네트워크(Default Mode Network)

뇌가 특별한 과제에 집중하지 않을 때 활성화되는 네트워크입니다. 이곳이 과도하게 활성화되면 잡념이 많아지고 집중력이 떨어집니다.
- 사례: 책을 읽다가 저녁 메뉴 생각, 내일 일정이 떠오르는 현상, 과거 기억이 불쑥 떠오름
- 독서 적용: 독서 전 짧은 명상이나 호흡 집중으로 기본 모드 네트워크를 가라앉힐 수 있습니다.

(3) 정서적 방해(Emotional Interference)

걱정, 불안, 스트레스 같은 부정적 감정들은 편도체를 활성화해서 주의 네트워크를 방해합니다. 편도체는 뇌의 양쪽 측두엽 안쪽에 있는 아몬드 모양의 작은 부위입니다. '감정의 경보 시스템'이라고 생각하면 됩니다. 위험하거나 중요한 상황을 감지하면 즉시 경보를 울려서 몸 전체를 긴장시킵니다.

문제는 편도체가 '진짜 위험'과 '걱정되는 생각'을 잘 구분하지 못한다는 점입니다. 시험 걱정, 친구와의 갈등 같은 생각만으로도 편도체가 활성화되어 '위험! 집중하지 마! 이 문제부터 해결해!'라는 신호를 보냅니다. 그래서 걱정이 있을 때 책이 눈에 들어오지 않는 것입니다.
- 사례: 시험 전 불안할 때 집중이 안 되는 이유

  걱정거리가 있을 때 책이 눈에 들어오지 않는 현상
- 독서 적용: 감정 상태를 먼저 인식하고, 필요하면 감정을 정리한 후 독서를 시작합니다.

7. 몰입 상태(Flow State)의 신경과학

반대로 완전히 몰입한 상태에서는 뇌에서 어떤 일이 벌어질까요?

몰입 시 뇌의 변화: 최신 뇌과학 연구가 흥미로운 사실을 밝혀냈습니다.

(1) 전전두피질의 일시적 억제(Transient Hypofrontality)

자의식과 비판적 사고를 담당하는 전전두피질의 일부 기능이 일시적으로 억제됩니다.

- 효과: '시간 가는 줄 모르고' 몰입
- 상태: '내가 잘하고 있나?' 같은 자의식이 사라짐
- 결과: 순수한 경험에 집중

(2) 알파파의 증가

뇌파 중 알파파가 현저히 증가합니다.

- 의미: 편안하면서도 집중된 상태
- 비유: 잔잔한 호수처럼 고요하지만 깨어 있는 상태

(3) 도파민과 노르에피네프린의 최적 분비

동기와 집중을 담당하는 신경전달물질들이 적정 수준으로 분비됩니다.

- 상태: 너무 많지도 적지도 않은 완벽한 균형
- 결과: 즐거우면서도 집중된 독서 경험

(4) 알아차림과 몰입의 관계

여기에서 앞서 말한 절대적 알아차림과 몰입 상태가 만납니다.

완벽하게 비어 있는 알아차림의 공간 = 전전두피질의 억제(자의식 사라짐)

고요한 바탕 = 알파파의 증가(편안한 집중)

깨어 있는 의식 = 최적의 신경전달물질 분비(깨어 있으면서 즐거운 상태)

절대적 알아차림 = 신경과학적 몰입 상태입니다.

8. 개인차와 주의력 유형

흥미롭게도 개인마다 주의력의 특성이 다릅니다.

주의력의 4가지 유형

① 지속적 주의형

특징: 한 가지에 오랫동안 집중

뇌 특성: 전전두피질의 활성도가 높고 외부 자극 차단 능력 뛰어남

독서 스타일: 긴 소설이나 전문 서적을 끝까지 읽는 것을 선호

② 분할 주의형

특징: 여러 가지를 동시에 처리

뇌 특성: 두정엽의 주의 네트워크 발달, 빠른 주의 전환 가능

독서 스타일: 여러 책을 번갈아 읽거나 참고 자료와 함께 읽는 것을 선호

③ 선택적 주의형

특징: 특정 정보에만 집중하고 나머지 완전 차단

뇌 특성: 전대상피질의 필터링 기능 뛰어남

독서 스타일: 필요한 부분만 골라 읽는 것을 선호

④ 전환 주의형

특징: 상황에 따라 주의를 빠르게 전환

뇌 특성: 유연한 신경망, 빠른 적응력

독서 스타일: 다양한 장르를 넘나들며 읽는 것을 선호

자신의 주의력 유형 파악하기: 뇌 타입별 맞춤 전략

9. 주의력 훈련: 뇌의 근육 키우기

주의력도 근육처럼 뇌가소성을 이용해 훈련으로 강화할 수 있습니다.

과학적으로 검증된 훈련법

① 마음챙김 명상(Mindfulness Meditation)
- 원리: 현재 순간에 주의를 집중하는 훈련
- 뇌 효과: 전대상피질과 전전두피질 강화
- 방법

  5분간 호흡에만 집중, 다른 생각이 들면 알아차리고 다시 호흡으로, 매일 꾸준히 연습
- 알아차림 관점: 이것은 바로 '알아차림을 알아차리는' 훈련입니다. 생각이 떠오르는 것을 알아차리고 다시 호흡으로 돌아가는 과정에서 '알아차림의 공간'을 경험하게 됩니다.

② 주의력 게임
- 원리: 특정 자극에만 반응하고 나머지는 무시
- 뇌 효과: 선택적 주의 능력 향상
- 방법

  글을 읽으며 특정 단어만 세기

  복잡한 그림에서 특정 물체 찾기

③ 호흡 집중법
- 원리: 호흡에만 집중하면서 잡념이 들 때마다 다시 호흡으로 돌아오는 연습
- 뇌 효과: 주의 전환과 유지 능력 향상
- 방법

  코로 들이마시는 공기의 온도 느끼기

  배가 부풀었다 가라앉는 움직임(횡격막에 의해) 관찰하기

  호흡과 호흡 사이의 멈춤 알아차리기

10. 독서 환경의 뇌과학

집중력은 환경에도 크게 영향을 받습니다.

최적의 독서 환경

① 조명

원리: 자연광에 가까운 색온도

효과: 세로토닌 분비 증가로 각성 상태 유지

추천: 5000K~6500K의 LED 조명[5]

② 소음

원리: 완전한 무음보다 적당한 백색소음

효과: 기본 모드 네트워크의 과도한 활성 억제

추천: 자연 소리(빗소리, 파도 소리) 또는 백색소음

③ 온도

원리: 체온 조절에 뇌 에너지가 사용되지 않도록

효과: 주의력에 에너지 집중

추천: 18~22도 사이

---

5) 조명에서 'K'라는 표현은 빛의 색온도로 여기서 'K'는 켈빈(Kelvin)이다. 색온도는 공간의 분위기나 기능에 영향을 준다. 우리 일상에서 선택적으로 활용되는 색온도의 범위는 다음과 같다.
- 따뜻한 흰색(2,700~3,000K)
해 질 녘이나 부드러운 백열등처럼 따뜻하고 아늑한 분위기를 만든다. 편안하고 안정된 느낌을 준다.
주로 침실, 거실, 카페, 레스토랑 등 휴식이나 편안한 대화를 위한 공간에 많이 사용된다. 음식을 더 맛있게 보이게 하는 효과가 있다.
- 자연광/주백색(4,000~5,000K)
이 색온도는 따뜻한 느낌과 차가운 느낌의 중간 지점으로, 가장 자연스러운 색감을 띤다. 빛이 부드럽고 편안해서 오랫동안 머물러도 눈에 피로감이 덜하다.
주방, 학습 공간, 사무실, 드레스 룸 등 일상생활이나 업무를 보는 공간에 두루 잘 어울린다. 5,000K는 순백색에 가깝고 밝고 선명해서 업무 집중도를 높이는 데 좋다.
- 차가운 흰색/주광색(5,000K~6,500K)
이 범위는 푸른빛이 살짝 돌면서 환하고 시원한 느낌을 준다. 집중력을 높여 주고 활동적인 분위기를 만들어준다. 작업 공간, 공부방, 병원, 공장처럼 밝은 조도와 명확한 시야 확보가 중요한 곳에 주로 사용된다. 높은 색온도라서 밝은 조도를 유지해야 하는 곳에 좋다.

④ 향기

　　원리: 후각이 직접적으로 뇌의 기억 중추와 연결

　　효과: 기억력과 집중력 향상

　　추천: 로즈마리, 페퍼민트 향

11. 실전 적용: 집중력 극대화 독서법

이제 알아차림의 철학과 주의력의 과학을 실제 독서에 적용해 보겠습니다.

3단계 집중 독서법

1단계, '알아차림' 준비하기(5분)

절대적 알아차림의 공간 만들기

- 외부 방해 요소 제거
  - 스마트폰을 다른 방에 두기
  - 책상 위 정리
  - 조용한 환경 조성
- 내부 '알아차림' 활성화
  - 편안한 자세로 앉기(의자나 벽에 기대지 않고 수직으로)
  - 3번의 깊은 호흡(4초 들이마시기 - 4초 참기 - 4초 내쉬기)
  - 몸의 감각 느끼기(발바닥, 엉덩이, 등이 닿는 느낌)
- 집중 선언
  - 지금부터 ○○분간 오직 이 책에만 집중한다.
  - 독서 목표 명확히 하기

2단계, 다층적 알아차림으로 읽기(20~40분)

- 오감 - 육감 - 칠감 - 팔감을 모두 활용한 독서

  시각(1층): 글자와 문단 구조를 본다.

청각(2층): 내적 음성으로 문장의 리듬을 느낀다.

촉각(3층): 텍스트에 묘사된 질감을 상상한다.

육감(4층): 읽으며 느껴지는 몸의 반응을 알아차린다.

(가슴이 뛰는가? 어깨가 긴장되는가?)

칠감(5층): 떠오르는 생각과, 판단을 관찰한다.

팔감(6층): 저자와의 교감, 등장인물과의 공감을 공유한다.

- 포모도로 기법[6] 활용

25분 읽기 + 5분 휴식

휴식 시 알아차림 유지(휴식하고 있음을 알아차리기)

---

[6] 포모도로 기법은 이탈리아의 프란체스코 치릴로가 1980년대에 개발한 시간 관리 방법입니다. 토마토 모양 주방 타이머(이탈리아어로 'pomodoro')를 사용한 것에서 이름이 유래했습니다.

기본 원리
1. 25분 집중 작업 - 한 가지 과제에만 몰두
2. 5분 휴식 - 짧은 휴식으로 재충전
3. 4회 반복 후 - 15~30분의 긴 휴식

핵심 효과
- 집중력 향상: 짧은 시간 단위로 주의력 유지
- 정신적 피로 감소: 규칙적인 휴식으로 지속 가능한 집중
- 시간 의식 강화: 업무에 소요되는 실제 시간 파악
- 멀티태스킹 방지: 한 번에 하나씩 처리

실천 팁
- 타이머가 울릴 때까지 중단 금지
- 휴식 시간에는 완전히 다른 활동(스트레칭, 산책 등)
- 방해 요소는 메모 후 다음 포모도로에 처리
- 하루 시작 시 우선순위 과제 선정

자신의 독서 과정을 알아차리기
이해도 점검
방금 읽은 내용을 친구에게 설명할 수 있는가?
핵심 개념 3개를 말할 수 있는가?
이해가 안 되는 부분은 어디인가?
주의 상태 점검
몇 번이나 주의가 흐트러졌는가?
어떤 것들이 방해했는가?
다시 집중으로 돌아오는 데 시간이 얼마나 걸렸는가?
몰입 상태를 경험했는가?
감각 활용 점검
어떤 감각이 가장 활발했는가(시각, 청각, 육감)?
다층적 알아차림을 시도했는가?
텍스트와 정서적으로 연결되었는가?
감정 상태 확인
읽으면서 어떤 감정을 느꼈는가?
재미있었는가? 어려웠는가? 신기했는가?
이 감정과 연결된 텍스트 내용 기억하기
다음 독서를 위한 계획
오늘 독서에서 잘된 점은?
개선이 필요한 점은?
다음에는 어떻게 할 것인가?

메타 알아차림의 핵심: 독서 자체가 아니라, 독서하는 나를 관찰하는 것입니다. 이것이 바로 '알아차림을 알아차리는' 최고 단계입니다.

개념 형성과 추상적 사고: 인간만의 특별한 능력

'아하' 하는 순간을 경험한 적이 있나요? 복잡해 보이던 내용이 갑자기 명쾌해지고, 서로 다른 지식이 하나로 연결되는 그 특별한 순간을 말입니다. 이것이 바로 개념 형성의 마법입니다.

인간은 동물 중에서 유일하게 추상적 개념을 만들고 조작할 수 있는 능력을 지니고 있습니다. 침팬지도 도구를 사용하고, 코끼리도 자기 인식을 하지만 그러나 복잡한 추상적 개념을 형성하고 이를 바탕으로 창조적 사고를 하는 것은 오직 인간만의 특권입니다.

1. 개념이란 무엇인가: 뇌의 분류 시스템

개념(Concept)이란 비슷한 특징을 가진 여러 사물이나 현상을 하나의 범주로 묶는 것입니다. 예를 들어 '새'라는 개념에는 참새, 독수리, 펭귄이 모두 포함됩니다. 겉모습은 다르지만 공통된 특징(깃털, 부리, 알을 낳음)으로 하나의 범주를 만드는 것입니다.

인지과학 연구 팀이 놀라운 발견을 했습니다. 개념 형성 과정에서 뇌의 여러 영역이 복잡한 네트워크를 형성한다는 것입니다.

(1) 뇌의 네트워크

① **측두엽 하부**(Inferior Temporal Cortex): 시각적 특징을 추출하고 분류합니다. '이것은 날개가 있고 부리가 있고'와 같은 기본적인 특징을 알아차리는 역할을 해냅니다.
② **전전두피질**(Prefrontal Cortex): 추상적 규칙을 만듭니다. '날개가 있고 깃털이 있으면 새다'와 같은 범주화 규칙을 만듭니다.

③ **전대상피질**(Anterior Cingulate Cortex): 예외 상황을 처리합니다. '펭귄은 날 수는 없지만 여전히 새다.'와 같은 복잡한 판단을 내립니다.

(2) 범주화의 신경과학

흥미롭게도 우리의 뇌는 개념을 저장할 때 두 가지 방식을 사용합니다. 인지심리학자 엘리너 로쉬(Eleanor Rosch)와 동료들의 연구에서 이러한 메커니즘이 밝혀졌습니다.

① **원형 이론**(Prototype Theory): 각 범주의 전형적인 예시를 중심으로 개념을 형성합니다. '새'라고 하면 떠오르는 참새나 비둘기 같은 것이 본보기입니다. 새로운 동물을 만났을 때 이 본보기와 얼마나 비슷한지를 기준으로 분류합니다.
② **예시 이론**(Exemplar Theory): 과거에 경험했던 모든 구체적 예시를 저장해두고 새로운 상황에서 이들과 비교합니다. 더 정확하게 비교해 그 다름을 찾아냅니다. 그러나 이 작업은 뇌의 용량을 많이 사용합니다.

숙련된 독자일수록 이 두 시스템을 효과적으로 활용한다는 것이 밝혀졌습니다. 친숙한 개념은 본보기를 사용해 빠르게 처리하고 복잡하거나 새로운 개념은 예시 비교를 통해 정확하게 이해합니다.

(3) 스키마: 지식의 건축물

개념들이 모여서 만드는 더 큰 구조를 스키마(Schema)라고 합니다. 스키마는 특정 상황이나 주제에 대한 우리의 전체적인 지식 체계입니다. 개념과 스키마의 관계를 파일과 폴더의 관계로 비교하면 이해하기 쉽습니다. 예를 들어 '식당 스키마'라는 사건 개념의 스키마는 다음과 같은 것들이 포함됩니다.

① **물리적 구조**(테이블, 의자, 주방)
② **등장인물**(손님, 웨이터, 요리사)
③ **행동 순서**(입장 → 주문 → 식사 → 계산)
④ **사회적 규칙**(예의, 팁 문화)

위를 다음과 같이 정리할 수 있습니다.

장면 1. 식당 들어가기
식당에 들어간다. 식탁을 선택한다. 식탁으로 간다. 식탁에 앉는다.
장면 2. 주문하기
메뉴판을 찾는다. 메뉴판을 본다. 메뉴를 정한다. 종업원을 부른다. 종업원이 온다. 음식을 주문한다.
장면 3. 요리 만들기
종업원이 요리사에게 간다. 요리할 음식을 주문한다. 요리사가 음식을 만든다.
장면 4. 음식 먹기
요리사가 종업원에게 만든 음식을 준다. 종업원이 음식을 가져온다. 음식을 먹는다.
장면 5. 식당 나가기
음식값을 계산한다. 계산서를 본다. 음식값을 준다. 종업원이 인사한다. 식당을 떠난다.

뇌과학 연구에 따르면 잘 발달한 스키마를 가진 사람일수록 새로운 정보를 더 쉽게 이해하고 기억한다고 합니다. 스키마가 일종의 '지식의 서랍' 역할을 해서 새로운 정보를 적절한 곳에 넣어둘 수 있기 때문입니다.

그러나 지금은 키오스크(kiosk)가 설치된 식당이 많아서 위와 같은 스키마 활용 기회가 점점 줄어들고 있지요. 이러한 현상은 인지 발달이 요구되는 어린 세대들에게는 결코 바람직하다고만 볼 수 없습니다.

(4) 메타인지: 생각에 대한 생각

인간의 가장 놀라운 능력 중 하나는 메타인지(Meta cognition)입니다. 자신의 사고 과정을 객관적으로 관찰하고 조절할 수 있는 능력이죠.

뇌영상 연구에서 메타인지 과정을 실시간으로 관찰했습니다. 메타인지가 활성화될 때는 다음과 같은 뇌 영역들이 협력합니다.

① **내측 전전두피질(Medial Prefrontal Cortex)**: '지금 뭐하고 있지?' 이마 안쪽 깊은 곳에 있으며, 자신의 생각을 모니터링합니다. 마치 CCTV 관제실에서 '지금 내가 무슨 생각을 하고 있는지'를 비춰 주는 화면을 지켜보는 역할입니다.

② **후대상피질(Posterior Cingulate Cortex)**: '이거 알겠어?' 머리 뒤쪽 중앙에 있으며, 자신의 이해도를 평가합니다. 시험 감독관처럼 '정말 이해한 거야? 아니면 그냥 아는 척하는 거야?'라고 점검하는 역할입니다.

숙련된 독자들은 읽는 동안 이 두 영역이 계속 활동합니다. '이 부분을 이해했나?', '다시 읽어야 하나?', '다른 것과 어떻게 연결되지?'라는 질문을 자신에게 던지면서 이해의 깊이를 조절합니다.

③ **두정엽(Parietal Cortex)**: 사고 전략을 조절하고 수정합니다. 숙련된 독자들은 읽는 과정에서 지속적으로 메타인지를 활용합니다. '이 부분을 이해했나?', '다시 읽어 볼 필요가 있나?', '다른 지식과 어떻게 연결되는가?' 같은 질문을 스스로에게 던지면서 이해의 수준을 조절(높이거나, 넓히거나)합니다.

(5) 창의적 연결: 통찰의 순간

때로는 서로 다른 개념들이 갑자기 연결되면서 새로운 통찰이 생기는 순간이 있습니다. 이를 '아하 모멘트(Aha moment)' 또는 통찰(Insight)이라고 합니다. 뇌과학 연구 팀이 통찰이 일어나는 순간의 뇌 활동을 분석했습니다. 통찰이 일어나기 직전에 다음과 같은 변화가 관찰되었습니다.

① **우반구 측두엽의 갑작스러운 활성화**: 평소에는 활성도가 낮았던 우반구 측두엽이 갑자기 활성화됩니다. 이곳에서는 서로 다른 개념들 사이에서 새로운 연결이 만들어집니다.

② **알파파의 증가**: 통찰 직전 약 1초 동안 알파파가 증가합니다. 이것은 뇌가 외부 자극을 차단하고 내부 처리에만 집중하는 상태임을 나타냅니다.

③ **감마파의 폭증**: 우리 뇌는 전기 신호로 작동하는데, 이 신호의 패턴을 뇌파라고 합니다. 뇌파는 속도에 따라 여러 종류로 나뉘며, 각각 다른 상태를 나타냅니다.

뇌파 종류	속도	상태	비유
델타파	매우 느림	깊은 수면	잠든 바다
세타파	느림	졸음, 명상	안개 낀 호수
알파파	중간	편안한 집중	잔잔한 호수
베타파	빠름	활발한 사고	물결치는 바다
감마파	매우 빠름	통찰, 창의성	불꽃놀이

몰입 상태에서는 알파파가 증가합니다. 긴장하지 않으면서도 깨어 있는, '편안한 집중' 상태이지요. '아하!' 하는 통찰의 순간에는 감마파가 폭발적으로 증가합니다. 마치 뇌에서 불꽃이 터지듯, 여러 영역이 동시에 연결되면서 새로운 이해가 탄생하는 것입니다.

은혜 학생도 개념 기반 독서법을 적용하면서 이런 통찰의 순간들을 자주 경험하게 되었습니다. '역사와 과학이 이렇게 연결되는구나!', '이 원리가 실생활에서도 적용되네!'와 같은 깨달음들이 독서를 더욱 즐겁고 의미 있게 만들었습니다.

(6) 개념 형성의 발달: 구체에서 추상으로

개념 형성 능력은 나이와 경험에 따라 다르게 발달합니다. 스위스의 발달심리학자 장 피아제(Jean Piaget, 1896-1980)는 아이들의 사고가 어떻게 발달하는지 평생에 걸쳐 연구했습니다. 그의 인지 발달 이론은 현대 뇌과학 연구를 통해서도 뒷받침되고 있습니다.

발달 단계	나이	특징	독서 적용
구체적 조작기	7~11세	눈에 보이는 구체적인 것을 중심으로 생각	실제 사례와 함께 읽기
형식적 조작기	12세 이후	추상적이고 가설적인 사고 가능	원리와 개념 중심 읽기

여러분은 지금 형식적 조작기에 해당합니다. 이 시기에는 '만약 ~라면?'이라는 가정적 사고, 여러 가능성을 비교하는 추론 등이 가능해집니다. 개념 기반 독서법이 특히 효과적인 이유이기도 합니다.

(7) 문화와 개념: 언어가 사고를 만든다

놀랍게도 우리가 사용하는 언어가 개념 형성에 영향을 줍니다. 언어 뇌과학 연구 팀이 이를 입증했습니다. 예를 들어 에스키모 언어에는 눈(snow)을 나타내는 단어가 여러 개 있습니다. 이들의 뇌에서는 눈과 관련된 시각적 구분 능력이 일반인보다 훨씬 발달해 있습니다. 언어가 지각과 개념 형성에 직접적 영향을 미치는 좋은 사례라 볼 수 있습니다.

우리말에도 비슷한 예가 있습니다. 한국어에는 '밥'과 관련된 표현이 매우 다양합니다. 쌀밥, 보리밥, 잡곡밥, 흰밥, 찬밥, 덮밥, 비빔밥, 볶음밥. 밥이 주식인 문화에서 자연스럽게 발달한 개념 체계입니다. 언어가 지각과 개념 형성에 직접적 영향을 미치는 좋은 사례라 볼 수 있습니다.

또 우리 한국어 사용자들은 존댓말이라는 독특한 언어 체계를 갖고 있어서 사회적 관계에 대한 개념이 발달해 있습니다. 나이, 사회적 지위, 친밀도 등을 종합적으로 고려하는 복잡한 개념 체계를 가지고 있고, 이것이 잘 작동되지 않을 때는 사회적으로 지탄받습니다.

(8) 실전 적용: 개념 형성을 돕는 독서법

이제 이런 개념 형성의 과학적 연구 결과를 실제 독서에 어떻게 적용할 수 있을까요?

① **개념 맵 만들기**: 읽은 내용의 핵심 개념들을 시각적으로 연결해 보세요. 중심 개념을 가운데 두고 관련 개념들을 가지처럼 뻗어나가는 형태로 그려 보는 것입니다.

② **비유와 은유 활용하기**: 새로운 개념을 익숙한 것과 연결해 보세요. '광합성은 식물이 하는 요리 과정이다.', 'DNA는 생명체의 설계도 같다.'와 같은 비유를 만들어 보는 것입니다.

③ **예외와 경계 탐구하기**: 개념의 경계를 명확히 하기 위해 예외 상황을 찾아보세요. '이 것도 이 범주에 포함될까?', '어떤 조건에서는 이 원리가 적용되지 않을까?' 같은 질문을 던져 보는 것입니다. 예) 고래→ 물고기? 혹은 포유동물?

④ **계층 구조 파악하기**: 개념들 사이의 상하위 관계를 파악해 보세요. 더 큰 범주와 더

작은 하위 개념들을 구분하고 이들 사이의 관계를 명확히 하는 것입니다.

⑤ **5단계(메타인지 활용하기)**: 읽는 과정에서 지속적으로 자신의 이해도를 점검하세요. '이 개념을 다른 사람에게 설명할 수 있을까?', '실제 상황에 적용할 수 있을까?' 같은 질문을 통해 자신이 올바른 이해에 도달했는지를 확인합니다.

이런 방법들을 적용한 후 많은 학습자가 놀라운 변화를 경험했습니다. 단순히 정보를 암기하는 것을 넘어서 바람직한 이해와 통찰에 도달할 수 있게 된 것입니다.

여러분도 이런 개념 형성의 힘을 체험해 보세요. 복잡해 보이는 내용들이 하나씩 연결되면서 명쾌한 그림으로 알아차리는 경험을 하게 될 것입니다.

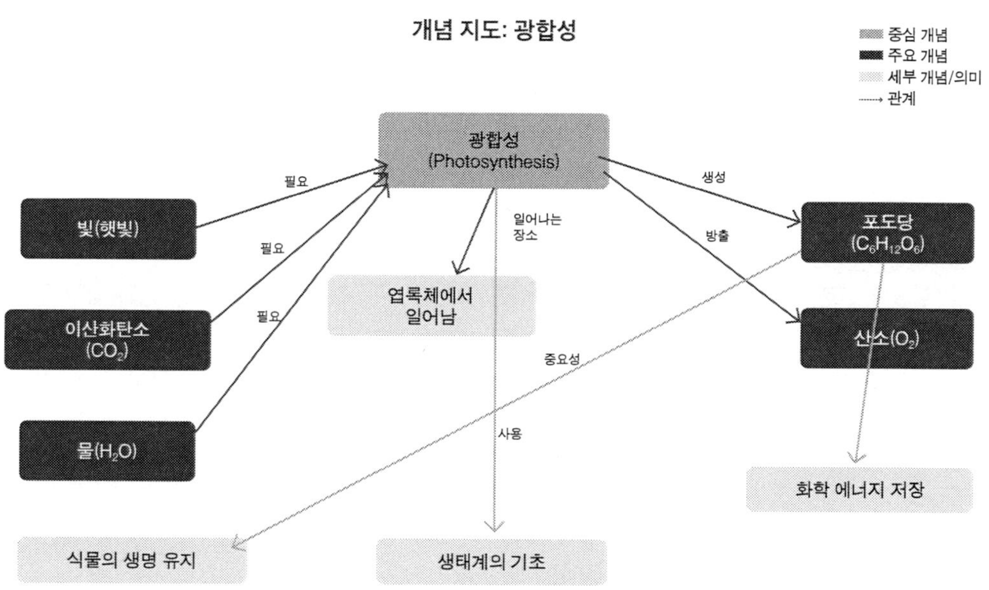

개념 지도는 개념들 간의 관계를 시각적으로 표현하여 이해를 돕는 학습 도구입니다.

(9) 실전 적용 및 연습

지금까지 뇌과학의 관점에서 읽기, 기억, 주의, 개념 형성의 메커니즘을 살펴보았습니다. 이제 이런 과학적 지식을 실제 독서에 어떻게 적용할 수 있는지 구체적으로 연습을 해 보겠습니다.

연습 1: 뇌 친화적 독서 환경 만들기

우리의 뇌는 환경에 매우 민감합니다. 올바른 환경을 조성하는 것만으로도 독서 효율을 크게 향상시킬 수 있습니다.

- 물리적 환경 최적화

먼저 여러분의 현재 독서 공간을 점검해 보세요. 다음 점검 리스트를 활용해 보시기 바랍니다.

물리적 환경 최적화
조명 점검 리스트
자연광이 충분히 들어오는가? (없다면 적절한 색온도의 LED 조명 사용)
눈의 피로를 줄이는 간접조명이 있는가?
그림자가 텍스트에 드리워지지 않는가?
화면이나 종이에 반사광이 없는가?
소음 환경 점검 리스트
갑작스러운 소음이 없는 조용한 공간인가?
필요시 백색소음이나 자연음을 활용할 수 있는가?
스마트폰을 무음으로 설정했는가?
가족이나 동료에게 방해하지 말아 달라고 요청했는가?
온도와 공기 점검 리스트
실내 온도가 적절한가?
환기가 잘 되어 있는가?
습도가 적당한가?

은혜 학생은 이런 환경 개선만으로도 집중 시간이 20분에서 35분으로 늘어났습니다. 뇌가 최적의 조건에서 작동할 수 있게 된 것이지요.

뇌과학 연구에 따르면, 개인의 뇌 특성에 따라 최적의 독서 방식이 다릅니다. 다음 진단을 통해 자신의 성향을 확인해 보세요.

<table>
<tr><td colspan="1">뇌 타입별 맞춤 전략</td></tr>
<tr><td>시각형: 청각형 진단</td></tr>
<tr><td>그림이나 도표를 보면 이해가 빨라진다(시각형)</td></tr>
<tr><td>설명을 들으면 이해가 빨라진다(청각형)</td></tr>
<tr><td>색깔 있는 펜으로 필기하는 것을 좋아한다(시각형)</td></tr>
<tr><td>음악을 들으며 공부하는 것을 좋아한다(청각형)</td></tr>
<tr><td>순차형: 전체형 진단</td></tr>
<tr><td>처음부터 차례대로 읽는 것을 선호한다(순차형)</td></tr>
<tr><td>전체를 훑어본 후 세부 사항을 파악한다(전체형)</td></tr>
<tr><td>단계별 설명서를 좋아한다(순차형)</td></tr>
<tr><td>큰 그림을 먼저 보고 싶어한다(전체형)</td></tr>
<tr><td>성향별 맞춤 독서법</td></tr>
<tr><td>시각형: 형광펜, 색깔 펜 활용, 마인드맵 그리기, 도표 만들기</td></tr>
<tr><td>청각형: 중요한 부분 소리 내어 읽기, 토론하기, 오디오북 활용</td></tr>
<tr><td>순차형: 체계적인 독서 계획, 단계별 학습, 요약 노트 작성</td></tr>
<tr><td>전체형: 목차 먼저 훑어보기, 전체 구조 파악 후 세부 학습</td></tr>
</table>

(10) 생체리듬 최적화

우리의 뇌는 하루 중에도 활성도가 변합니다. 하루 주기 뇌과학 연구에 따르면,

아침형 인간(25%)

오전 6~10시: 최고 집중력

분석적 사고에 유리하다.

논리적 텍스트 독서에 최적

저녁형 인간(25%)

오후 6~10시: 최고 집중력

창의적 사고에 유리하다.

문학, 에세이 독서에 최적

중간형 인간(50%)

오전 10시~오후 2시: 안정된 집중력

균형 잡힌 사고

모든 유형의 독서에 적합

위의 내용을 숙지하고 자신의 생체리듬을 파악하여 가장 효율적인 시간대에 중요한 독서 활동을 배치해 보세요.

연습 2: 기억 강화를 위한 읽기 전략

앞서 학습한 기억의 과학을 바탕으로 실제 적용이 가능한 전략들을 연습해 보겠습니다.

작업기억 최적화 기법

작업기억의 한계를 극복하기 위한 구체적 방법들입니다.

- 청킹 연습 1: 숫자 정보: 다음 정보를 청킹으로 기억해 보세요.
- 원래: 1776, 1945, 1969, 1989
- 청킹 후: 미국 독립(1776), 일제로부터 우리나라 해방(1945), 달 착륙(1969), 베를린 장벽 붕괴(1989)
- 청킹 연습 2: 개념 정보: 긴 문단을 읽을 때 3~4개의 핵심 개념으로 묶어 보세요.

읽기 → 핵심 개념 3개 추출

각 개념에 키워드 부여

키워드들의 관계 설정

전체 이야기 줄거리 구성

(11) 정교화 예행(rehearsal) 전략

정교화 반복 전략
단순 반복이 아닌 의미 있는 연결을 통한 기억 강화법입니다.
1단계: 기존 지식과 연결하기
이것은 내가 이미 알고 있는 ___와 비슷하다.

차이점은 ___이다.
공통점은 ___이다.
2단계: 개인 경험과 연결하기
내 경험에서는 ___이 있었다.
실생활에서는 ___에 적용될 수 있다.
만약 내가 ___라면 어떻게 할까?
3단계: 감정과 연결하기
이 내용이 나에게 주는 느낌은 ___이다.
이것은 ___할 때와 비슷한 감정이다.
왜 이런 느낌이 들까?
간격 반복 시스템 구축
망각곡선을 고려한 체계적 복습 방법입니다.
기본 간격 반복 일정
1일 후: 10분 복습(핵심 내용 떠올리기)
3일 후: 15분 복습(요약 노트 재검토)
1주일 후: 20분 복습(다른 내용과 연결하기)
2주일 후: 25분 복습(실제 적용 사례 찾기)
1개월 후: 30분 복습(전체 맥락에서 재정리)
개인화된 복습 시스템: 각자의 기억 특성에 맞춰 간격을 조정해 보세요.
기억력이 좋은 편: 간격을 더 늘림(1일 → 5일 → 2주 → 1개월)
기억력이 약한 편: 간격을 더 줄임(1일 → 2일 → 5일 → 2주)
어려운 내용: 더 자주 복습
쉬운 내용: 간격을 늘림

상호 연결 학습법

서로 다른 주제를 번갈아 가며 학습해서 뇌의 연결망을 강화하는 방법입니다.

연결 유형 만들기

주 교재 30분 독서

관련 부교재 15분 독서

두 내용의 공통점/차이점 정리

실제 사례나 뉴스와 연결

다음 주제로 넘어가기

이런 방식으로 학습한 학생들은 단일 주제 집중 학습에 비해 장기 기억률이 상당히 향상되었습니다.

감각 활용 기억법
다중 감각을 활용해 기억 회로를 강화하는 방법입니다.
시각적 기억 강화
중요한 개념을 그림으로 그리기
색깔별로 내용 분류하기
공간적 배치를 활용한 기억(방 안의 위치와 연결)
청각적 기억 강화
핵심 내용을 리듬에 맞춰 읽기
중요한 부분을 녹음해서 반복 듣기
다른 사람에게 설명하며 기억 확인
운동감각 기억 강화
걸으면서 내용 떠올리기
손으로 쓰면서 기억하기
몸짓을 활용한 기억법

은혜 학생은 이런 다감각 기억법을 적용한 후 3주 만에 기억 지속률이 상당히 향상되었습니다. 뇌의 여러 영역이 협력하면서 더욱 견고한 기억 네트워크가 형성된 것입니다.

실습 과제: 나만의 기억 시스템 만들기

다음 단계를 따라 여러분만의 기억 강화 시스템을 구축해 보세요.

실습 과제: 나만의 기억 체계 만들기
1주 차: 기본 환경 설정
최적의 독서 환경 조성
생체리듬에 맞는 독서 시간 설정
방해 요소 제거 시스템 구축
2주 차: 작업기억 최적화
청킹 기법 연습
핵심 개념 추출 훈련
관계형 사고 연습
3주 차: 장기기억 강화
간격 반복 일정 적용
정교화 반복 실천
다감각 기억법 활용
4주 차: 통합 및 개인화
개인 특성에 맞는 조정
효과 측정 및 피드백
지속 가능한 체계 완성

　　이런 체계적 접근을 통해 많은 학습자가 놀라운 변화를 경험했습니다. 여러분도 과학적 근거에 바탕을 둔 이 방법들을 활용해 기억력의 새로운 차원을 경험해 보시기 바랍니다.

(12) 통합 정리 및 다음 단계

　　우리는 이 장을 통해 놀라운 여행을 했습니다. 뇌과학의 렌즈를 통해 독서의 비밀을 하나씩 밝혀냈습니다. 이제 그 여정을 돌아보며 핵심 통찰을 정리해 보겠습니다.

① 뇌과학이 밝혀낸 독서의 4대 원리

첫째, 읽기는 뇌 전체의 협력 작업입니다. 단순히 글자를 인식하는 것을 넘어서 시각 피질, 언어 영역, 기억 중추, 개념 형성 네트워크가 하나의 교향곡을 연주하듯 협력합니다. 개념 기반 독서법이 효과적인 이유는 바로 이런 뇌의 전체적 네트워크를 활성화하기 때문입니다.

둘째, 기억은 연결의 예술입니다. 새로운 정보가 기존 지식과 연결될 때, 개인 경험과 만날 때, 감정과 결합이 될 때 가장 오래 기억됩니다. 해마와 신피질 사이의 대화, 의미기억과 일화기억의 만남이 만들어 내는 마법입니다.

셋째, 주의력은 훈련이 가능한 근육입니다. 전대상피질, 전전두피질, 두정엽이 만드는 주의 네트워크는 올바른 방법으로 훈련하면 누구나 강화할 수 있습니다. 집중력은 타고나는 것이 아니라 길러지는 것입니다.

넷째, 개념 형성은 인간만의 특권입니다. 전전두피질의 추상적 사고 능력, 각회전의 개념 연결 기능, 메타인지의 자기 성찰 능력이 합쳐져 단순한 정보 습득을 넘어선 진정한 이해와 통찰을 만들어 냅니다.

② 개념 기반 독서법의 과학적 근거

이제 우리는 왜 개념 기반 독서법이 효과적인지 과학적으로 확신할 수 있습니다.

뇌활용도 극대화: 일반적 독서가 뇌의 일부만 사용한다면, 개념 기반 독서는 대부분의 영역을 동시에 활성화합니다.

기억 지속성 향상: 단순 반복 읽기에 비해 장기기억 형성률이 현저히 증가합니다.

이해 깊이 강화: 표면적 이해에서 구조적 이해로, 암기에서 통찰로 독서의 질적 변화를 만들어 냅니다.

전이 학습 촉진: 한 영역에서 학습한 개념이 다른 영역으로 자연스럽게 전이되어 통합적 사고력을 기릅니다.

(13) 자가 진단 점검 리스트

지금까지 학습한 내용을 바탕으로 여러분의 현재 독서 습관을 점검해 보세요.

자가 진단 점검 리스트
뇌과학 기반 환경 조성(25점)
최적의 조명과 온도를 유지한다(5점)
방해 요소를 사전에 제거한다(5점)
생체리듬에 맞는 시간에 독서한다(5점)
개인 뇌 타입에 맞는 방식을 활용한다(5점)
집중을 위한 준비 과정을 거친다(5점)
기억 과학 활용도(25점)
청킹을 통해 작업기억을 최적화한다(5점)
기존 지식과 연결하며 읽는다(5점)
개인 경험과 연결한다(5점)
체계적인 복습 시스템을 가지고 있다(5점)
다감각을 활용한 기억법을 사용한다(5점)
주의력 관리 능력(25점)
읽기 전 집중 준비를 한다(5점)
주의 분산을 빠르게 인식하고 대처한다(5점)
몰입 상태를 의도적으로 만든다(5점)
적절한 휴식으로 주의력을 관리한다(5점)
집중력 훈련을 정기적으로 계속한다(5점)
개념 형성 활용도(25점)
핵심 개념을 의식적으로 추출한다(5점)
개념 간의 관계를 파악한다(5점)
메타인지를 활용해 이해도를 점검한다(5점)
예외와 경계를 탐구한다(5점)
통찰의 순간을 의식적으로 추구한다(5점)

총점 해석
80~100점: 뇌과학 기반 독서법을 잘 활용하고 있습니다
60~79점: 일부 영역에서 개선이 필요합니다
40~59점: 체계적인 개선 계획이 필요합니다
40점 미만: 기본부터 차근차근 다시 시작하세요

개인별 맞춤 처방전
점검 리스트 결과를 바탕으로 여러분만의 개선 계획을 세워 보세요
1. 환경 조성이 부족한 경우(환경형)
1주 차: 물리적 환경 정비
2주 차: 생체리듬 파악 및 최적 시간 찾기
3주 차: 방해 요소 제거 시스템 구축
4주 차: 개인 특성에 맞는 환경 미세 조정
2. 기억 활용이 부족한 경우(기억형)
1주 차: 청킹 기법 집중 연습
2주 차: 연결 기법(기존 지식, 개인 경험)
3주 차: 간격 반복 시스템 구축
4주 차: 다감각 기억법 통합 활용
3. 집중력이 부족한 경우(주의형)
1주 차: 주의력 현재 상태 정확한 진단
2주 차: 집중 준비 습관 개발
3주 차: 몰입 유도 기법 연습
4주 차: 지속적 집중력 훈련 시스템
4. 개념 형성이 부족한 경우(개념형)
1주 차: 핵심 개념 추출 연습
2주 차: 개념 관계 매핑 기법
3주 차: 메타인지 활용법 습득
4주 차: 통찰 촉진 환경 조성

3장으로의 연결: 이론에서 실천으로

지금까지 우리는 뇌과학의 관점에서 독서의 비밀을 탐구했습니다. 읽기, 기억, 주의, 개념 형성의 신경과학적 메커니즘을 이해했고, 이를 바탕으로 실전 전략들도 연습해 보았습니다.

그러나 여기서 끝이 아닙니다. 과학적 지식은 실제로 적용할 수 있는 구체적인 방법과 만나서 실천해야 원하는 결과를 만들어 냅니다. 은혜 학생도 뇌과학 이론을 이해하는 것만으로는 변화가 일어나지 않았습니다. 이론을 바탕으로 체계적이고 실용적인 방법을 익히고 구체적인 행동으로 실천했을 때 비로소 극적인 향상을 경험할 수 있었습니다.

다음 3장 '개념 기반 독서법의 4가지 원리'에서는 지금까지 학습한 뇌과학적 통찰을 구체적이고 실용적인 독서 원리로 발전시켜 보겠습니다. 복잡한 뇌과학 이론들이 어떻게 간단명료한 실천 원칙으로 변환되는지, 그리고 이 원칙들을 일상의 독서에 어떻게 적용할 수 있는지 상세히 알아보겠습니다.

마무리: 뇌를 알면 독서 기술이 보인다

1장에서 던진 질문 '왜 다르게 읽어야 할까?'에 대한 답을 이제 우리는 명확히 알 수 있습니다. 우리의 뇌가 정보를 처리하는 특별한 방식을 배웠기 때문입니다. 이 방식에 맞춰 독서할 때 놀라운 상승효과(synergy)를 얻을 수 있습니다.

뇌과학은 더 이상 실험실 안의 추상적 이론이 아닙니다. 여러분의 일상적인 독서를 혁신적으로 바꿀 수 있는 실용적 도구입니다. 여러분의 뇌 속에 잠들어 있는 무한한 가능성을 일깨우는 열쇠입니다.

| 참고 문헌 |

1. 기억과 인지

- Miller, G. A. (1956). The magical number seven, plus or minus two: Some limits on our capacity for processing information. Psychological Review, 63(2), 81-97. (작업기억 용량의 한계 (7±2 법칙))
- Ebbinghaus, H. (1885). Über das Gedächtnis. Duncker & Humblot. (에빙하우스, 「기억에 관하여」)(망각곡선의 발견)

2. 범주화와 개념 형성

- Rosch, E. (1975). Cognitive representations of semantic categories. Journal of Experimental Psychology: General, 104(3), 192-233. (원형 이론(Prototype Theory))

3. 인지 발달

- Piaget, J. (1952). The Origins of Intelligence in Children. International Universities Press. (장 피아제, 「아동 지능의 기원」)(인지 발달 단계 이론)

4. 독서와 뇌

- Wolf, M. (2007). Proust and the Squid: The Story and Science of the Reading Brain. Harper. (읽기의 뇌과학적 메커니즘)

※ 스키마 이론은 3장에서 상세히 다룸

※ 신경가소성 개념은 이후 장에서 심화

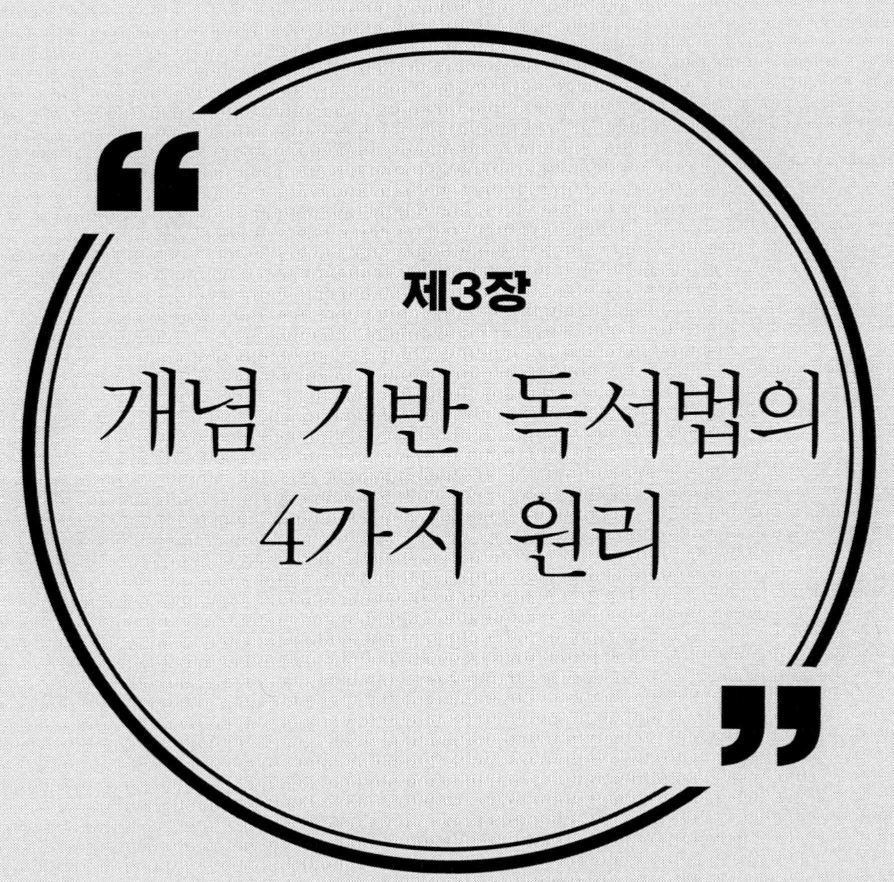

제3장

개념 기반 독서법의 4가지 원리

이제 개념 기반 독서법의 핵심을 살펴볼 차례입니다. 1장에서 만난 은혜를 기억하시나요? '분명히 읽었는데 기억이 안 나요', '아무리 읽어도 머리에 안 들어온다.'라고 좌절했던 은혜. 이번 장에서 배울 네 가지 원리를 적용하면, 그녀의 문제를 해결할 수 있습니다.

개념 기반 독서법은 4가지 핵심 원리로 구성됩니다. 이 원리들은 서로 유기적으로 연결되어 있으며 순차적으로 적용할 때 최대의 효과를 발휘합니다. 마치 건물을 짓듯이 첫 번째 원리가 토대가 되고 나머지 원리들이 차례로 쌓여 올라가면서 완전한 독서 시스템을 만들어 냅니다.

이 장을 마치면, 여러분은 다음과 같은 능력을 갖추게 됩니다.

학습 목표
1. 4가지 원리의 뇌과학적 근거를 이해하고 설명할 수 있다.
2. 각 원리를 독서 과정에 체계적으로 적용할 수 있다.
3. 자신의 독서 습관을 객관적으로 진단하고 개선점을 찾을 수 있다.
4. 원리 간의 상호작용을 이해하고 시너지(synergy)효과를 창출할 수 있다.

첫 번째 원리:
의미 하나치 읽기

1. 뇌과학적 근거: 청크 이론과 작업기억의 한계

우리 뇌의 작업기억(working memory)은 마치 조그마한 작업대와 같습니다. 이 작업대 위에는 동시에 처리할 수 있는 정보의 양이 한정되어 있습니다. 2장에서 배운 조지 밀러(George Miller)의 '마법의 숫자 7±2'를 기억하시나요? 그가 1956년에 발견한 작업기억의 한계입니다. 그러나 이후 연구들에서는 복잡한 정보를 처리할 때 실제 용량이 3~4개 정도로 더 제한적이라는 사실이 밝혀졌습니다. 그렇다면 어떻게 우리는 긴 문장도 이해할 수 있을까요? 비밀은 바로 '청킹(chunking)'에 있습니다. 밀러가 같은 논문에서 제안한 이 개념은, 여러 정보를 하나의 의미 덩어리로 묶어서 처리하는 전략입니다. 예를 들면,

일반적인 읽기: 사과는 / 빨갛고 / 달콤한 / 과일이다.
4개의 개별 정보로 처리하게 되고 → 작업기억의 한계에 도달한다.

의미 하나치 읽기: 사과는 빨갛고 달콤한 과일이다.
1개의 통합된 개념으로 처리하면 → 작업기억의 여유를 확보하게 된다.

2. 언어 처리 영역의 최적화

뇌영상 기술을 활용한 실험에서 흥미로운 사실이 발견되었습니다. 문장을 의미 단위로 나누어 처리할 때, 2장에서 배운 브로카 영역과 베르니케 영역 사이의 연결이 더욱 활발해진다는 것입니다. 마치 번역 팀의 두 사람이 더 자주, 더 정확하게 소통하는 것과 같습니다.

실전 적용법

① 의미 경계 찾기

문장을 읽을 때 다음과 같은 신호를 찾아보세요.

- 접속사: 그러나, 따라서, 또한, 즉
- 구두점: 쉼표, 콜론, 세미콜론
- 수식어구: 관형어, 부사구, 전치사구
- 예시 문장: 경제 전문가들은 최근 발표된 고용 지표를 분석한 결과 내년도 경제 성장률이 예상보다 높다고 전망했다.
- 의미 하나치로 분해

  경제 전문가들은 (주체)

  최근 발표된 고용 지표를 분석한 결과 (근거)

  내년도 경제 성장률이, 예상보다 높다고 전망했다. (결론)

② 단계적 이해하기

각 의미 하나치를 읽은 후 다음 질문을 해 보세요.

무엇에 관한 내용인가? (주제 파악)

어떤 정보를 제공하는가? (내용 파악)

전체 맥락에서 이 의미 하나치는 어떤 역할을 하는가? (구조 파악)

③ 통합적 이해하기

모든 의미 하나치를 이해한 후 전체 문장의 핵심 메시지를 한 문장으로 요약해 보세요.

연습 1: 의미 하나치 나누기

다음 문장들을 의미 하나치로 나누어 보세요.

'인공지능 기술의 급속한 발전으로 인해 많은 일자리가 자동화될 것으로 예상되지만 동시에 새로운 형태의 직업들이 창출될 것이라는 전망도 제기되고 있다.'

'환경 보호를 위한 개인의 실천 방안으로는 일회용품 사용을 줄이고, 대중교통을 이용하며, 분리수거를 철저히 하는 것 등이 있다.'

연습 2: 핵심 메시지 추출하기

위 문장들의 핵심 메시지를 각각 한 문장으로 요약해 보세요.

두 번째 원리: 주의력 집중의 뇌과학적 능력 적용

주의력은 뇌의 전두엽 피질과 두정엽이 협력해 만들어 내는 인지 능력입니다. 뇌과학 연구에 따르면, 독서 중 주의력이 분산되면 기억 형성에 중요한 역할을 하는 해마에서 정보 부호화(encoding) 효율이 크게, 감소한다고 합니다. 디지털 기기에 둘러싸인 현대인의 주의력은 도전받고 있습니다. 스마트폰 알림, SNS, 동영상 등 주의를 빼앗는 요소들이 너무 많기 때문입니다. 그러나 다행히도 주의력은 근육처럼 훈련을 통해 개선할 수 있습니다.

1. 메타주의 능력 개발

'주의에 대한 주의', 즉 자신이 지금 얼마나 집중하고 있는지를 스스로 알아차리는 능력입니다. 쉽게 말해, 책을 읽다가 '어? 나 지금 딴생각하고 있었네.' 하고 알아차리는 것이 메타주의입니다. 이것을 알아차려야 다시 집중으로 돌아올 수 있지요.

메타주의가 없으면? 딴생각을 하면서도 그걸 모르고 계속 눈만 글자를 따라갑니다. 메타주의가 있으면? 딴생각의 시작을 알아차리고 바로 집중으로 복귀합니다.

메타주의는 주의 상태를 객관적으로 관찰하고 조절하는 능력입니다. 인지과학자들과 영성 연구자들은 이를 '마음의 마음', '알아차림의 알아차림'이라고 표현하기도 합니다.

(1) 메타주의의 3단계
자각: 지금 나의 주의가 어디에 집중하고 있는가?
평가: 이 주의 상태가 원하는 목표에 적합한가?
조절: 필요시 주의의 대상을 수정한다.

집중 상태 유지의 뇌과학

몰입(flow) 상태에서는 뇌파가 특정 주파수 대역에서 안정화됩니다. 이때 다음과 같은 뇌 작용의 변화가 일어납니다.

전전두엽 피질 활성화 감소: 내적 비판자의 목소리가 줄어듭니다.

측두엽 활성화 증가: 유형 인식 능력이 향상됩니다.

도파민 분비 증가: 학습에 대한 동기와 만족감이 높아집니다.

실전 적용법

1단계: 환경 최적화
물리적 환경
스마트폰을 다른 방에 두거나 무음 방식으로 설정
책상 위에는 독서 관련 물품만 배치
적절한 조명 확보
편안한 실내 온도 유지
심리적 환경
독서 전 몇 분간 심호흡으로 마음을 정리
구체적인 목표 설정('30분 동안 2장 읽기')
독서 후 보상 계획 수립
2단계: 주의력 훈련법
기본 훈련(매일 5분)
편안한 자세로 앉기
호흡에만 집중하기
다른 생각이 들면 부드럽게 호흡으로 돌아오기
이 과정을 5분간 반복
독서 특화 훈련
한 문단을 읽으며 핵심 단어에만 집중
읽는 속도를 의도적으로 조절
중요한 부분에서 잠시 멈춰 생각하기

<table>
<tr><td colspan="1" align="center">3단계: 주의력 점검법</td></tr>
<tr><td>독서 중 5분마다 다음을 자문해 보세요</td></tr>
<tr><td>'지금 무엇을 읽고 있는가?'</td></tr>
<tr><td>'내용을 정확히 이해했는가?'</td></tr>
<tr><td>'마음이 다른 곳으로 가지 않았는가?'</td></tr>
</table>

<table>
<tr><td align="center">연습 문제</td></tr>
<tr><td align="center">연습 1: 주의력 지속 시간 측정</td></tr>
<tr><td>타이머를 이용해 다음 중 하나를 선택해서 실행해 보세요</td></tr>
<tr><td>1. 한 점에 시선을 고정하고 얼마나 오래 집중할 수 있는지 측정</td></tr>
<tr><td>2. 책 한 페이지를 읽으며 몇 번이나 다른 생각이 드는지 체크</td></tr>
<tr><td align="center">연습 2: 멀티태스킹: 집중</td></tr>
<tr><td>같은 문단을 다음의 두 가지 방식으로 읽어 보세요</td></tr>
<tr><td>1. 음악을 들으면서 읽기</td></tr>
<tr><td>2. 완전히 조용한 환경에서 읽기</td></tr>
<tr><td align="center">각각의 이해도와 기억률을 비교해 보세요</td></tr>
</table>

세 번째 원리: 효과적 학습법 적용

기억은 단순히 정보를 저장하는 것이 아닙니다. 뇌과학 연구에 따르면, 학습은 뉴런 간 연결의 물리적 변화를 통해 일어납니다. 이 과정을 이해하면 더 효과적으로 학습할 수 있습니다.

1. 기억의 3단계 과정

기억은 세 단계를 거쳐 만들어집니다. 이것을 도서관에 책을 보관하는 과정에 비유해 볼까요?

단계	용어	도서관 비유	독서 적용
1	부호화(Encoding)	새 책에 분류 번호를 붙이기	읽은 내용을 이해하고 정리하기
2	공고화(Consolidation)	책을 서가에 제대로 꽂기	수면 중 장기기억으로 저장
3	인출(Retrieval)	필요할 때 책을 찾아오기	배운 내용을 떠올려 활용하기

많은 학생이 1단계(부호화)에만 집중하고 2, 3단계를 소홀히 합니다. 책을 잘 정리해서 꽂아 두어도(공고화), 나중에 찾는 연습(인출)을 하지 않으면 필요할 때 꺼내기 어렵습니다. 그래서 복습과 자가 테스트가 중요한 것입니다.

(1) 반복과 간격 효과

2장에서 배운 에빙하우스의 망각곡선을 기억하시나요? 새로 학습한 내용은 시간이 지나면 급격히 잊힙니다. 이 원리는 130년이 지난 지금도 여전히 유효합니다. 다행히 후

속 연구들은 망각을 막는 효과적인 방법도 알려 주었습니다. 바로 '간격 반복(spaced repetition)'입니다.

(2) 최적 복습 간격

1차 복습: 학습 후 1일

2차 복습: 학습 후 3일

3차 복습: 학습 후 1주일

4차 복습: 학습 후 3주일

5차 복습: 학습 후 2개월

이 간격은 개인의 학습 능력과 내용의 난이도에 따라 조정할 수 있습니다.

(3) 다중 감각 활용의 효과

뇌과학 기술의 발달로 우리는 다중 감각 학습의 메커니즘을 더 정확히 파악할 수 있게 되었습니다. 여러 감각을 동시에 활용하면 기억이 더 잘됩니다. 눈으로만 읽는 것보다, 소리 내어 읽으면서(청각) 중요한 부분에 밑줄을 긋는(운동감각) 것이 더 효과적인 이유입니다. 여러 감각이 동시에 작동하면 뇌에서 더 많은 연결이 만들어지기 때문입니다.

(4) 실전 적용법

① 능동적 읽기 전략

• SQ3R 기법의 현대적 적용

SQ3R 기법은 1946년 미국의 교육심리학자 프랜시스 로빈슨(Francis P. Robinson)이 개발한 읽기 전략입니다. 80년 가까이 지난 지금도 효과적인 방법으로 널리 사용되고 있습니다. SQ3R은 다섯 단계의 영어 첫 글자를 딴 이름입니다.

단계	영어	한국어	핵심 활동
S	Survey	개관하기	목차, 제목, 요약 훑어보기
Q	Question	질문하기	"이 부분에서 무엇을 배울까?"
R_1	Read	읽기	질문의 답을 찾으며 읽기
R_2	Recite	암송하기	책을 덮고 핵심 내용 말하기
R_3	Review	복습하기	간격을 두고 다시 확인하기

② 정교화 전략

- 연결 만들기

  새로운 정보를 기존 지식과 연결

  구체적 사례나 경험과 연결하기

  다른 분야의 지식과 비교하기

- 시각화하기

  중요한 개념을 그림이나 도표로 그리기

  마인드맵이나 개념도 활용하기

  정신적 이미지로 내용 상상하기

③ 인출 연습

- 자가 테스트

  책을 덮고 핵심 내용 말하기

  주요 개념을 다른 사람에게 설명하기

  문제를 만들어 스스로 풀어 보기

- 플래시카드(flash card)[7] 활용

  플래시 카드는 앞면에 질문, 뒷면에 답을 적은 작은 카드입니다. 영어 단어장을 생각
  하면 됩니다. 앞면에 영어 단어, 뒷면에 한국어 뜻을 적어서 외우는 방식이지요

앞면 (질문)	뒷면 (답)
작업기억의 용량은?	약 3~4개 정보 단위
청킹이란?	관련 정보를 하나의 덩어리로 묶는 것

참고: 요즘은 Anki, Quizlet 같은 앱으로 디지털 플래시 카드를 만들 수 있습니다.

---

7) 수업 중 교사가 단어, 숫자, 그림 등을 순간적으로 보여 주는 순간 파악 연습용 카드.

연습 1: SQ3R 적용하기

- 다음 중 하나를 선택해 SQ3R 기법을 적용해 보세요.

  신문의 사설 1개

  잡지 기사 1개

  교과서 한 장(chapter)

- 단계별로 어떤 효과가 있었는지 기록해 보세요.

연습 2: 설명하기 연습

- 오늘 읽은 내용 중 가장 인상 깊었던 부분을 다음과 같이 설명해 보세요.

  10세 아이에게 설명한다면?

  해당 분야 전문가에게 설명한다면?

  전혀 모르는 성인에게 설명한다면?

네 번째 원리: 체화를 통한 자동화

기억에는 크게 두 가지 종류가 있습니다.

선언적 기억(Declarative Memory): '말로 설명할 수 있는' 기억.

예: 한국의 수도는 서울이다, 작년 여름 제주도에서 서핑(surfing)했다. 의식적으로 떠올려야 함. '무엇(what)'에 대한 기억

절차적 기억(Procedural Memory): '몸이 기억하는' 기억.

예: 자전거 타기, 수영하기, 젓가락 사용하기. 무의식적으로 자동 실행됨. '어떻게(how)'에 대한 기억

재미있는 점은, 자전거 타는 법을 말로 설명하기는 어렵지만 실제로 타기는 쉽다는 것입니다. 절차적 기억은 말로 표현되지 않아도 몸에 새겨져 있기 때문입니다. 숙련된 독서도 절차적 기억에 해당합니다. 처음에는 의식적으로 배워야 하지만, 충분히 연습하면 '생각하지 않아도' 자연스럽게 할 수 있게 됩니다.

1. 의식적 연습에서 자동화까지

스웨덴 출신의 심리학자 안데르스 에릭슨(K. Anders Ericsson, 1947-2020)은 '전문성은 어떻게 만들어지는가?'를 평생 연구했습니다. 그가 제안한 의도적 연습(Deliberate Practice) 이론에 따르면, 전문가가 되기 위해서는 단순한 반복이 아닌 체계적이고 목적 지향적인 연습이 필요합니다. 피아노를 10년 쳤다고 해서 모두 피아니스트가 되지 않듯이, 책을 많이 읽었다고 해서 자동으로 숙련된 독자가 되는 것은 아닙니다. 어떻게 연습하느냐가 중요합니다.

(1) 의도적 연습의 4요소

구체적 목표: '더 빨리 읽기'가 아닌 '분당 300단어로 90% 이해도 달성'

즉각적 피드백: 읽은 내용을 즉시 요약하고 검증

실수에 집중: 놓친 부분을 찾아 집중적으로 개선

지속적 도전: 편안한 영역을 벗어나 더 어려운 텍스트 도전

(2) 습관 형성의 뇌 회로

습관은 뇌 깊숙한 곳에 있는 '기저핵(basal ganglia)'에서 형성됩니다. 기저핵을 '자동 조종 장치'라고 생각하면 이해하기 쉽습니다. 비행기 조종사가 이륙과 착륙 같은 복잡한 작업은 직접 하지만, 순항 중에는 자동 조종 장치에 맡기듯이, 우리 뇌도 반복적인 행동은 기저핵에 맡깁니다.

자전거 타기, 젓가락질, 양치질처럼 처음에는 의식적으로 배워야 했던 행동들이 나중에는 '생각하지 않아도' 저절로 할 수 있게 되는 이유가 바로 이것입니다. 독서도 마찬가지입니다. 숙련된 독자의 뇌에서는 많은 읽기 과정이 기저핵에 의해 자동으로 처리됩니다.

(3) 습관 형성의 3단계

습관은 어떻게 형성될까요? 신경과학 연구에 따르면, 습관은 뇌의 기저핵(basal ganglia)에서 형성됩니다. 이 영역은 반복적 행동을 자동화하는 역할을 합니다. 습관 연구자들은 이것을 '습관 루프(Habit Loop)'라고 부릅니다. 세 가지 요소가 연결되어 하나의 고리를 형성합니다.

신호(Cue) → 행동(Routine) → 보상(Reward) → (다시 신호로)

요소	설명	독서 습관 예시
신호	습관을 시작하게 하는 자극	아침에 커피를 마신다
행동	실제로 하는 행동	30분간 책을 읽는다
보상	행동 후 얻는 만족감	새로운 지식에 뿌듯함을 느낀다

새로운 습관을 만들고 싶다면, 이 세 가지를 의도적으로 설계하면 됩니다.

실전 적용법
1단계: 기초 자동화
읽기 기초기능 자동화
단어 인식 속도 향상
문장 구조 파악 능력
문맥을 통한 의미 추론
훈련 방법
속독 훈련: 시선 이동 최소화, 소리내지 않고 읽기
문법 구조 분석: 주어, 술어, 목적어 빠르게 파악
어휘력 확장: 하루 10개 새로운 단어 학습
2단계: 독서 전략 자동화
전략적 읽기 자동화
텍스트 유형 자동 판단
적절한 읽기 속도 자동 조절
중요도에 따른 주의력 분배
습관 예시
책을 펼치면 자동으로 목차 확인
새 장을 시작하면 제목과 소제목 먼저 파악
어려운 부분에서 자동으로 속도 조절
3단계: 메타인지 자동화
학습 감시(monitoring)[8] 자동화
이해도 자가 점검
학습 효과 실시간 평가
학습 전략 자동 조정

---

8) 프로그램 수행 중에 일어날 수 있는 여러 오류에 대비하기

21일 체화 프로그램

1주 차(1~7일): 의식적 연습 단계
매일 정해진 시간에 30분 독서
4가지 원리를 의식적으로 적용
독서 일지 작성
2주 차(8~14일): 반자동화 단계
일부 원리들이 자연스럽게 적용됨
독서 속도와 이해도 향상 체감
어려운 부분에 집중해 연습
3주 차(15~21일): 자동화 완성 단계
대부분의 원리가 무의식적으로 적용됨
독서 자체에 집중할 수 있게 됨
새로운 도전 과제 설정

연습 문제					
연습 1: 습관 설계하기					
개인의 생활방식에 맞는 독서 습관을 설계해 보세요.					
나만의 독서 신호 찾기					
실행이 가능한 독서 습관 계획					
동기 부여가 되는 보상 체계					
연습 2: 자동화 체크					
다음 항목들이 얼마나 자동화되었는지 1~5점으로 평가해 보세요.					
의미 단위로 끊어 읽기	1	2	3	4	5
집중력 유지하기					
능동적으로 질문하며 읽기					
중요한 내용 표시하기					
읽은 내용 요약하기					

통합 점검 리스트

통합 점검 리스트
독서 전 점검 사항
독서 환경이 최적화되었는가?
구체적인 학습 목표를 설정했는가?
집중할 수 있는 마음 상태인가?
필요한 도구들을 준비했는가?(필기구, 포스트잇 등)
독서 중 점검 사항
첫 번째 원리: 의미 단위 읽기
문장을 의미 하나치로 나누어 읽고 있는가?
각 하나치의 핵심 메시지를 파악했는가?
전체 맥락에서 각 부분의 역할을 이해했는가?
두 번째 원리: 주의력 집중
다른 생각에 빠지지 않고 집중하고 있는가?
5분마다 주의력 상태를 점검하고 있는가?
산만해질 때 즉시 주의를 환기하는가?
세 번째 원리: 효과적 학습법 적용
능동적으로 질문하면서 읽고 있는가?
기존 지식과 연결해 생각하고 있는가?
중요한 부분을 표시하거나 메모하고 있는가?
네 번째 원리: 체화를 통한 자동화
독서 전략들이 자연스럽게 적용되고 있는가?
어려운 부분에서 적절하게 전략을 조정하는가?
메타 인지적으로 자신의 학습 과정을 감시하는가?
독서 후 점검 사항
읽은 내용을 간단히, 요약할 수 있는가?
핵심 개념들을 다른 사람에게 설명할 수 있는가?
새로 학습한 내용을 기존 지식과 연결했는가?
다음 학습 계획을 구체적으로 세웠는가?

<table>
<tr><td colspan="1" align="center">자가 진단 도구</td></tr>
</table>

독서 효율성 진단 항목
다음 각 항목에 대해 5점 척도로 평가해 주세요.
(1: 전혀 그렇지 않다, 3: 보통이다, 5: 매우 그렇다)

A. 의미 단위 읽기 능력

문장의 구조를 빠르게 파악할 수 있다.(/ 5)
복잡한 문장도 의미 단위로 나누어 읽을 수 있다.(/ 5)
각 단위의 핵심 메시지를 정확히 파악한다.(/ 5)
전체적인 맥락에서 각 부분의 역할을 이해한다.(/ 5)

B. 주의력 집중 능력

30분 이상 집중해서 읽을 수 있다.(/ 5)
다른 생각이 들어도 쉽게 집중력을 회복한다.(/ 5)
읽고 있는 내용에 완전히 몰입할 수 있다.(/ 5)
주의력 분산 요소를 효과적으로 차단한다.(/ 5)

C. 학습법 적용 능력

읽으면서 자연스럽게 질문이 떠오른다.(/ 5)
새로운 내용을 기존 지식과 연결한다.(/ 5)
중요한 내용을 골라낼 수 있다.(/ 5)
읽은 내용을 효과적으로 기억하고 활용한다.(/ 5)

D. 자동화 달성 능력

독서 전략들을 의식하지 않고도 자연스럽게 적용한다.(/ 5)
텍스트 유형에 따라 자동으로 읽기 방식을 조정한다.(/ 5)
독서가 습관화되어 꾸준히 실행한다.(/ 5)
독서 과정에서 자신의 학습 상태를 객관적으로 파악한다.(/ 5)

점수 해석
총점 64~80점: 탁월한 독서 능력
4가지 원리가 모두 잘 체화되어 있습니다.
다양한 장르의 책에 도전해 보세요.
다른 사람들에게 독서법을 가르쳐 보는 것도 좋습니다.
총점 48~63점: 우수한 독서 능력
대부분의 원리를 잘 적용하고 있습니다.
상대적으로 약한 영역을 집중적으로 개선해 보세요.
더 어려운 텍스트로 도전해 보세요.
총점 32~47점: 보통 수준의 독서 능력
기본기는 갖추었지만 개선 여지가 있습니다.
특히 점수가 낮은 영역을 우선으로 연습하세요.
꾸준한 연습으로 충분히 향상이 가능합니다.
총점 16~31점: 개선이 필요한 독서 능력
기초부터 차근차근 연습이 필요합니다.
하루 30분씩 체계적인 훈련을 시작하세요.
쉬운 텍스트부터 시작해서 점진적으로 난이도를 높여가세요.

개인별 맞춤 처방전

의미 하나치 읽기가 어려운 경우

증상: 긴 문장을 읽으면 헷갈리고 앞 내용을 잊어버림

처방

- 단문 연습: 짧은 문장부터 시작해서 점진적으로 길이 늘이기
- 구조 분석 훈련: 주어, 서술어, 목적어 찾기 연습
- 시각적 표시: 의미 하나치마다 슬래시(slash:/)로 표시하며 읽기
- 소리 내어 읽기: 의미 하나치마다 약간의 쉼을 두고 읽기
- 추천 연습 텍스트: 신문 사설, 교양 도서의 서문

주의력 집중이 어려운 경우

증상: 5분도 집중하지 못하고 딴생각에 빠짐

처방

- 환경 정리: 스마트폰, TV 등 방해 요소 완전 제거
- 명상 훈련: 하루 5분 호흡 명상으로 집중력 기초 체력 만들기
- 점진적 확장: 5분 → 10분 → 15분 순으로 집중 시간 늘리기
- 보상 시스템: 목표 달성 시 작은 보상 주기
- 추천 연습 텍스트: 소설, 에세이 등 흥미로운 내용

학습법 적용이 어려운 경우

증상: 읽기만 하고 기억이 잘 안 남

처방

- 질문 만들기: 단락마다 '무엇을, 왜, 어떻게'로 질문 생성
- 연결 고리 찾기: 기존에 알던 내용과 유사점, 차이점 찾기
- 요약 연습: 한 페이지 읽고 반드시 한 문장으로 요약하기
- 설명하기: 가상의 상대에게 설명한다고 생각하며 읽기
- 추천 연습 텍스트: 자기계발서, 전문 서적

자동화가 어려운 경우

증상: 의식적으로 노력해야만 제대로 읽을 수 있음

처방

- 습관 고정: 매일 같은 시간, 같은 장소에서 독서
- 단계별 점검 리스트: 독서 전후 점검 사항을 습관화
- 반복 훈련: 같은 유형의 텍스트로 반복 연습
- 피드백 시스템: 독서 일지 작성으로 진전 상황 확인
- 추천 연습 텍스트: 관심 분야의 전문 잡지, 블로그

실전 시나리오별 적용법 시나리오 1: 시험 준비용 전문 서적 읽기

상황: 3개월 후 자격증 시험을 위해 두꺼운 전문 서적 3권을 읽어야 함

적용 전략

- 의미 하나치 읽기: 전문 용어와 개념 정의를 중심으로 의미 하나치 구분
- 주의력 집중: 50분 집중 + 10분 휴식의 포모도로 기법 활용(2장 각주 [7] 참조)

- 학습법 적용: 장별 핵심 개념 마인드맵 작성
- 자동화: 매일 아침 2시간씩 고정된 시간에 학습
- 예상 기간: 1권당 1개월, 총 3개월

실전 시나리오별 적용법 시나리오 2: 자기 계발을 위한 교양서 읽기

상황: 바쁜 직장생활 중 월 2권씩 교양서를 읽고 싶음

적용 전략

- 의미 하나치 읽기: 저자의 주장과 근거를 분리해서 파악
- 주의력 집중: 통근 시간 점심시간 등 자투리 시간 활용
- 학습법 적용: 읽은 내용을 일기나 블로그로 정리
- 자동화: 주말 오전을 독서 시간으로 고정
- 예상 기간: 1권당 2주 월 2권 달성 가능

실전 시나리오별 적용법 시나리오 3: 논문이나 연구 자료 읽기

상황: 대학원생으로서 매주 5-10편의 논문을 읽어야 함

적용 전략

- 의미 하나치 읽기: 개요(초록) 서문(도입) 결론(마무리)을 먼저 읽고 전체 구조 파악
- 주의력 집중: 논문별로 핵심 질문을 미리 설정하고 답 찾기에 집중
- 학습법 적용: 논문별 요약 시트 작성 및 상호 비교 분석
- 자동화: 논문 읽기 점검 리스트 활용
- 예상 기간: 논문 1편당 30~60분

4장으로의 연결

3장에서 우리는 개념 기반 독서법의 4가지 핵심 원리를 상세히 살펴보았습니다. 이제 여러분은 과학적 근거에 기반한 체계적인 독서 방법을 갖추었습니다. 그러나 아직 끝이 아닙니다. 이론을 아는 것과 실제로 적용하는 것 사이에는 넘어서기 힘들 벽이 있습니다. 4장에서는 이러한 원리들을 실제 상황에 어떻게 적용해서 이 벽을 넘어서는지에 대한 구체적인 실습과 사례를 다룰 예정입니다.

4장에서 다룰 주요 내용

실습 편: 단계별 완전 정복

텍스트 유형별 맞춤 적용법(소설, 전문서, 논문, 신문 등)

난이도별 점진적 훈련 프로그램

일반적인 실수와 해결 방안

개인별 맞춤형 학습 계획 수립

4장을 통해 여러분은 개념 기반 독서법을 완전히 자신의 것으로 만들 수 있을 것입니다. 이론적 이해에서 실전 적용까지 독서 전문가로의 여정이 본격적으로 시작됩니다.

3장 마무리 점검: 핵심 내용 복습

첫 번째 원리: 의미 하나치 읽기로 작업기억의 효율성 극대화
두 번째 원리: 메타주의 능력으로 집중력 지속 및 향상
세 번째 원리: 과학적 학습법으로 장기기억 형성 최적화
네 번째 원리: 의도적 연습을 통한 독서 기술의 자동화

실천 계획 수립
다음 7일간 실행할 구체적인 계획을 세워 보세요.
1일 차: 의미 하나치 읽기 연습(30분)
2일 차: 주의력 집중 훈련(30분)
3일 차: 능동적 읽기 전략 적용(30분)
4일 차: 복습 및 정리 기법 연습(30분)
5일 차: 통합 연습 - 모든 원리 동시 적용(30분)
6일 차: 자가 진단 및 부족한 부분 보완(30분)
7일 차: 개인 맞춤 독서 습관 최종 점검(30분)

이제 여러분은 개념 기반 독서법의 든든한 이론적 토대를 갖추었습니다. 4장에서 만나는 실전 훈련을 통해 이 모든 것을 완전히 체화시켜 보세요.

| 참고 문헌 |

1. 읽기 전략

- Robinson, F. P. (1946). Effective Study. Harper & Brothers. (SQ3R 읽기 전략의 원전)

2. 전문성과 의도적 연습

- Ericsson, K. A., & Pool, R. (2016). Peak: Secrets from the New Science of Expertise. Houghton Mifflin Harcourt. (앤더스 에릭슨, 로버트 풀 저, 강혜정 옮김, 『1만 시간의 재발견』, 비즈니스북스, 2016)(의도적 연습 이론, 전문성 발달)

3. 몰입과 최적 경험

- Csikszentmihalyi, M. (1990). Flow: The Psychology of Optimal Experience. Harper & Row. (미하이 칙 센트미하이 저, 최인수 옮김, 『몰입』, 한울림, 2004)(몰입 상태의 심리학)

4. 작업기억 연구

- Cowan, N. (2001). The magical number 4 in short-term memory: A reconsideration of mental storage capacity. Behavioral and Brain Sciences, 24(1), 87-114. (작업기억 용량의 재해석 (4±1))

※ Miller의 7±2 법칙, 에빙하우스 망각곡선은 2장 참조

※ Merrill 교수설계 원리는 9장에서 상세히 다룸

※ 습관 형성 이론(Duhigg)은 10장에서 상세히 다룸

실전 활용편

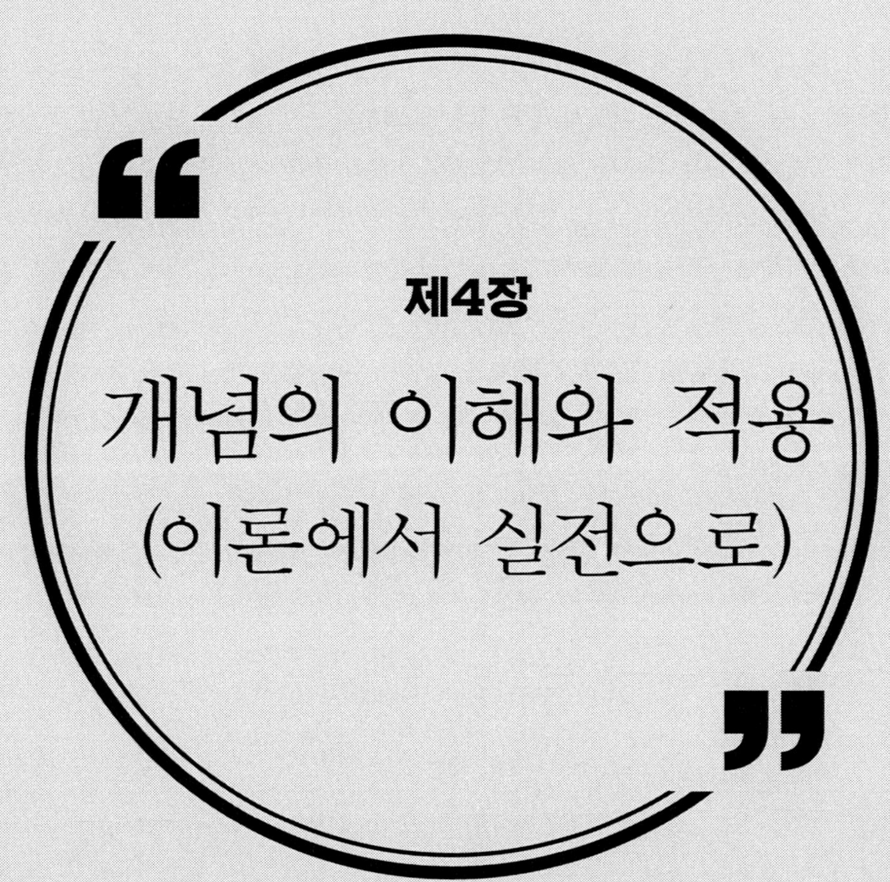

제4장
개념의 이해와 적용
(이론에서 실전으로)

지금까지 1장에서 3장까지 개념 기반 독서법의 이론적 토대를 쌓아 왔습니다. 왜 다르게 읽어야 하는지, 우리 뇌가 어떻게 독서 활동을 처리하는지 그리고 개념 기반 독서법의 4가지 핵심 원리까지 모두 살펴봤습니다. 그러나 아무리 좋은 이론을 알고 있어도 실제로 적용하지 못한다면 의미가 없습니다. 교육 연구에 따르면, 학습자의 상당수가 이론적 이해와 실제 적용 사이에서 상당한 어려움을 겪는 것으로 나타났습니다. 마치 요리책을 열심히 읽었지만, 막상 부엌에 서면 무엇부터 해야 할지 막막한 것처럼 말이지요.

이 4장은 바로 그 문제를 해결하기 위한 장입니다. 우리 함께 개념 기반 독서법을 실제 상황에 단계별로 적용하는 방법을 배워 보도록 합시다. 이론적 지식을 실천적 기술로 전환하는 시간입니다.

<table>
<tr><th>학습 목표</th></tr>
<tr><td>1. 독서 준비 - 마음먹기
2. 개념 탐지 - 의미의 씨알 찾기
3. 개념 연결 - 지식의 다리 놓기
4. 개념 통합 - 새로운 이해 구하기
5. 개념의 적용 - 지식에서 지혜로</td></tr>
</table>

뇌의 자연스러운 학습 흐름

왜 하필 이 5단계일까요? 이 5단계는 단순히 경험적으로 효과가 있어서가 아닙니다. 우리 뇌가 새로운 정보를 처리하고 통합하는 자연스러운 흐름을 따르도록 설계되었기 때문입니다. 뇌과학 연구에서 밝혀진 정보 통합의 구조적 패턴을 살펴보면, 놀랍게도 우리의 5단계와 정확히 일치합니다.

뇌의 정보 통합 흐름과 5단계의 일치

[준비 단계] 전전두피질 활성화, 스키마 준비

↓ ← 1단계 준비

[입력 단계] 감각피질 → 연합피질 → 패턴 인식

↓ ← 2단계 탐지

[결합 단계] 해마에서 맥락과 관계 형성

↓ ← 3단계 연결

[통합 단계] 전전두피질에서 스키마 갱신

↓ ← 4단계 통합

[공고화 단계] 신피질에 장기 저장, 전이 가능

← 5단계 적용

이 흐름을 거스르면 학습 효율이 떨어지고, 이 흐름을 따르면 뇌가 자연스럽게 협력합니다. 마치 물이 위에서 아래로 흐르는 것처럼, 뇌의 자연스러운 처리 방향을 따라가는 것이 가장 효과적인 학습법입니다.

뇌(BRAIN) 독서법 — 기억하기 쉬운 5단계

5단계를 더 쉽게 기억할 수 있도록 BRAIN이라는 약어로 정리해 봅시다. 뇌(Brain)로 하는 독서법이니 딱 맞는 이름이지요.

BRAIN	의미	단계	핵심 활동
Bridge	연결	1단계 준비	기존 지식과 다리 놓기
Reveal	드러내기	2단계 탐지	숨은 개념 발견하기
Anchor	정착	3단계 연결	맥락 속에 고정하기
Integrate	통합	4단계 통합	하나의 이해로 수렴
Nurture	양성	5단계 적용	시간을 두고 성장시키기

이제 각 단계를 자세히 살펴보겠습니다.

1 독서 전 준비 - 마음먹기

왜 준비가 중요할까요? 여러분은 혹시 책을 집어 들고 바로 첫 페이지부터 읽기 시작하는 편인가요? 많은 분이 그렇게 합니다. 그러나 이것은 마치 고르지 않은 땅에 씨앗을 뿌리는 것과 같습니다. 뇌과학 연구에서 놀라운 사실을 밝혀냈습니다. 독서 전 짧은 시간의 의식적 준비 과정을 거친 그룹이 그렇지 않은 그룹보다 전전두피질의 활성도가 현저히 높고 정보 처리 효율성도 크게 향상된다는 것입니다.

뇌에서 일어나는 일 — 1단계
뇌의 준비 상태
[목적 설정 시]
→ 전전두피질이 '무엇을 찾아야 하는지' 지령 전달
→ 주의 시스템이 관련 정보에 민감해짐
→ 마치 레이더가 특정 주파수에 맞춰지는 것과 같음
[배경지식 활성화 시]
→ 해마가 관련 기억을 미리 '예열'
→ 측두엽의 의미 네트워크가 활성화
→ 새 정보가 들어올 '저장 지점' 준비
[뇌 준비 운동 시]
→ 세타파(4-8Hz) 증가 → 최적 학습 상태 진입
→ 해마-전전두피질 연결 강화
→ 주의 집중 네트워크 활성화
핵심: 준비된 뇌는 같은 정보도 2~3배 더 효율적으로 처리합니다.

이것이 바로 스키마 활성화(Schema Activation)입니다. 뇌과학에서 스키마란 우리가 이미 가지고 있는 지식의 구조를 말합니다. 새로운 정보가 기존 스키마와 연결될 때, 해마를 거치지 않고도 빠르게 통합될 수 있습니다. 준비 단계는 바로 이 스키마를 미리 깨워 두는 과정입니다.

1. 목적 설정과 동기 확인: 나는 왜 이 글을 읽는가?

가장 먼저 해야 할 일은 독서의 목적을 명확히 하는 것입니다. 마치 여행을 떠나기 전에 목적지를 정하는 것과 같습니다.

(1) 구체적 실행 방법
3분 성찰 시간을 가지고, 다음 질문들에 대해 생각해 보세요.
'나는 이 글에서 무엇을 얻고 싶은가?'
'이 독서가 내 삶에 어떤 도움이 될까?'
'읽고 난 후 나는 어떻게 변화하고 싶은가?'

(2) 목적 기록하기
간단한 메모지에 한두 문장으로 여러분의 독서 목적을 적어 보세요.
'창업 아이디어를 얻기 위해'
'아이와의 관계 개선 방법을 찾기 위해'
'새로운 기술 동향(trends)을 파악하기 위해'
은혜 학생의 경우를 보면 처음에는 '그냥 숙제니까' 였던 독서 목적이 '내가 원하는 진로를 찾기 위해'로 바뀌면서 독서의 질이 완전히 달라졌습니다.

2. 배경지식 활성화 기법: 내가 이미 알고 있는 것들

우리 뇌는 완전히 새로운 정보보다는 기존 지식과 연결될 수 있는 정보를 훨씬 잘 받아들입니다. 이를 인지과학에서는 '스키마(schema) 활성화'라고 합니다.

(1) 2분 브레인스토밍(brainstorming) 기법

관련 키워드(keyword) 떠올리기: 읽을 글의 주제와 관련해서 여러분이 이미 알고 있는 모든 관련 개념을 종이에 적어 보세요. 체계적으로 정리하려 하지 마세요. 그냥 떠오르는 대로 적으면 됩니다.

(2) 경험 연결하기

그 주제와 관련된 여러분의 개인적 경험을 떠올려 보세요. 성공 경험이든 실패 경험이든 모두 소중한 자료가 됩니다.

(3) 질문 만들기

'이 주제에 대해 나는 무엇이 궁금한가?'라는 질문에 대한 답을 3~5개 정도 적어 보세요.

예측의 힘 ― 뇌를 학습 방식으로 전환하기
예측이 학습을 촉진하는 이유

뇌는 본질적으로 '예측 기계'입니다. 읽기 전에 예측하면,

→ 전전두피질이 '검증 방식'으로 전환

→ 도파민 시스템이 '결과 대기' 상태로 준비

→ 예측이 맞으면 → 기존 스키마 강화

→ 예측이 틀리면 → **학습의 황금 순간!**

[실천 방법]

글을 읽기 전, 30초만 투자해서 예측해 보세요.

이 글은 아마 ~에 대해 이야기할 것이다.

핵심 개념은 아마 ~일 것이다.

저자의 주장은 아마 ~일 것이다.

틀린 예측을 부끄러워하지 마세요. 그것이 바로 뇌가 성장하는 순간입니다. 놀라움이

없으면 학습도 없습니다.

3. 뇌 준비 운동: 주의 집중 훈련

운동 전 스트레칭을 하는 것처럼, 독서 전에도 뇌를 준비시키는 과정이 필요합니다.

1분 집중력 향상 운동

1) 호흡 정리: 편안한 자세로 앉아서, 5번 깊이 호흡하세요. 들이쉴 때는 4초, 내쉴 때는 6초를 유지해 보세요(정답이 없습니다. 자신에게 맞는 호흡 시간을 적용하세요).

2) 감각 집중: 주변의 소리, 촉각, 시각 정보를 30초간 의식적으로 관찰한 후, 주의를 읽을 글에만 집중한다는 의도를 세우세요.

3) 목표 확인: 앞서 설정한 독서 목적을 다시 한번 마음속으로 되새기세요.

뇌과학 연구에 따르면, 이처럼 간단한 준비 운동만으로도 해마(기억 담당)의 활성도가 증가하고, 작업기억 용량이 향상되는 것으로 나타났습니다.

4. 최적 독서 환경 조성 점검 리스트

환경이 집중력에 미치는 영향은 우리가 생각하는 것보다 훨씬 큽니다.

조명: 충분히 밝되 너무 자극적이지 않은 조명

소음: 가능한 한 조용한 환경 (배경음악은 개인 취향에 따라)

온도: 18~22℃ 정도의 쾌적한 온도

자세: 편안하되 너무 나른해지지 않는 자세

방해 요소: 스마트폰, 알림 등을 일시적으로 차단

나의 독서 전 준비 점검 리스트
목적 설정 완료(예상 시간: 3분)
이 글을 읽는 이유:
기대하는 결과:
배경지식 활성화 완료(예상 시간: 2분)
관련 키워드 3개: 1.   2.   3.
관련 경험 1가지:
궁금한 점 1가지:
뇌 준비 운동 완료(예상 시간: 1분)
깊은 호흡 5회 완료
집중 의도 설정 완료
환경 점검 완료
조명 적절
소음 차단
방해 요소 제거
총 준비 시간: 6분

총 준비 시간: 6분

첫 번째 단계 마무리

이제 준비가 끝났습니다. 여러분은 이제 개념 기반 독서를 위한 준비를 마쳤습니다. 이 6분간의 투자가 앞으로 60분의 독서를 2배, 3배 더 효과적으로 만들어 줄 것입니다.

처음에는 이런 준비 과정이 번거롭게 느껴질 수도 있어요. 그러나 거듭해 보면 자연스럽게 몸에 배게 됩니다. 마치 운동 전 스트레칭이나 식사 전 손 씻기처럼 자연스러운 습관이 됩니다. 이제 다음 단계로 넘어갈 준비가 되셨나요? 2단계에서는 드디어 글을 읽으면서 개념을 탐지하는 방법을 배워 보겠습니다.

개념 탐지 –
의미의 씨알 찾기

개념이란 정확히 무엇일까요? 이제 본격적으로 글을 읽기 시작할 단계입니다. 그러나 기존 방식처럼 단순히 문자를 따라가는 것이 아니라, 글 속에 숨어 있는 핵심 개념을 찾아내는 것이 목표입니다.

개념이란 무엇일까요? 간단히 말해서 여러 사실이나 현상들을 묶어주는 핵심 아이디어입니다. 마치 우산이 여러 개의 살을 하나로 묶어 주는 것처럼 개념은 여러 세부 정보를 하나의 의미 있는 단위로 묶어 줍니다. 예를 들어 '민주주의'라는 개념은 선거, 투표, 다수결, 견제와 균형, 시민 참여 등과 같은 여러 세부 요소로 묶여 있는 상위 개념입니다.

뇌의 패턴 인식 과정(2단계)

글을 읽을 때 뇌의 정보 흐름

시각피질 (문자 인식)

↓

측두엽 (단어의 의미 처리)

↓

연합 피질 (패턴과 관계 인식) ← 개념 탐지가 일어나는 곳

↓

전전두피질 (중요도 판단)

1단계: 개념을 발견할 때

→ 연합 피질에서 '반복 패턴' 감지

→ 전전두피질이 '이것은 중요하다.' 신호 전송

→ 주의 시스템이 해당 정보에 더 많은 자원 할당

2단계: 세부 사항을 처리할 때

→ 감각피질에서 처리 후 빠르게 휘발

→ 개념과 연결되지 않으면 장기기억으로 전환되지 않음

핵심: 뇌는 자동으로 '의미덩어리(chunk)'를 만들려 합니다. 개념은 뇌가 만드는 가장 효율적인 의미덩어리입니다.

개념이란 무엇인가? — 더 깊이 이해하기

개념은 쉽게 말해 비슷한 것을 하나로 묶어서 이름 붙이는 것입니다. 예를 들어 딸기, 배, 사과, 바나나는 생김새도 다르고 맛과 빛깔도 다르지만 '과일'이라고 묶어서 부릅니다. 비슷한 특징(달다, 씨가 있다, 나무나 풀에서 얻는다)이 있기 때문입니다. 또 개, 고양이, 소, 양은 '포유류'라고 부릅니다. 이들은 모두 다리가 넷이고, 털이 있고 새끼를 낳아 젖을 먹여 기릅니다.

왜 개념이 필요할까요?

만약 우리가 개념 없이 세상을 살아간다면? 서로 제대로 된 의사소통이 어려울 것입니다. 과일 중 사과 하나를 설명하려 해도 수많은 말을 해야 하기 때문입니다. '빨갛고, 달고, 신맛이 나고, 나무에서 열리고 동그란 모양의 열매이고,' 이처럼 '사과'를 설명하다 보면 정작 해야 할 말은 잊어버리고 말 것입니다.

개념 = 지식

개념 없이는 의사소통도 없습니다. 일상생활에서 우리가 자주 쓰는 '사회', '회사', '가정', '가족' 등, 이 모든 말들이 개념입니다. 또 수학이나 윤리도 개념이지만 그것을 배울 때 나오는 '방정식', '분수', '삼각함수'도 개념이고 윤리의 '도덕', '인성', '봉사', '배려'도 모두 개념입니다. 그래서 개념은 '지식의 핵심'입니다.

1. 핵심 개념 식별 전략: 어떻게 찾을 것인가?

인지 연구에 따르면 숙련된 독자들은 글을 읽는 동안 평균 7~12개의 핵심 개념을 식별하는 것으로 나타났습니다. 반면 초보 독자들은 주로 세부 사실에만 집중해 핵심을 놓치는 경우가 많습니다.

(1) 개념 탐지의 3가지 신호

신호 유형	설명	뇌에서 일어나는 일
반복 신호	글 전체에서 반복적으로 언급되는 용어나 아이디어	연합피질이 패턴 감지 → '이건 중요해!'
강조 신호	저자가 특별히 강조하거나 중요하다고 표시한 내용	주의 시스템이 자원 집중 할당
연결 신호	다른 아이디어들과 많은 연결 고리로 이어지는 내용	의미 네트워크에서 허브 역할 감지

예측-확인 기법: 도파민을 활용한 학습

예측 오류가 학습을 촉진하는 원리

1단계에서 배운 예측을 기억하시나요?

이제 읽으면서 그 예측을 확인할 차례입니다.

[읽으면서 자문하기]

내 예측이 맞았나? 틀렸나?

예상과 다른 내용이 나왔는가?

놀라운 정보가 있는가?

[뇌의 반응]

예측이 맞으면: → 기존 스키마 강화, 편안한 느낌

예측이 틀리면: → 도파민 분비, → '이건 중요해' → 강력한 기억 형성

↑

학습의 황금 순간!

핵심: 예측이 틀렸을 때 뇌는 '이 정보는 내 세계관을 업데이트해야 할 만큼 중요하다.'라고 판단합니다. 이것이 바로 학습이 이루어지는 순간입니다.

실천 방법: 놀라움 표시하기

글을 읽다가 예상과 다른 내용이 나오면, 그 부분에 '!' 표시를 해두세요. 이 표시가 많은 부분이 바로 여러분에게 가장 가치 있는 학습 지점입니다.

(2) 실전 기법 1: 개념과 세부 사항 구분법

많은 독자가 겪는 어려움이 바로 개념과 세부 사항을 구분하지 못하는 것입니다. 마치 숲을 보지 못하고 나무만 보는 것과 같습니다.

① 구분 기준

구분	질문 유형	특징
개념	'왜', '무엇', '어떻게'에 대한 답	제거하면 글의 핵심 의미가 바뀜
세부 사항	'언제', '어디서', '누가', '얼마나'에 대한 구체적 정보	제거해도 핵심 의미는 유지됨

② 실습해 보기

다음 문장에서 개념과 세부 사항을 구분해 보세요.
최근 우리나라의 출산율이 급격히 떨어지면서 인구 절벽 현상이 심화하고 있다. 이는 경제 성장률 저하, 사회보장제도 부담 증가, 지방 소멸 가속화 등의 문제를 야기하고 있다.
개념: 출산율, 인구 절벽 현상, 경제 성장률, 사회보장제도, 지방 소멸
세부 사항: 최근, 우리나라, 급격히

(3) 실전 기법 2: 개념 간 관계 파악

개념들은 독립적으로 존재하지 않습니다. 서로 복잡한 관계망으로 이어져 있습니다. 이 관계를 파악하는 것이 올바른 이해의 시작입니다.

개념 간의 주요 관계 유형

관계 유형	설명	예시
원인-결과 관계	A가 B를 초래한다	기후변화 → 해수면 상승
상위-하위 관계	A가 B를 포함한다	포유류 ⊃ 고래
대비 관계	A와 B가 서로 반대된다	민주주의 ↔ 독재
보완 관계	A와 B가 서로 보완한다	이론 + 실천

인지과학 연구에서는 개념 간 관계를 정확히 파악한 학습자들이 그렇지 못한 학습자들보다 추론 능력이 상당히 뛰어났다고 보고했습니다.

(4) 실전 기법 3: 개념 지도(Concept Mapping) 활용(73p 참조)

개념 지도는 복잡한 개념들 사이의 관계를 시각적으로 나타내는 도구입니다. 마치 지도가 복잡한 지형을 한눈에 보여 주는 것처럼요.

(5) 개념 지도 만들기 4단계

핵심 개념 나열: 글에서 찾은 주요 개념을 원이나 상자 안에 적어 보세요.

관계 표시: 개념들 사이를 선으로 연결하세요.

관계 설명: 선 위에 관계의 성격을 간단히 적어 보세요(예: '원인', '결과', '포함' 등).

전체 구조 확인: 완성된 지도를 보면서 전체적인 흐름을 파악해 보세요.

뇌가 좋아하는 개념 지도의 비밀

왜 개념 지도가 효과적일까?

뇌의 지식 저장 방식 = 개념 지도와 동일!

[뇌의 의미 네트워크]: 새 = 날개+알+비행

개념 지도를 그리면,

→ 시각피질 + 공간처리 영역 활성화

→ 뇌의 자연스러운 저장 형식과 일치

→ 기억 인출 시 '경로'가 명확해짐

→ 연결이 많을수록 기억이 강해짐

핵심: 개념 지도는 뇌 언어로 지식을 번역하는 것입니다.

(6) 개념 탐지 실습: 실제 텍스트로 연습하기

이제 실제 텍스트를 가지고 개념 탐지를 연습해 보겠습니다. 다음은 경영학 관련 짧은 글입니다.

혁신의 딜레마

성공한 기업이 오히려 혁신에 실패하는 역설적 현상이 자주 관찰됩니다. 기존 고객의 필요에 충실하게 부응해 지속적인 혁신에만 집중하다 보면, 파괴적 혁신[9]은 놓치게 됩니다. 파괴적 혁신은 처음에는 성능이 떨어지지만, 접근성이 뛰어난 제품이나 서비스로 시작됩니다. 기존 기업들은 이를 대수롭지 않게 여기지만 시간이 지나면서 파괴적 혁신의 성능이 향상되면서 기존 시장을 잠식하게 됩니다.

위의 글에서 개념을 찾아보겠습니다.

1단계: 반복되는 키워드 찾기

혁신(4회), 기업(3회), 고객(1회)

2단계: 핵심 개념 식별

혁신의 딜레마(중심 개념)

지속적 혁신 ↔ 파괴적 혁신(대비되는 개념)

성능 ↔ 접근성(대비되는 기준)

3단계: 개념 간 관계 파악

혁신의 딜레마 → 성공한 기업의 실패 원인

지속적 혁신 → 기존 고객 만족에 집중

파괴적 혁신 → 새로운 시장 창출

---

9) **파괴적 혁신 (Disruptive Innovation)**: 클레이튼 크리스텐슨이 제시한 비즈니스/기술 분야 개념입니다.
   대상: 시장, 산업, 조직 구조
   메커니즘: 단순하고 저렴한 제품/서비스가 시장 하단에서 시작해 점차 주류 시장을 대체
   초점: 외부 시스템의 변화 (기존 질서의 대체)
   예시: 디지털 카메라가 필름 카메라를, 넷플릭스가 비디오 대여점을 대체
   교육 분야에서는 온라인 교육이 전통적 대면 교육을, 무크(MOOC)가 전통적 대학 강의를 대체하는 현상 등을 설명할 때 사용됩니다.

개념 탐지 완료 점검 리스트
1차 독서 완료(예상 시간: 10분)
전체 흐름 파악하며 읽기
이해되지 않는 부분도 일단 넘어가기
예측과 다른 부분에 "!" 표시하기
개념 후보 식별(예상 시간: 3분)
반복되는 키워드 표시: 1.   2.   3.
강조된 내용 표시:
저자의 주장이 담긴 문장 표시:
개념과 세부 사항 구분(예상 시간: 2분)
핵심 개념 3~5개:
주요 세부 사항:
개념 간 관계 파악 완료
가장 중요한 관계 1가지:
추가 관계들:
예측 확인
내 예측이 맞은 부분:
내 예측이 틀린 부분(학습 포인트):

총 소요 시간: 15분

자주 겪는 어려움과 해결책

어려움	해결책
모든 내용이 다 중요해 보여요	3-5-7 규칙 사용: 핵심 개념 3개, 관련 개념 5개, 전체 개념 7개를 넘지 않도록 제한
개념인지 세부 사항인지 헷갈려요	제거 테스트: '만약 이 내용을 제거한다면 글의 핵심 의미가 바뀔까?' 바뀌면 개념, 안 바뀌면 세부 사항
관계가 너무 복잡해 보여요	점진적 접근: 가장 명확한 관계 1~2개부터 시작, 복잡한 것은 다음 단계에서 정리

두 번째 단계 마무리

의미의 씨알을 찾았습니다. 좋습니다. 여러분은 이제 글 속에서 핵심 개념을 정확히 탐지하는 방법을 익혔습니다. 이는 단순히 정보를 수집하는 것이 아니라 글의 의미 구조를 파악하는 능력입니다. 교육 연구에 따르면 이런 개념 탐지 능력을 갖춘 독자들은 일반적인 독자들보다 글의 주제를 훨씬 더 정확하게 파악하고 논리적 오류를 더 잘 발견하는 것으로 알려져 있습니다.

지금까지 찾은 개념들은 아직 개별적으로 존재하는 상태입니다. 3단계에서는 이 개념들을 여러분의 기존 지식과 연결해 온전한 이해를 돕도록 하겠습니다.

개념 연결
지식의 다리 놓기

개념의 연결이 곧 이해입니다. 2단계에서 우리는 글 속의 핵심 개념들을 성공적으로 찾아냈습니다. 그러나 이것만으로는 올바른 이해라고 할 수 없습니다. 마치 퍼즐 조각들을 찾았지만, 아직 맞추지 못한 상태와 같습니다. 바른 이해는 새로운 개념을 여러분이 이미 알고 있는 개념들과 연결할 때 일어납니다. 인지과학 연구에서는 놀라운 발견을 했습니다. 새로운 정보를 기존 지식과 연결한 학습자들의 뇌에서는 해마와 전전두피질 사이의 신경 연결이 현저히 강화되었다는 것입니다. 이것은 단순한 암기가 아닌 온전한 학습이 이루어졌음을 의미합니다.

뇌에서 일어나는 일 — 3단계

3단계: 해마의 관계적 결합

해마(Hippocampus)는 뇌의 '관계 전문가'입니다. 새로운 정보를 맥락 속에 '정착(anchor)'시키는 역할을 합니다.

[해마의 4가지 정착 방식]

공간 정착: 이것이 일어나는 곳은 어디인가?

시간 정착: 이것의 전후 맥락은 무엇인가?

관계 정착: 이것과 연결된 것은 무엇인가?

정서 정착: 이것이 왜 중요한가?

[연결이 많을수록 기억이 강해지는 이유]

약한 기억과 강한 기억

[개념] [개념]

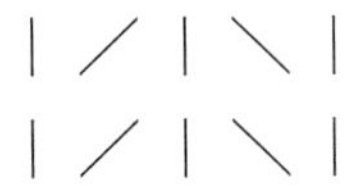

[연결1][연결1][연결2][연결3] → 연결이 많으면 인출 경로가 많아짐

→ 하나의 단서로도 전체 기억을 되살릴 수 있음

핵심: 정보 자체보다 정보 간 '관계'를 학습하는 것이 해마의 본래 기능입니다.

1. 기존 지식과의 연결점 찾기: 나만의 지식 네트워크 확장

우리 뇌는 거대한 지식 네트워크와 같습니다. 새로운 개념이 들어오면 뇌는 자동으로 '이것과 비슷한 것을 내가 알고 있나?'라고 검색을 시작합니다. 우리가 의식적으로 이 과정을 도와주면 훨씬 더 폭넓은 이해가 가능해집니다.

단계	질문	시간
1단계: 직접 연결	이 개념과 완전히 같은 것을 내가 경험한 적이 있나? 이와 정확히 일치하는 사례를 알고 있나?	3분
2단계: 유사 연결	이와 비슷한 유형이나 원리를 다른 분야에서 본 적이 있나? 구조나 작동 방식이 유사한 것이 있나?	4분
3단계: 대비 연결	이와 정반대되는 사례나 개념을 알고 있나? 이것과 대조되는 경험이 있나?	3분

2. 실전 기법 1: 유추와 비교를 통한 이해의 심화

유추는 인간의 강력한 학습 도구 중 하나입니다. 복잡하고 추상적인 개념을 이미 잘 알고 있는 구체적인 것에 비추어 비슷하거나 같다고 추측하는 것입니다.

유추(類推): 서로 다른 대상이나 상황 속에서 공통점이나 유사점을 발견해 미루어 짐작하는 사고방식.

(1) 효과적인 유추 만들기 — '혁신의 딜레마' 예시

영역	유추
스포츠	챔피언 팀이 기존 전략에만 의존하다가 새로운 전술에 밀리는 상황
요리	유명 맛집이 전통 요리만 고집하다가 퓨전 음식에 고객을 빼앗기는 상황
개인 경험	좋은 성적에 안주하다가 새로운 공부법을 시도하지 않아 뒤처지는 경험

학습과학 연구에 따르면 적절한 유추를 활용한 학습자들은 개념 이해도가 크게 향상되고, 다른 상황에 적용하는 능력이 뚜렷하게 증가하는 것으로 나타났습니다.

유추가 뇌에서 작동하는 방식

유추: 뇌의 '구조 매핑'

유추를 할 때 뇌는 '표면적 유사성'이 아닌 '구조적 유사성'을 찾습니다.

[예시: 혁신의 딜레마 ↔ 공룡의 멸종]

혁신의 딜레마: 공룡의 멸종

성공한 기업 ↔ 거대한 공룡 ← 지배자

기존 방식 고수 ↔ 기존 환경 적응 ← 현상 유지

환경 변화 무시 ↔ 기후변화 무시 ← 변화 무시

신생 기업에 패배 ↔ 포유류에 대체 ← 대체

표면: 기업과 공룡은 전혀 다름

구조: '지배자가 변화에 적응 못해 신생으로 대체함'

[뇌의 처리 과정]

→ 전전두피질이 두 영역의 '관계 구조' 추출

→ 구조가 일치하면 '아하!' 경험 (통찰)

→ 새 개념이 기존 스키마의 '빈자리'를 차지함

핵심: 좋은 유추는 '이것은 저것과 같다.'가 아니라 '이것의 구조는 저것의 구조와 같다.'입니다.

3. 실전 기법 2: 개념 간 관계성 분석

개념들은 혼자 떨어져 있는 섬이 아닙니다. 서로 복잡하고 역동적인 관계를 맺고 있지요. 이 관계를 파악하는 것이 깊은 이해의 열쇠입니다.

관계성 분석 4가지 렌즈

렌즈	질문	예시(혁신의 딜레마)
시간적 관계	어떤 것이 먼저이고 나중인가?	성공 → 안주 → 변화 무시 → 실패
공간적 관계	어떤 것이 안에 있고 밖에 있나?	기존 시장(안) ↔ 신규 시장(밖)
논리적 관계	어떤 것이 원인이고 결과인가?	고객 집착(원인) → 파괴적 혁신 무시(결과)
가치적 관계	어떤 것이 더 중요하고 덜 중요한가?	단기 수익과 장기 생존

실습해 보기

'혁신의 딜레마' 개념을 여러분의 경험과 연결해 보세요

직접 경험: 여러분이 직접 겪어 본 비슷한 상황이 있나요?

간접 경험: 주변에서 본 사례가 있나요?

미디어 경험: 뉴스나 영화에서 본 비슷한 이야기가 있나요?

학습 경험: 다른 과목에서 배운 비슷한 원리가 있나요?

4. 실전 기법 3: 스키마 활성화와 수정

스키마란 우리가 세상을 이해하는 기본 틀입니다. 마치 안경과 같아서, 어떤 스키마를 쓰느냐에 따라 같은 정보도 다르게 보입니다.

단계	질문
1. 기존 스키마 확인	나는 이 주제에 대해 어떤 기본 가정을 가지고 있었나?
2. 새로운 정보와 비교	새로운 개념이 내 기존 생각과 일치하는가? 다른가?
3. 스키마 수정 또는 확장	내 생각을 바꿔야 하나? 아니면 확장해야 하나?

예를 들어, '혁신'에 대한 여러분의 기존 스키마가 '새로운 기술 개발'이었다면, '혁신의 딜 레마'를 통해 '혁신은 때로는 성공의 장애물일 수 있다'라는 새로운 관점으로 확장할 수 있 습니다.

스키마 동화와 조절 — 피아제의 통찰
새 정보를 만났을 때 뇌의 두 가지 반응

동화 (Assimilation): 새 정보가 기존 스키마에 '맞아 들어갈' 때
→ 기존 틀 유지, 새 정보만 추가
→ 편안하고 빠른 학습
→ 예: 아, 이것도 혁신의 한 종류구나!

조절 (Accommodation): 정보가 기존 스키마와 '충돌할' 때
→ 기존 틀 자체를 수정해야 함
→ 불편하지만 깊은 학습
→ 예: 혁신이 오히려 실패 원인이 될 수 있다고?

[뇌과학적 해석]
→ 동화: 기존 신경 경로 강화(빠르고 효율적)
→ 조절: 새로운 신경 경로 형성 필요(느리지만 혁신적)
핵심: 진정한 학습은 '조절'이 일어날 때입니다.
불편함을 느낀다면, 그것은 뇌가 성장하는 신호입니다.

5. 연결 다이어그램(diagram) 그리기: 실습

이제 여러분이 직접 개념 연결 다이어그램을 그려 보는 시간입니다. 이것은 여러분의 생 각을 시각화하고 체계화하는 강력한 도구입니다.

연결 다이어그램 만들기 단계

단계	활동	시간
1단계	중심 개념 배치: 종이 중앙에 핵심 개념을 큰 원으로 그리기	1분
2단계	관련 지식 배치: 주변에 관련된 기존 지식을 작은 원으로 그리기(경험, 다른 개념, 사례 등)	3분
3단계	연결선 그리기: 개념들 사이를 선으로 연결하고, 관계의 성격 적기('비슷함', '반대', '원인' 등)	3분
4단계	새로운 통찰 기록: 다이어그램을 보면서 새롭게 깨달은 점 적기	3분

6. 개념 연결 실습: 은혜의 사례

은혜 학생이 '혁신의 딜레마'를 자기의 경험과 어떻게 연결했는지 살펴보겠습니다.

은혜의 연결 과정

연결 유형	내용
직접 경험	작년에 게임을 너무 잘해서 새로운 전략을 시도하지 않았다가 친구들에게 졌던 경험
학습 경험	역사 시간에 배운 조선 후기 쇄국정책 — 기존 방식 고수로 인한 뒤처짐
미디어 경험	코닥이 디지털카메라 혁신을 무시하다가 망한 다큐멘터리
새로운 통찰	성공한 경험이 오히려 독이 될 수 있구나, 겸손함과 변화에 대한 개방성이 중요하구나

연결 과정에서 자주 겪는 어려움과 해결책

어려움	해결책
관련된 경험이 떠오르지 않아요	범위 넓히기: 직접 경험이 아니어도 OK. 책, 영화, 뉴스, 다른 사람의 이야기 모두 활용 가능
연결이 억지스러워 보여요	완벽 포기: 완벽한 연결을 찾으려 하지 말 것. 부분적이거나 느슨한 연결도 충분히 의미 있음
너무 많은 연결이 떠올라서 정리가 안 돼요	3-5-7 규칙: 가장 강력한 연결 3개부터 시작

연결 완료 점검 리스트

개념 연결 완료 점검 리스트
기존 지식 탐색 완료(예상 시간: 5분)
직접 경험과의 연결:
간접 경험과의 연결:
다른 분야 지식과의 연결:
유추 관계 설정 완료(예상 시간: 3분)
핵심 유추 1가지:
이 유추가 도움이 되는 이유:
관계성 분석 완료(예상 시간: 2분)
가장 중요한 관계:
새롭게 발견한 유형:
스키마 점검 완료(신규 추가)
기존에 가졌던 생각:
수정/확장된 생각:
동화인가, 조절인가?:
연결 다이어그램 완성
중심 개념 배치 완료
관련 지식 배치 완료
연결선 그리기 완료
새로운 통찰 기록 완료

총 소요 시간: 10분

세 번째 단계 마무리

지식의 다리가 놓였습니다. 여러분은 이제 새로운 개념을 기존 지식과 연결하는 능력을 갖추었습니다. 이는 단순한 정보 수집을 넘어서 온전한 학습이 이루어지는 순간입니다. 이러한 방식으로 하는 거듭된 학습이 여러분의 학습 능력을 향상해 줍니다. 교육심리학 연구에 따르면 이런 방식으로 학습한 내용은 6개월 후에도 매우 높은 기억 보존율을 보이는 것으로 나타났습니다. 반면 단순 암기는 훨씬 낮은 수준에 불과했지요.

　지금까지 우리는 개념을 찾고, 연결했습니다. 그러나 아직 개별적인 연결들이 흩어져 있는 상태입니다. 4단계에서는 이 모든 것을, 하나의 통합된 이해로 수렴해 보겠습니다.

개념 통합 –
새로운 이해 구성하기

통합이란 무엇일까요? 지금까지 우리는 개념을 찾고 연결하는 작업을 해 왔습니다. 그러나 이것만으로는 아직 완전한 이해라 할 수 없어요. 마치 퍼즐 조각들을 찾고 어디에 맞는지 알았지만, 아직 하나의 완성된 그림으로는 만들지는 못한 상태와 같습니다.

통합은 개별적인 개념 간의 연결을 하나의 유기적이고 일관된 이해 체계로 만드는 과정입니다. 이때 비로소 '아하' 하는 순간이 찾아옵니다.

뇌에서 일어나는 일 — 3단계
뇌 통합의 단계(3단계)

통합이 일어날 때 뇌에서는 특별한 현상이 관찰됩니다.

신경 동기화 현상

통합 전: → 통합 후:

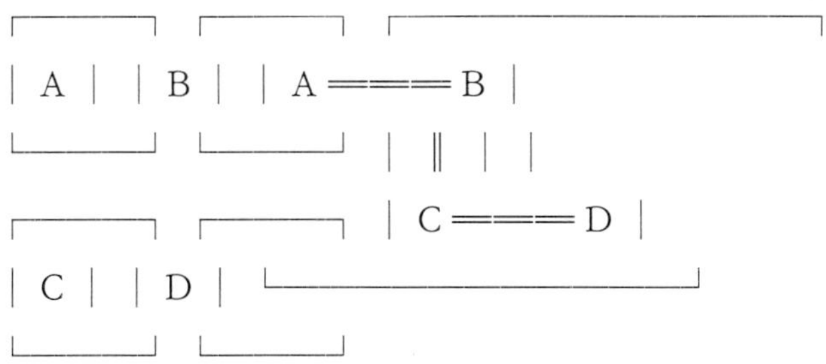

동기화의 뇌과학

→ 분리된 뇌 영역들이 같은 리듬으로 활동하기 시작

→ 감마파(30-100Hz) 증가: 정보 결합의 신호

→ 여러 영역의 '동시 발화': 통합된 표상 형성

'아하!' 순간의 정체

→ 갑자기 여러 영역이 동기화되며 활성화

→ 우뇌 측두엽의 급격한 활동 증가

→ 도파민 분비 → 쾌감과 확신의 느낌

핵심: '아하!'는 단순한 느낌이 아니라, 뇌가 분산된 정보를 하나로 통합했다는 신경학적 신호입니다.

개별 개념들의 유기적 통합: 전체는 부분의 합보다 크다.

통합의 핵심은 '1+1=3'의 마법을 만드는 것입니다. 개별 개념들이 만나서 각각의 의미를 넘어선 새롭게 폭넓은 의미를 창출하는 것입니다.

1. 통합의 3가지 층위

층위	질문	설명
구조적 통합	개념들이 어떤 구조로 연결되는가?	위계, 순서, 인과관계 파악
기능적 통합	이 개념들이 함께 어떤 역할을 하는가?	전체 시스템으로서의 작동 이해
의미적 통합	전체적으로 어떤 메시지를 전달하는가?	핵심 통찰 도출

실전 기법 1: 상위 개념 형성 과정

상위 개념이란 여러 하위 개념들을 포괄하는 더 큰 틀입니다. 마치 우산이 여러 개의 살을 하나로 묶듯이 상위 개념은 흩어진 개념들을 하나의 의미 있는 체계로 만들어줍니다.

2. 상위 개념 만들기 4단계

단계	활동	핵심 질문
1단계	공통점 찾기	지금까지 찾은 개념들의 공통된 특성은 무엇인가? 이들이 모두 다루고 있는 핵심 주제는 무엇인가?
2단계	패턴 발견	이 개념들 사이에 반복되는 패턴이 있는가? 어떤 일관된 원리가 작동하고 있는가?

3단계	통합 틀 만들기	이 모든 것을 설명할 수 있는 하나의 틀은 무엇인가? 한 문장으로 요약한다면?
4단계	검증하기	이 상위 개념이 모든 하위 개념을 잘 설명하는가? 빠뜨린 중요한 부분은 없는가?

상위 개념 형성의 뇌과학적 이해

상위 개념 형성 시 뇌의 처리 과정: 여러분이 상위 개념을 만들 때, 뇌에서는 다음과 같은 일이 일어납니다.

- 1단계: 공통점 찾기
    - → 측두엽의 의미 허브(semantic hub)가 유사성 검색
    - → 이것들의 공통점이 뭐지? 자동 처리
- 2단계: 패턴 발견
    - → 전전두피질이 반복 구조 인식
    - → '여기에 규칙이 있어' 패턴 추출
- 3단계: 통합 틀 만들기
    - → 해마와 전전두피질이 협력해 새 스키마 구성
- 4단계: 검증하기
    - → 전대상피질(ACC)이 일관성 점검
    - → '이게 다 맞아떨어지나?' 오류 감지

이 과정에서 뇌의 여러 영역이 동시에 활성화되며 '동기화'됩니다. 이것이 바로 '아하!' 순간의 뇌과학적 정체입니다.

3. 실전 기법 2: 개념 체계의 재구조화

때로는 기존에 생각했던 개념 구조를 완전히 바꿔야 할 때가 있습니다. 새로운 정보가 들어오면서 전체 그림이 달라지는 것이지요.

재구조화가 필요한 신호들

모순되는 정보가 발견될 때

예상과 다른 결과가 나타날 때

기존 설명으로는 새로운 현상을 설명할 수 없을 때

재구조화 과정

단계	활동
1. 기존 구조 검토	내가 지금까지 생각한 구조가 맞나?
2. 문제점 파악	어떤 부분이 맞지 않나?
3. 새로운 구조 제안	다른 방식으로 연결하면 어떨까?
4. 타당성 검증	새로운 구조가 더 잘 설명해 주는가?

재구조화와 인지적 유연성

재구조화: 뇌의 '신경 가소성'이 작동하는 순간

재구조화는 뇌에게는 도전적인 과제입니다. 기존에 형성된 신경 연결을 수정해야 하기 때문입니다.

[왜 재구조화가 어려운가?]

기존 신경 경로 / 새로운 신경 경로

(굵고 빠름) / (가늘고 느림)

→ 뇌는 기존 경로를 선호 (에너지 효율)

→ 새 경로 형성에는 의식적 노력 필요

→ 반복을 통해 새 경로가 강화됨

[재구조화를 돕는 방법]

1. 모순을 회피하지 말고 직면하기

2. '내가 틀렸을 수도 있다.' 열린 자세

3. 여러 관점에서 바라보기 시도

4. 충분한 시간과 휴식 (뇌가 재조직할 시간 필요)

핵심: 재구조화의 불편함은 뇌가 성장하고 있다는 신호입니다. 이 불편함을 환영하세요.

4. 실전 기법 3: 메타 인지적 점검

메타인지란 '생각에 대한 생각', 즉 자신의 학습 과정을 관찰하고 조절하는 능력입니다. 통합 과정에서 이는 매우 중요한 역할을 합니다.

메타 인지적 질문들

점검 영역	질문
이해도 점검	나는 정말로 이해했나? 아니면 아는 것처럼 느끼는 것일 뿐인가?
연결성 점검	개념들 사이의 연결이 논리적으로 타당한가?
완성도 점검	빠뜨린 중요한 부분은 없나?
활용 가능성 점검	이 이해를 실제로 활용할 수 있을까?

메타인지 테스트: 설명하기 기법

가장 효과적인 메타인지 점검 방법은 다른 사람에게 설명해 보는 것입니다. 물리학자 리처드 파인만(Richard Feynman)이 즐겨 사용한 이 방법은, 설명하다가 막히는 부분이 바로 이해가 부족한 부분임을 드러내어 줍니다.

"만약 6살짜리 아이에게 설명할 수 없다면, 당신도 진정으로 이해한 것이 아니다."
— 아인슈타인(Albert Einstein)

5. 통합 실습: '혁신의 딜레마' 완전 정복

이제 앞서 다루었던 클레이튼 크리스텐슨의 '혁신의 딜레마'를 완전히 통합해 보겠습니다.

(1) 지금까지 정리하기

① 핵심 개념들

혁신의 딜레마

지속적 혁신 ↔ 파괴적 혁신

성능 ↔ 접근성

기존 고객 ↔ 신규 시장

② 연결된 지식

개인 경험: 게임에서 기존 전략 고수로 인한 실패

역사적 사례: 조선 후기 쇄국정책

비즈니스 사례: 코닥의 몰락

(2) 상위 개념 형성

이 모든 개념과 사례들을 관통하는 상위 개념은 무엇일까요?

은혜의 통합된 이해: 성공 함정(Success Trap) - 과거의 성공 방식에 안주하면서 변화의 필요성을 놓치게 되어, 결국 그 성공이 미래 발전의 장애물인 현상

(3) 구조적 이해

성공 함정의 구조:

과거 성공 → 현재 방식에 안주 → 변화에 대한 저항 → 미래 실패

| | | |

↓ ↓ ↓ ↓

자신감 상승 '이게 정답' 새것은 위험 도태/몰락

확신 강화 회피 본능 세부 메커니즘

기존 방식의 강화

새로운 시도에 대한 두려움

외부 변화에 대한 둔감함

위기 인식의 지연

통합 워크시트
1단계: 재료 정리 (3분)
핵심 개념들:
주요 연결들:
중요한 통찰들:
2단계: 패턴 발견 (4분)
반복되는 패턴:
일관된 원리:
예외 사항들:
3단계: 통합 메시지 도출 (5분)
핵심 메시지 (한 문장):
상위 개념 (핵심 단어):
실생활에서의 의미:
4단계: 구조화 (3분)
[중심 개념]
↓
[하위 개념 1] ↔ [하위 개념 2]
↓   ↓
[세부 요소들] [세부 요소들]
5단계: 메타인지 점검 (3분)
이것을 다른 사람에게 설명할 수 있는가?
설명하다 막히는 부분은 어디인가?:
더 공부가 필요한 부분:

총소요 시간: 18분

통합 과정에서 자주 겪는 어려움과 해결책

어려움	해결책
개념들이 서로 맞지 않는 것 같아요	70~80% 규칙: 모든 개념이 완벽하게 맞을 필요 없음, 70~80% 정도의 일관성만 있어도 충분, 예외는 별도로 정리
너무 복잡해서 하나로 통합이 안 돼요	단계적 통합: 먼저 2~3개씩 묶어 보고, 그다음 더 큰 단위로 통합
통합한 결과가 너무 당연한 것 같아요	당연함의 가치: 당연해 보이는 것이 오히려 좋은 통합. 복잡한 것을 간단명료하게 정리하는 것이 통합의 목표

개념 통합 완료 점검 리스트
상위 개념 형성 완료(예상 시간: 10분)
공통점과 유형 발견
통합 틀 구성
핵심 메시지 도출
구조적 정리 완료(예상 시간: 5분)
개념 간 위계 설정
전체 구조 스케치
예외 사항 정리
메타 인지적 점검 완료(예상 시간: 3분)
이해도 자가 진단
논리성 검증
활용 가능성 확인
'설명하기 테스트' 통과
최종 정리
통합된 이해(한 문장으로):
핵심 구조:
실생활 연결점:

총 소요 시간: 18분

네 번째 단계 마무리

새로운 이해가 탄생했습니다. 여러분은 이제 흩어진 개념들을 하나의 통합된 이해로 만드는 능력을 갖추었습니다. 이는 단순한 정보 처리를 넘어서 새로운 지식을 창조하는 과정입니다.

인지과학 연구에 따르면, 이런 통합적 사고를 하는 학습자들은 창의적 문제 해결 능력이 뛰어나고 복합적 사고력이 크게 향상되는 것으로 나타났습니다.

지금까지 우리는 개념을 찾고, 연결하고, 통합했습니다. 이제 마지막 단계만 남았습니다. 5단계에서는 이 모든 이해를 실생활에서 활용할 수 있는 지혜로 전환하는 과정입니다.

개념의 적용 –
지혜로의 전환

지식에서 지혜로 도약 지금까지 4단계를 거치면서 여러분은 지식을 얻었습니다. 그러나 진정한 학습의 완성은 이 지식을 지혜로 전환하는 데 있습니다.

지식과 지혜의 차이는 무엇일까요?

구분	정의	영어 표현
지식	'무엇인지' 아는 것	Knowing what
지혜	'언제, 어떻게 활용하는지' 아는 것	Knowing when and how

5단계는 바로 이렇게 지식을 활용하는 중요한 전환점입니다. 여러분이 얻은 통찰을 실제 삶에서 활용할 수 있는 살아있는 지혜로 만드는 과정이지요.

뇌에서 일어나는 일 — 5단계
5단계: 기억 공고화와 전이

왜 적용이 학습을 완성하는가?
학습한 내용이 장기기억으로 전환되려면 '공고화(consolidation)' 과정이 필요합니다.

기억 공고화의 두 가지 경로
경로 1: 수면 중 공고화

[낮에 학습] → [수면 중 해마 재생] → [신피질 저장]

경로 2: 적용을 통한 공고화 ← 5단계의 핵심

[학습] → [실제 적용] → [피드백] → [강화된 기억]

[적용이 기억을 강화하는 이유]

→ 여러 맥락에서 사용 = 다양한 인출 경로 형성

→ 실패와 성공 경험 = 정서적 각인 추가

→ 피드백 = 스키마 정교화

[전이(Transfer)의 뇌과학]

→ 한 맥락에서 배운 것을 다른 맥락에 적용

→ 추상화 수준이 높을수록 전이 범위 확대

→ 전전두피질이 '이 원리가 여기도 적용돼' 인식

핵심: 적용하지 않은 지식은 '잠자는 지식'입니다.

적용을 통해 비로소 '살아있는 지혜'가 됩니다.

실생활 적용 기회 탐색: 어디에 쓸 수 있을까?

새로운 이해에 도달했다면, 이제 '이것을 실제 어디에 활용할 수 있을까?'라는 질문을 해야 합니다. 이는 단순한 호기심이 아니라 학습의 완성을 위한 필수적인 단계입니다.

적용 기회 탐색 3단계 전략

단계	질문	시간
1단계: 직접 적용	현재 내가 겪고 있는 문제 중에서 이 개념을 적용할 수 있는 부분이 있을까? 내 일상, 공부, 관계에서 활용할 부분이 있을까?	3분
2단계: 간접 적용	주변 사람들의 상황에 이 개념이 도움이 될까? 사회나 조직 차원에서 이 원리가 적용되는 사례가 있을까?	4분
3단계: 미래 적용	앞으로 마주칠 수 있는 상황에서 이 지식이 유용할까? 10년 후에도 이 원리가 통할까?	3분

분산 학습과 수면 공고화 — 왜 한 번에 다 하면 안 될까?

효과적인 학습의 시간 설계

많은 학생이 시험 전날 벼락치기를 합니다. 그러나 뇌는 이런 방식을 싫어합니다.

[뇌의 기억 공고화 과정]

낮에 학습 → 해마에 임시 저장 → 수면 중 (특히 깊은 수면) → 해마가 낮의 내용을 '재생(replay)' → 해마: 신피질로 점진적 전이 → 다음 날 복습: 연결 강화 → 반복: 신피질에 영구 저장

[최적의 복습 일정 — 분산 학습의 원리]

Day 1: 첫 학습 (가능하면 오후가 효과적)

↓

[수면] — 1차 공고화

Day 2: 간격 복습 1 (10분, 인출 위주)

↓

[수면] — 2차 공고화

Day 4: 간격 복습 2 (5분, 적용 위주)

↓

[수면] — 스키마 통합

Day 7: 간격 복습 3 (3분, 변형 문제)

↓

장기기억 정착

핵심: 학습 효율 = (학습량) × (수면 질) × (간격의 최적성)

벼락치기의 1/10 시간으로 10배 오래 기억할 수 있습니다.

1. 실전 기법 1: 다른 영역으로의 전이

연습전이(Transfer)란 한 영역에서 배운 것을 다른 영역에 적용하는 능력입니다. 이는 온전한 학습이 이루어졌는지를 보여 주는 핵심 지표입니다.

전이 연습 방법

전이 유형	설명	예시 (혁신의 딜레마)
수평적 전이	비슷한 상황에 적용	개인 학습 → 팀 프로젝트 → 동아리 운영
수직적 전이	더 복잡한 상황에 적용	단순한 선택 → 복합적 의사결정 → 인생 설계
창의적 전이	전혀 다른 영역에 적용	비즈니스 개념 → 인간관계 → 건강 관리

2. 실전 기법 2: 비판적 평가와 성찰

모든 개념과 지식에는 한계가 있습니다. 맹목적으로 적용하기보다는 비판적으로 평가하고 성찰하는 과정이 필요합니다.

비판적 평가 점검 리스트

평가 영역	질문
적용 범위의 한계	이 개념이 적용되지 않는 상황이 있을까?
문화적 맥락	다른 문화나 환경에서도 통할까?
시간적 변화	시대가 바뀌어도 유효할까?
개인차	모든 사람에게 똑같이 적용될까?
부작용	예상하지 못한 부정적 결과가 있을까?

성찰 질문들

이 개념을 적용했을 때 예상되는 긍정적/부정적 결과는?

내가 놓치고 있는 중요한 관점은 없을까?

다른 사람들은 이에 대해 어떻게 생각할까?

더 나은 대안은 없을까?

3. 실전 기법 3: 지속적 발전 계획 수립

학습은 일회성 이벤트가 아닙니다. 지속적인 발전과 개선의 과정입니다. 따라서 장기적인 계획을 세우는 것이 중요합니다.

단계	질문
1단계: 현재 수준 진단	이 개념에 대한 내 이해도는 10점 만점에 몇 점일까? 실제 적용에서 어떤 부분이 어려울까?
2단계: 목표 설정	3개월 후에는 어느 정도 수준에 도달하고 싶나? 구체적으로 어떤 상황에서 활용하고 싶나?
3단계: 실행 계획	어떤 방법으로 연습할까? 누구에게 도움을 요청할까? 어떤 자료를 더 찾아볼까?
4단계: 평가 계획	언제, 어떻게 진전을 확인할까? 성공 여부를 어떻게 판단할까?

개념 적용 실습: '혁신의 딜레마' 실생활 적용

이제 우리가 계속 다뤄 온 '혁신의 딜레마'를 실제로 어떻게 적용할 수 있는지 구체적으로 살펴보겠습니다.

(1) 은혜의 적용 사례

적용 영역	상황	적용 방법	구체적 실행
개인 학습	수학 성적이 좋아서 기존 공부법만 고집	새로운 문제 유형이나 학습법도 시도	주 1회는 완전히 새로운 방식으로 공부
친구 관계	기존 친구들과만 어울리며 새로운 만남 기피	때로는 다른 그룹과도 교류	한 달에 한 번은 새로운 동아리나 모임 참여
진로 준비	부모가 원하는 안전한 진로만 고려	새로운 분야나 융합 전공도 탐색	분기별로 1개씩 새로운 분야 체험

나만의 개념 적용 플래너

나만의 개념 적용 플래너
□ 적용 대상 개념
- 핵심 개념: _________________________________
- 핵심 통찰: _________________________________
□ 적용 영역 탐색 (예상 시간: 7분)
[직접 적용 영역 — 현재 상황]
- 개인 생활: _________________________________
- 학습/업무: _________________________________
- 인간관계: _________________________________
[간접 적용 영역 — 주변 상황]
- 가족 관계: _________________________________
- 사회 참여: _________________________________
- 취미 활동: _________________________________
[미래 적용 영역 — 예상 상황]
- 진로/직업: _________________________________
- 장기 목표: _________________________________
- 인생 설계: _________________________________
□ 우선순위 설정 (예상 시간: 3분)
- 1순위 적용 영역: _________________________________
- 선택 이유: _________________________________
- 기대 효과: _________________________________
□ 구체적 실행 계획
- 실행 방법: _________________________________
- 실행 시기: _________________________________
- 필요 자원: _________________________________

<table>
<tr><td colspan="2">- 예상 장애물: _______________________________</td></tr>
<tr><td colspan="2">- 대안 계획: _______________________________</td></tr>
<tr><td colspan="2" align="center">□ 분산 복습 계획 (신규 추가)</td></tr>
<tr><td colspan="2">- Day 2 복습 일정: _______________________________</td></tr>
<tr><td colspan="2">- Day 4 복습 일정: _______________________________</td></tr>
<tr><td colspan="2">- Day 7 복습 일정: _______________________________</td></tr>
<tr><td colspan="2" align="center">총소요 시간: 10분</td></tr>
</table>

적용 과정에서 자주 겪는 어려움과 해결책

어려움	해결책
이론은 좋은데 실제로는 복잡해요	20~30% 규칙: 완벽한 적용을 기대하지 말 것 20~30% 적용되어도 충분한 성과. 점진적으로 개선
주변 사람들이 이해하지 못해요	결과로 보여 주기: 처음부터 설득하려 하지 말 것 자신의 변화로 보여 주면 자연스럽게 관심 유발
적용할 기회가 없는 것 같아요	기회 만들기: 기회는 만드는 것 일상의 소소한 결정에서부터 시작
효과가 바로 나타나지 않아요	3개월 규칙: 개념적 학습의 효과는 장기적으로 나타남, 최소 3개월 기다리며 작은 변화 기록

성과 측정과 피드백

적용한 후에는 반드시 성과를 측정하고 피드백을 받아야 합니다. 이것이 있어야 지속적인 개선이 가능합니다.

성과 측정 방법

측정 유형	설명	예시
정량적 측정	숫자로 측정할 수 있는 것들	성적, 업무 성과, 시간 효율성
정성적 측정	느낌이나 만족도로 측정	자신감, 관계의 질, 스트레스 수준

| 타인 피드백 | 주변 사람들의 객관적 관찰 | 가족, 친구, 동료들의 평가 |

상황 분석: 성공/실패 사례 분석

개념 적용 완료 점검 리스트
적용 영역 탐색 완료(예상 시간: 7분)
직접 적용 영역 3개 이상 식별
간접 적용 가능성 검토
미래 활용 가능성 예측
실행 계획 수립 완료(예상 시간: 5분)
우선순위 설정
구체적 실행 방법 결정
일정과 자원 계획
비판적 평가 완료(예상 시간: 3분)
한계와 제약 사항 확인
예상 부작용 검토
대안 계획 수립
지속적 발전 계획 완료
현재 수준 진단
목표 설정
평가 방법 결정
분산 복습 일정 수립
최종 정리
핵심 적용 계획:
1개월 후 목표:
성공 지표:
총 소요 시간: 15분

5단계의 마무리

지혜의 문이 열렸습니다. 여러분은 이제 지식을 지혜로 전환하는 능력을 갖추었습니다. 이는 단순한 학습을 넘어서 삶의 변화를 만들어 내는 힘입니다. 교육학 연구에 따르면 학습한 내용을 실제로 적용하는 학습자들은 2년 후에도 매우 높은 기억 보존율을 보였으며 문제 해결 능력이 지속적으로 향상되는 것으로 나타났습니다.

지금까지 5단계를 모두 완성했습니다. 그러나 이것은 끝이 아니라 새로운 시작입니다.

BRAIN 독서법 전체 요약

BRAIN 독서법 — 뇌와 함께하는 독서

B - Bridge (연결)

1단계: 준비

기존 지식과 다리 놓기

→ 스키마 활성화, 예측 세우기

→ 뇌의 '착륙 지점' 준비

↓

R - Reveal (드러내기)

2단계: 탐지

숨은 개념 표출하기

→ 패턴 인식, 개념-세부 사항 구분

→ 예측 확인, 놀라움 포착

↓

A - Anchor(정착)

3단계: 연결

맥락 속에 고정하기

→ 해마의 관계적 결합

→ 유추, 경험, 다른 지식과 연결

↓ |

I - Integrate (통합)

4단계: 통합

하나의 이해로 수렴

→ 상위 개념 형성, '아하!' 순간

→ 신경 동기화, 새로운 스키마 구성

↓

N - Nurture(양성)

5단계: 적용

시간을 두고 성장시키기

→ 전이, 적용, 분산 복습

→ 수면 공고화, 장기기억 형성

이 흐름은 뇌의 자연스러운 정보 처리 방향과 일치합니다. 뇌와 함께할 때, 학습은 더 쉽고 오래 지속됩니다.

| 참고 문헌 |

1. 인지과학 및 뇌과학 기초

- Piaget, J.(1952). The Origins of Intelligence in Children. New York: International Universities Press. (스키마, 동화, 조절 개념의 원전)

- Baddeley, A.(2012). Working memory: Theories, models, and controversies. Annual Review of Psychology, 63, 1-29. (작업기억과 학습의 관계)

- Squire, L. R., & Wixted, J. T.(2011). The cognitive neuroscience of human memory since H.M. Annual Review of Neuroscience, 34, 259-288. (해마와 기억 공고화 학습과학)

- Brown, P. C., Roediger, H. L., & McDaniel, M. A.(2014). Make It Stick: The Science of Successful Learning. Cambridge, MA: Harvard University Press. (분산 학습, 인출 연습의 효과)

- Dunlosky, J., et al.(2013). Improving students' learning with effective learning techniques. Psychological Science in the Public Interest, 14(1), 4-58. (효과적인 학습 전략에 대한 메타 분석)

- Ambrose, S. A., et al.(2010). How Learning Works: Seven Research-Based Principles for Smart Teaching. San Francisco: Jossey-Bass. (학습의 원리와 교수법)

2. 개념 학습 및 전이

- Novak, J. D.(2010). Learning, Creating, and Using Knowledge: Concept Maps as Facilitative Tools in Schools and Corporations. New York: Routledge. (개념 지도의 이론과 실제)

- Perkins, D. N., & Salomon, G.(1992). Transfer of learning. International Encyclopedia of Education(2nd ed.). Oxford: Pergamon Press. (학습 전이의 이론적 기초)

3. 혁신의 딜레마

- Christensen, C. M.(1997). The Innovator's Dilemma: When New Technologies Cause Great Firms to Fail. Boston: Harvard Business School Press. (혁신의 딜레마 개념의 원전)

- Christensen, C. M., & Raynor, M. E.(2003). The Innovator's Solution. Boston: Harvard Business School Press. (파괴적 혁신 이론의 확장)

4. 메타인지

- Flavell, J. H.(1979). Metacognition and cognitive monitoring: A new area of cognitive-developmental inquiry. American Psychologist, 34(10), 906-911. (메타인지 개념의 기초)

- Dunning, D.(2011). The Dunning-Kruger effect: On being ignorant of one's own ignorance. Advances in Experimental Social Psychology, 44, 247-296. (자기 인식의 한계와 메타인지의 중요성, 예측과 학습)

- Clark, A.(2013). Whatever next? Predictive brains, situated agents, and the future of cognitive science. Behavioral and Brain Sciences, 36(3), 181-204. (예측 부호화 이론)

- Schultz, W.(2016). Dopamine reward prediction error coding. Dialogues in Clinical Neuroscience, 18(1), 23-32. (도파민과 예측 오류 학습)

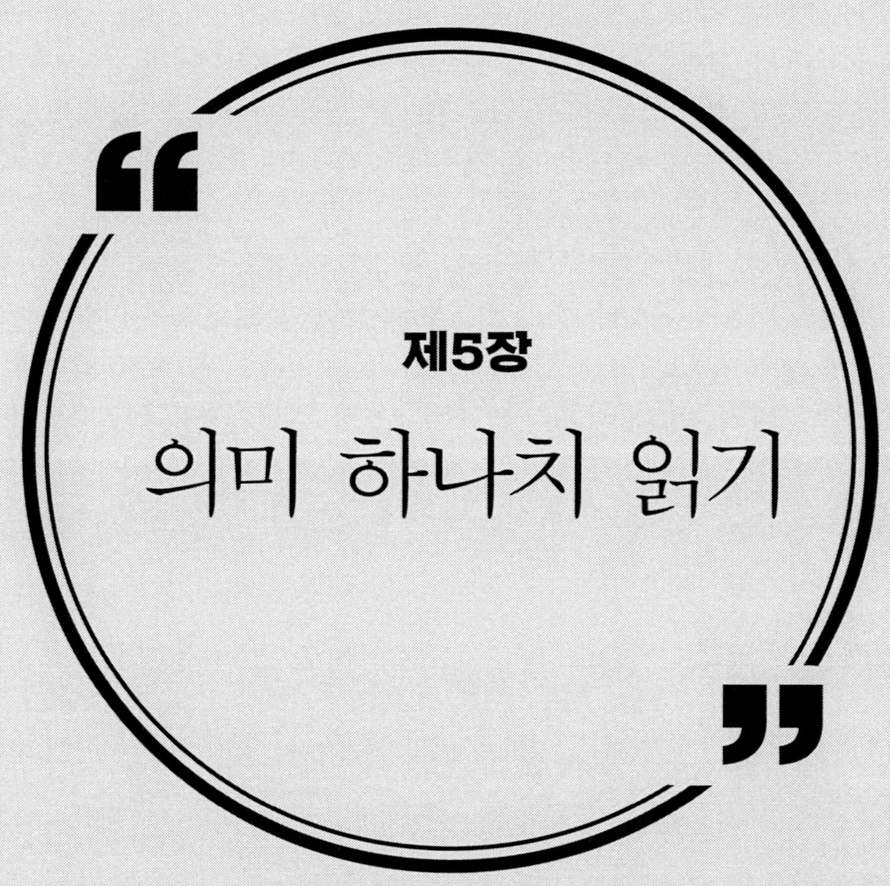
제5장
의미 하나치 읽기

앞서 3장에서 개념 기반 독서법의 첫 번째 원리로 '의미 단위 읽기'를 소개했습니다. 그리고 4장에서는 개념의 이해와 적용을 배웠지요. 이제 여러분은 개념 기반 독서의 가장 핵심적인 기술인 '의미 하나치' 읽기를 익힐 준비가 되었습니다.

긴 문장을 읽다가 뒷부분에 이르러서는 앞부분이 무슨 내용인지 까먹은 적 있겠지요? 아니면 한 문단을 끝까지 읽었는데 무슨 내용인지 전혀 기억나지 않는 경우도 있었을 것입니다. 이것은 여러분의 집중력이나 기억력만의 문제가 아닙니다. 우리의 뇌가 정보를 처리하는 방식과 맞지 않게 읽었기 때문입니다.

신경과학 연구 팀의 발견에 따르면, 우리 뇌의 작업기억은 한 번에 처리할 수 있는 정보의 양이 제한되어 있습니다. 그러나 놀랍게도 정보를 '의미 덩어리'로 묶어서 처리하면, 동일한 뇌 용량으로도 훨씬 많은 내용을 이해하고 기억할 수 있다는 것을 밝혀냈습니다.

이것이 바로 의미 하나치 읽기의 과학적 근거입니다. 하나치란 '수량을 수치로 나타낼 때 기초가 되는 일정한 기준(= 단위)'을 의미하는 순수한 우리말입니다. 글자 하나하나를 읽는 것이 아니라, 의미 있는 덩어리 단위로 읽는 것이지요. 마치 나무 한 그루 한 그루를 보는 것이 아니라 숲 전체를 보는 것처럼 말입니다.

이 장을 마치면 여러분은 다음을 할 수 있게 됩니다.

학습 목표

1. 뇌과학적 원리 이해
   왜 하나치로 읽어야 하는지, 뇌의 작동 방식을 과학적으로 이해합니다.
2. 3가지 나누기 원리 습득
   문법적, 의미적, 리듬적 경계를 찾아 하나치를 나눌 수 있습니다.
3. 수준별 훈련 실천
   자신의 수준에 맞는 하나치 크기를 찾고 단계적으로 크기를 키웁니다.
4. 자동화 달성
   의식하지 않아도 자연스럽게 하나치로 읽는 경지에 도달합니다.

이 장은 여러분의 독서를 완전히 바꿔놓을 것입니다. 단순히 빨리 읽는 것이 아니라 깊이 이해하면서도 효율적으로 읽는 진정한 독서의 기술을 배우게 될 것입니다.

자, 이제 의미 하나치 읽기의 비밀을 하나씩 풀어 보겠습니다.

뇌과학적 원리: 왜 하나치로 읽어야 할까?

1. 작업기억의 청킹(Chunking) 원리

여러분의 뇌는 놀라운 능력이 있지만 동시에 명확한 한계도 있습니다. 그중 하나가 바로 작업기억(Working Memory)의 용량입니다. 1956년 인지심리학의 아버지 조지 밀러(George Miller)가 발표한 유명한 '마법의 숫자 7±2' 이론은 우리가 한 번에 처리할 수 있는 정보가 5~9개 정도라는 것을 보여 주었습니다. 최신 뇌영상 연구는 이를 더욱 정교하게 밝혀냈습니다. 실제 작업기억 용량은 3~4개 정보 단위에 불과하다는 것이지요.

이 말을 들으면 '그럼 우리는 한 번에 3~4개밖에 기억 못 하는 건가?'라고 낙담할 수 있습니다. 그러나 여기에 희망이 있습니다. 바로 청킹(Chunking)입니다. 청킹이란 여러 개의 정보를 하나의 의미 있는 덩어리로 묶는 것입니다. 예를 들어 보겠습니다.

초보자의 읽기: ㄱㅗㄴㅏㅇ, ㅎㅏㅂ, ㅅㅓㅇ

(10개의 개별 정보 → 작업기억의 과부하)

전문가의 읽기: 광합성

(1개의 청크 → 작업기억 여유)

같은 정보라도 어떻게 처리하느냐에 따라 뇌의 부담이 전혀 다릅니다. 전문가는 10개의 낱자를 하나의 개념으로 묶어서 처리하기 때문에 작업기억에 여유가 생깁니다. 이 여유로운 공간에서 깊이 있는 이해와 창의적인 연결이 이루어집니다.

여러 독서 연구에서 흥미로운 결과가 나왔습니다. 같은 텍스트를 두 그룹에 주고 한 그룹은 글자 단위로 읽게 했고 다른 그룹은 의미 단위로 읽게 했습니다. 결과는 놀라웠습니다. 의미 단위로 읽은 그룹의 이해도가 현저히 높았고, 읽기 속도도 훨씬 빨랐습니다.

전문가와 초보자의 차이 = 청킹 능력의 차이

K-pop 노래를 떠올려 보세요. 여러분이 좋아하는 그룹의 노래가 흘러나오면, 단 몇 초만 들어도 '아, 이 노래다!'라고 알아차리죠. 그리고 그 순간 안무 포인트 동작까지 떠오르기도 합니다. 그런데 생각해 보면 신기합니다. 그 몇 초 안에 수십 개의 음표, 가사의 여러 글자, 여러 악기 소리가 동시에 들렸는데, 우리 뇌는 그걸 '하나의 노래'로 인식한 것이거든요. 어떻게 이것이 가능할까요?

재미있는 실험이 있습니다. 안무 연습 영상을 5초간 보여 준 뒤, 동작을 기억해서 따라 해 보라고 했습니다. K-pop 팬이나 댄스 동아리 학생은 영상을 보자마자 '후렴구 킬링 파트 직전의 빌드업 동작'이라고 인식하고 거의 정확하게 따라 했습니다. 반면 그 노래를 전혀 모르는 사람은 '손을 위로 올리고, 몸을 뒤틀고…'라며 동작을 하나하나 따로 외우려다 절반도 기억하지 못했습니다.

그런데 더 재미있는 반전이 있습니다. 여러 다른 노래의 안무 동작을 마구 섞어서 보여 주면? K-pop 전문가도 초보자만큼밖에 기억하지 못했습니다. 이유가 뭘까요? 전문가는 안무를 '노래의 흐름에 맞는 동작 덩어리'로 인식하기 때문입니다. '이 비트에서 이 동작으로 연결되는 패턴'처럼, 음악과 움직임을 하나의 의미 덩어리로 묶어서 기억한 것이죠. 하지만 무작위로 섞인 동작은 어떤 맥락도 없기에 덩어리로 묶을 수가 없었습니다.

독서도 똑같습니다. 숙련된 독자는 문장을 의미 있는 덩어리로 묶어서 읽습니다. 마치 K-pop 팬이 노래와 안무를 하나의 덩어리로 기억하듯이, 여러분도 문장을 '의미 하나치'로 묶어 읽으면 훨씬 쉽게 이해하고 기억할 수 있습니다.

초보 독자의 읽기

조선 시대에는 / 성리학이 / 지배적인 / 사상이었으나 / 실학사상이 / 등장하면서 / 실용적이고 / 현실적인 / 학문이 / 발달했다.

(10개의 조각 → 과부하로 혼란스러움)

숙련된 독자의 읽기

조선 시대에는 성리학이 지배적인 사상이었으나 / 실학사상이 등장하면서 / 실용적이고 현실적인 학문이 발달했다.

(3개의 의미 덩어리 → 부담이 없어 명확히 이해)

2. 언어 처리 영역의 협력 시스템

그렇다면 우리 뇌에서는 어떤 일이 벌어지는 걸까요? 최신 뇌영상 연구가 그 비밀을 밝혀냈습니다. 의미 하나치로 읽을 때, 우리 뇌의 세 가지 핵심 영역이 완벽한 협주곡을 연주합니다.

(1) 브로카 영역(Broca's area)

좌반구 전두엽 하부에 있는 이 영역은 문법 구조를 분석합니다. 주어, 서술어, 목적어를 구분하고 문장의 뼈대를 파악하죠.

(2) 베르니케 영역(Wernicke's area)

좌반구 측두엽 상부에 있는 이곳은 의미를 통합합니다. 각 부분의 의미를 하나로 연결해서 전체 메시지를 이해합니다.

(3) 각회(Angular gyrus)

두정엽과 측두엽이 만나는 곳에 있는 이 영역은 개념의 저장소 역할을 합니다. 새로운 정보를 기존 지식과 연결해 줍니다.

뇌영상 연구들에 따르면, 이 세 영역이 동시에 활성화될 때 최고의 이해력이 발휘된다고 합니다. 마치 오케스트라의 현악기, 관악기, 타악기가 조화를 이룰 때 아름다운 음악이 탄생하는 것처럼 말이지요. 더욱 놀라운 것은 의미 하나치로 읽을 때 이 세 영역 사이의 신경 연결이 일반적인 읽기보다 40% 더 활발해진다는 것입니다. 뇌가 마치 하나의 통합된 시스템처럼 작동하는 것이지요.

3. 예측 처리(Predictive Processing) 이론

우리 뇌의 또 다른 놀라운 능력은 바로 예측입니다. 한 대학 신경과학 연구 팀의 발표에 따르면 뇌는 단순히 들어오는 정보를 수동적으로 받아들이는 것이 아니라 다음에 이어질 내용을 적극적으로 예측한다고 합니다. 그리고 예측이 맞으면 도파민이 분비되어 재미와 만족감을 느끼게 됩니다. 흥미로운 점은 의미 덩어리로 읽으면 예측 정확도가 크게 향상된다는 것입니다. 왜 그럴까요? 예를 들어 보겠습니다.

'과학 기술이 발달하면서,' 이 하나치를 읽는 순간, 여러분의 뇌는 자동으로 예측합니다. '아마도 다음 문장에는 이에 따른 결과나 변화가 나오겠구나.' 그리고 실제로, '인간의 수명은 연장되었지만 동시에 새로운 환경 문제들이 나타나기 시작했다.'로, 문장이 진행됩니다. 여러분의 예측이 맞았습니다! 이때 뇌에서는 도파민이 분비되고 이 정보는 더욱 강하게 기억됩니다. 마치 퍼즐 조각을 맞췄을 때 느끼는 쾌감과 같습니다.

반면 글자를 하나하나 읽으면 이런 예측이 불가능합니다. 전체 그림을 볼 수 없으니까요. 다시 말해 의미 전체를 마무리할 수 없으니까, 결론을 내릴 수 없습니다. 결론이 나야 매듭이 지어지고 매듭이 지어져야 알아차림(인식)이 완성됩니다. 인식도 느낌도 결과로부터 얻어집니다. 하나하나 읽는 독서가 지루하고 힘든 이유가 바로 여기에 있습니다.

의미 하나치 읽기에 뇌과학이 전하는 메시지

지금까지 배운 뇌과학 원리를 정리해 보겠습니다.

작업기억의 한계: 우리는 한 번에 3~4개 정보만 처리 가능
청킹의 힘: 의미 덩어리로 묶으면 처리 용량이 기하급수적으로 증가
뇌 영역 협력: 세 가지 언어 영역이 조화롭게 작동할 때 최고 성능 발휘
예측 처리: 하나치 읽기로 예측력 향상 → 도파민 분비 → 재미와 기억력 증대

이제 여러분은 왜 의미 하나치로 읽어야 하는지 과학적으로 이해했습니다. 다음 절에서는 실제로 어떻게 하나치를 나누는지, 그 구체적인 방법을 배워 보겠습니다.

하나치 나누기의 3가지 원리

의미 하나치의 뇌과학적 원리를 이해했으니, 이제 실전입니다. 실제 텍스트를 어떻게 하나치로 나눌까요? 여기에는 세 가지 핵심 원리가 있습니다.

원리 1: 문법적 경계 찾기

첫 번째 원리는 가장 기본적이면서도 확실한 방법입니다. 바로 문장의 문법 구조를 따라 나누는 것입니다.

한국어 문장의 기본 구조는 '주어 + 목적어 + 서술어'입니다. 여기에 보어, 수식어 등이 더해집니다. 이런 문법적 단위를 경계로 하나치를 나누면 뇌가 가장 자연스럽게 처리할 수 있습니다.

예시 1: 기본형 문장

원문: 철수가 영희에게 생일 선물을 주었다.

하나치 나누기: [철수가] / [영희에게] / [생일 선물을 주었다]

뇌 처리 과정

첫 번째 하나치: 주인공 확인(누가?)

두 번째 하나치: 상대방(누구에게?)

세 번째 하나치: 행동 이해(무엇을 했나?)

이렇게 나누면 뇌는 각 정보를 순차적으로 처리하면서 전체 그림을 그려나갑니다.

예시 2: 복합형 문장

이제 조금 복잡한 문장을 봅시다.

원문: 조선 시대에는 성리학이 지배적인 사상이었으나 실학사상이 등장하면서 실용적이고 현실적인 학문이 발달했다.

이 문장은 하나치 크기에 따라 여러 방법으로 나눌 수 있습니다.

짧은 하나치(초급자용): 조선 시대에는 / 성리학이 / 지배적인 사상이었으나 / 실학사상이 등장하면서 / 실용적이고 현실적인 학문이 / 발달했다.

중간 하나치(중급자용): 조선 시대에는 성리학이 지배적인 사상이었으나 / 실학사상이 등장하면서 / 실용적이고 현실적인 학문이 발달했다.

긴 하나치(고급자용): 조선 시대에는 성리학이 지배적인 사상이었으나 실학사상이 등장하면서] / 실용적이고 현실적인 학문이 발달했다.

중요한 것은 자신의 작업기억 용량에 맞는 크기를 선택하는 것입니다. 무리하게 큰 하나치로 읽으려다가 이해를 놓치면 안 됩니다.

원리 2: 의미적 경계 찾기

두 번째 원리는 완결된 아이디어 단위로 나누는 것입니다. 문법보다는 의미에 초점을 맞춥니다.

예시 3: 과학 지문

원문: 광합성은 식물이 햇빛을 이용해 이산화탄소와 물로부터 포도당을 만드는 과정이다.

의미 중심 하나치: 광합성은 / 식물이 햇빛을 이용해 / 이산화탄소와 물로부터 / 포도당을 만드는 과정이다.

각 하나치의 의미 역할

하나치 1: 주제 소개(무엇에 관한 이야기인가?)

하나치 2: 에너지원 설명(어떤 힘을 사용하는가?)

하나치 3: 재료 설명(무엇을 가지고?)

하나치 4: 결과 설명(무엇이 만들어지는가?)

이렇게 의미 단위로 나누면, 각 하나치가 하나의 완결된 정보 조각이 됩니다. 마치 레고 블록처럼, 각 조각이 명확한 역할을 가지고 있어서 전체를 조립하기 쉽습니다.

의미적 경계를 찾는 질문들

이 부분은 무엇을 설명하는가?

여기서 새로운 정보가 시작되는가?

이 부분까지가 하나의 완결된 생각인가?

원리 3: 리듬 듣기 — 글 속의 리듬을 발견하기

세 번째 원리는 가장 감각적이고 직관적인 방법입니다. 바로 '글 속에 숨어 있는 리듬을 듣는 것'입니다. 우리가 음악을 들을 때 멜로디와 박자가 자연스럽게 느껴지듯이, 잘 쓰인 글에도 고유한 리듬이 있습니다. 이 리듬을 듣고 느끼는 능력을 키우면, 의미 덩어리가 저절로 보이기 시작합니다.

리듬 듣기의 뇌과학적 배경

청각피질과 언어의 비밀스러운 연결: 우리가 글을 '눈으로' 읽을 때도 뇌의 청각 영역이 함께 활성화된다는 사실을 아시나요? 이것을 내적 발화(subvocalization)라고 합니다. 묵독할 때도 우리 뇌는 마치 소리를 듣는 것처럼 처리합니다. 신경과학 연구에 따르면, 리듬감 있게 읽을 때 다음 영역들이 동시에 활성화됩니다.

- 청각피질: 소리와 리듬 처리
- 운동피질: 발화 리듬과 신체 동기화
- 해마: 장기기억 형성

이 세 영역이 함께 작동할 때, 기억력이 일반 읽기보다 크게 향상됩니다.

리듬은 왜 기억을 돕는가?

여러분은 좋아하는 노래 가사를 쉽게 외우지만, 같은 길이의 산문은 외우기 어려운 경험이 있을 것입니다. 이것은 뇌가 리듬 있는 정보를 운율 기억(prosodic memory)으로 저장하기 때문입니다.

운율 기억의 특징
- 장기기억으로 전환되기 쉬움
- 인출(떠올리기)이 빠름
- 감정과 연결되어 더 생생함

리듬 듣기의 기초: '강'과 '약' 이해하기

리듬 듣기를 배우기 전에, 먼저 알아야 할 것이 있습니다. 글을 소리 내어 읽을 때, 어떤 음절은 '강하게', 어떤 음절은 '약하게' 발음됩니다. 이것이 바로 글의 리듬을 만드는 기본 요소입니다.

직접 해 보기: '안녕하세요' "안녕하세요."를 평소처럼 말해보세요.

"안-녕-하-세-요." 느껴지시나요? 첫음절 '안'에 자연스럽게 힘이 들어갑니다. 나머지 음절들은 상대적으로 가볍게 발음되지요.

이것을 기호로 표현하면
-●=강하게 읽는 음절(힘을 주어)
-○=약하게 읽는 음절(가볍게)
●안- ○녕- ○하- ○세- ○요

이렇게 우리가 말할 때는 이미 리듬이 있습니다. 글을 읽을 때도 이 리듬을 느끼면 됩니다.

또 다른 예: "감사합니다."

감-사-합-니-다 = ●감- ○사- ○합- ○니- ○다

역시 첫음절 '감'에 힘이 들어가지요?

핵심 발견: 한국어에서는 보통 단어의 첫음절이나 의미상 중요한 음절에 강세가 옵니다.

리듬 듣기 3단계

1단계: 리듬 감지하기 - '글이 노래하는 소리를 들어 보세요.'

소리 내어 읽을 때 자연스럽게 숨을 쉬게 되는 지점, 목소리의 높낮이가 바뀌는 지점을 느껴보세요. 그곳이 바로 리듬의 경계입니다.

예시: 문학 지문

원문: 산은 옛 산이로되, 물은 옛 물이 아니로다.

따라 하기

① 천천히 소리 내어 읽어 보세요.

② 자연스럽게 숨을 쉬게 되는 곳이 어디인가요?

대부분 사람은 이렇게 읽습니다. '산은 옛 산이로되(여기서 숨) 물은 옛 물이 아니로다.'

③ 이번엔 강하게 읽히는 음절에 밑줄을 그어 보세요. '산은 옛 산이로되, 물은 옛 물이 아니로다.'

④ 리듬 패턴을 느껴 보세요. '●-○-●-○○○○/●-○-●-○○-○○○○'

마치 파도가 밀려왔다 빠지는 것 같은 리듬이 느껴지지 않나요?

2단계: 리듬 따라가기 - '몸으로 리듬을 느껴보세요.' 리듬을 머리로만 이해하면 금방 잊어버립니다. '몸으로 느껴야' 기억에 남습니다.

실습: 몸으로 리듬 익히기

문장: '인공지능 기술의 발달은'

① 먼저 강한 음절 찾기

천천히 읽으면서, 자연스럽게 힘이 들어가는 음절을 찾아보세요. 인-공-지-능/ 기-술-의/ 발-달-은 → '인', '기', '발'에서 목소리가 높아지거나 강해지는 것이 느껴지나요?

② 리듬 패턴 확인

음절	인	공	지	능	기	술	의	발	달	은
----	----	----	----	----	----	----	----	----	----	----
강/약	●	○	○	○	●	○	○	●	○	○

패턴: ●○○○ / ●○○ / ●○○

③ 몸으로 느끼기 - 3가지 방법

방법 A: 손뼉 치기

강한 음절(●)에서만 손뼉을 칩니다.

실제로 해 보세요:

- 👏 '인' (손뼉) → '공지능' (손뼉 없이)
- 👏 '기' (손뼉) → '술의' (손뼉 없이)
- 👏 '발' (손뼉) → '달은' (손뼉 없이)

방법 B: 무릎 두드리기

손뼉 대신 무릎을 가볍게 두드려도 됩니다. 도서관처럼 조용한 곳에서도 연습할 수 있어요.

- 🖐 '인' (무릎 탁) → '공지능'
- 🖐 '기' (무릎 탁) → '술의'
- 🖐 '발' (무릎 탁) → '달은'

방법 C: 고개 끄덕이기

강한 음절(●)에서 고개를 살짝 끄덕이세요. 마치 음악에 맞춰 고개를 흔드는 것처럼요.

핵심: 3가지 방법 중 자신에게 편한 것을 골라서 같은 문장을 5번 반복하세요. 리듬이 몸에 배기 시작합니다.

3단계: 리듬으로 나누기 - '리듬이 알려주는 경계를 따라가세요.'

리듬을 충분히 느꼈다면, 이제 그 리듬에 따라 자연스럽게 의미 덩어리를 나눌 수 있습니다.

핵심 원리: 강한 음절(●)이 나오는 곳이 새로운 의미 덩어리의 시작점입니다.

예시: 일상 문장

원문: 어제 도서관에서 만났던 친구가 나한테 재미있는 책을 소개해 주었어.

따라 하기

① 소리 내어 읽으면서 강한 음절 찾기: **어제 도**서관에서 **만**났던 **친**구가/ **나**한테 **재**미있는 **책**을/ **소**개해 **주**었어.

② 숨을 쉬는 곳 표시하기: 어제 도서관에서 만났던 친구가(숨) 나한테 재미있는 책을(숨) 소개해 주었어.

③ 하나치로 나누기: [어제 도서관에서 만났던 친구가] / [나한테 재미있는 책을] / [소개해 주었어.]

리듬을 따라가니 자연스럽게 의미 덩어리로 나누어졌지요?

텍스트 유형별 리듬과 클래식 음악 매칭

글의 종류에 따라 고유한 리듬이 있습니다. 마치 음악 장르가 다르듯이요. 각 텍스트 유형에 어울리는 클래식 음악을 함께 들으면, 리듬 감각을 더 빠르게 익힐 수 있습니다.

서정적 문학(시, 수필, 서정 소설)

리듬 특성: 유려하고 느린 흐름, 여운이 있는 호흡 박자: Adagio (아다지오, 느리게)

추천 음악

- 드뷔시 「달빛(Clair de Lune)」 - 몽환적이고 부드러운 흐름
- 사티 「짐노페디 1번(Gymnopédie No.1)」 - 명상적인 고요함

- 바흐 「G선상의 아리아」 - 깊고 평화로운 선율

예시 텍스트: 강물이 흐르듯 / 세월도 흘러가고 / 우리의 만남도 / 그렇게 스쳐 지나간다네.

논리적 설명문(교과서, 과학 글, 설명서)

리듬 특성: 규칙적이고 균형 잡힌 구조, 명료한 박자: Andante (안단테, 걷는 속도)

추천 음악

- 바흐 「프렐류드 C장조(평균율 클라비어 1권)」 - 질서정연한 아름다움
- 모차르트 「피아노 소나타 K. 545 1악장」 - 명쾌하고 논리적
- 비발디 「사계 - 봄 1악장」 - 생동감 있는 전개

예시 텍스트: 광합성은 / 식물이 햇빛을 이용해 / 이산화탄소와 물로부터 / 포도당을 만드는 과정이다.

긴장감 있는 서사(소설의 클라이맥스, 역사적 사건)

리듬 특성: 점층적으로 고조되는 역동적 흐름 박자: Allegro (알레그로, 빠르게)

추천 음악

- 비발디 「사계- 여름 3악장」 - 폭풍우 같은 긴장감
- 베토벤 「운명 교향곡 1악장」 - 극적인 전개
- 그리그 「페르귄트 모음곡- 산속 마왕의 궁전에서」 - 점점 고조되는 긴박감

예시 텍스트: 총소리가 울렸다 / 군중이 흩어졌고 / 역사는 그 순간 / 완전히 뒤바뀌었다.

성찰적 글(철학 에세이, 명상적 글)

리듬 특성: 사색적이고 여유로운, 깊은 호흡 박자: Largo (라르고, 매우 느리게)

추천 음악

- 바흐 「골드베르크 변주곡 - 아리아」 - 깊은 사색
- 헨델 「라르고(옴브라 마이 푸)」 - 장엄한 평화

- 알비노니 「아다지오」 - 깊은 감동

예시 텍스트: 우리가 진정으로 알 수 있는 것은/ 우리가 아무것도 모른다는 것뿐이다.

정보 전달문(뉴스, 보고서, 안내문)

리듬 특성: 명료하고 반복적, 핵심 전달에 집중 박자: Moderato (모데라토, 보통 속도)

추천 음악

- 하이든 「놀람 교향곡 2악장」 - 차분하고 명료
- 모차르트 「아이네 클라이네 나흐트무지크 2악장」 - 우아한 진행
- 바흐 「브란덴부르크 협주곡 3번 1악장」 - 활기차고 명쾌

예시 텍스트: 정부는 오늘 / 새로운 환경 정책을 발표했다 / 주요 내용은 / 탄소 배출 30% 감축이다.

3가지 원리의 통합 활용

실제 독서에서는 이 세 가지 원리를 상황에 맞게 조합해서 사용합니다.

텍스트 유형	주요 원리	보조 원리
과학/논리적 텍스트	문법적 + 의미적 경계	리듬 듣기
문학/감성적 텍스트	리듬 듣기 + 의미적 경계	문법적 경계
정보 전달 텍스트	문법적 + 의미적 경계	리듬 듣기

예를 들어, 같은 문장도 목적에 따라 다르게 나눌 수 있습니다.

원문: 한국의 전통 음식인 김치는 발효 과정을 통해 독특한 맛과 영양이 숙성된다.

분석적으로 읽기(문법 중심)

한국의 전통 음식인 / 김치는 / 발효 과정을 통해 / 독특한 맛과 영양이 / 숙성된다.

빠르게 핵심 파악(의미 중심)

한국의 전통 음식인 김치는 / 발효 과정을 통해 / 독특한 맛과 영양이 숙성된다.

암기를 위한 읽기(리듬 중심)

한국의 전통 음식인 김치는 발효 과정을 통해 / 독특한 맛과 영양이 숙성된다.

추천 음악: 바흐 「G선상의 아리아」를 떠올리며

핵심 원칙: 경직되지 말고 유연하게

핵심 원칙: 경직되지 말고 유연하게

하나치 나누기에는 정답이 없습니다. 중요한 것은

- 자신의 작업기억 용량에 맞게

- 텍스트의 특성에 맞게

- 읽기 목적에 맞게

위를 적용해서 유연하게 조절하는 것입니다. 처음에는 짧게 나누다가, 익숙해지면 점점 길게 나누면 됩니다. 마치 근력강화운동에서 무게를 점진적으로 늘리는 것처럼 말입니다.

실전 훈련:
단계별 하나치 나누기

이제 이론은 충분합니다. 실제로 하나치 나누기를 연습할 시간입니다. 이 절에서는 초급부터 고급까지, 단계별 훈련법을 제시합니다.

1. 기초 훈련(짧은 문장)

대상: 초급 독자, 중학교 1, 2학년 수준
하나치 크기: 5~7어절
훈련 시간: 하루 10분, 3일간

 **연습 1: 5어절 이하 문장**

다음 문장들을 '/' 표시로 나누어 보세요.
① 학생들이 운동장에서 축구한다.
　답: 학생들이 / 운동장에서 / 축구한다.
② 엄마가 부엌에서 요리하신다.
　답: 엄마가 / 부엌에서 / 요리하신다.
③ 비가 창문을 두드린다.
　답: 비가 / 창문을 / 두드린다.

따라 하기 방법

문장을 소리 내어 읽기

자연스럽게 끊어지는 곳에서 '/' 표시

각 하나치를 따로 말해 보기

전체를 다시 연결해서 읽기

점검 요소

각 하나치의 의미를 즉시 이해할 수 있나요?

전체 문장의 뜻이 명확하게 파악되나요?

하나치 간 연결이 자연스러운가요?

2. 중급 훈련(중간 문장)

대상: 중급 독자, 중학교 3학년, 고등학교 수준

하나치 크기: 8~12어절

훈련 시간: 하루 15분, 4일간

연습 2: 10어절 내외 문장

다음 문장들을 단계적으로 나누어 보세요.

① 한국의 전통 음식인 김치는 발효 과정을 통해 독특한 맛과 영양을 숙성한다.

1단계(짧은 하나치): 한국의 / 전통 음식인 / 김치는 / 발효 과정을 / 통해 / 독특한 맛과 / 영양을 / 숙성한다.

2단계(중간 하나치): 한국의 전통 음식인 김치는 / 발효 과정을 통해 / 독특한 맛과 영양을 숙성한다.

3단계(긴 하나치): 한국의 전통 음식인 김치는 발효 과정을 통해 / 독특한 맛과 영양을 숙성한다.

② 컴퓨터 기술의 발달로 우리의 생활방식이 크게 변화하고 있다.

중간 하나치: 컴퓨터 기술의 발달로 / 우리의 생활방식이 / 크게 변화하고 있다.

③ 환경 보호를 위해서는 개인의 노력과 함께 사회 전체의 관심이 필요하다.

중간 하나치: 환경 보호를 위해서는 / 개인의 노력과 함께 / 사회 전체의 관심이 필요하다.

연습 방법

먼저 짧은 하나치로 나누어 의미 파악

관련된 하나치들을 묶어서 중간 크기로 재구성

가능하면 더 큰 하나치로 통합

자신에게 가장 편한 크기 찾기

목표: 8~10어절을 3~4개 하나치로 자연스럽게 나누기

3. 고급 훈련(복합 문장)

대상: 고급 독자, 대학생 이상 수준

하나치 크기: 15어절 이상

훈련 시간: 하루 20분, 5일간

연습 3: 복문과 중문

① 19세기 말 조선이 외국과 수교를 맺게 되면서 서양 문물이 들어오기 시작했고 이는 조선 사회 전반에 큰 변화를 끼쳤다.

표면 구조(문법 중심)

19세기 말 조선이 외국과 수교를 맺게 되면서 / 서양 문물이 들어오기 시작했고 / 이는 조선 사회 전반에 큰 변화를 끼쳤다.

② 과학기술이 발달하면서 인간의 수명은 연장되었지만 동시에 새로운 환경 문제들이

나타나기 시작했다.

의미 구조(내용 중심)
과학기술 발달 → [긍정적 결과: 수명 연장] + [부정적 결과: 환경 문제]

논리 구조(관계 중심)
[원인] / [결과 1(긍정)] / [결과 2(부정)]

③ 학생들이 자기 주도적으로 학습할 수 있도록 교사는 단순히 지식을 전달하는 것이 아니라 학습자의 사고를 자극하는 질문을 던져야 한다.

고급 하나치: 학생들이 자기 주도적으로 학습할 수 있도록 / 교사는 단순히 지식을 전달하는 것이 아니라 / 학습자의 사고를 자극하는 질문을 던져야 한다.

고급 기법: 의미 층위별 나누기
원문: 과학기술이 발달하면서 인간의 수명은 연장되었지만 동시에 새로운 환경 문제들이 나타나기 시작했다.

단계 1 - 표면 구조(문법 중심): [과학기술이 발달하면서] / [인간의 수명은 연장되었지만] / [동시에 새로운 환경 문제들이] / [나타나기 시작했다.]

단계 2 - 의미 구조(내용 중심): [과학기술 발달] → [긍정적 결과: 수명 연장] + [부정적 결과: 환경 문제]

단계 3 - 논리 구조(관계 중심): [원인: 과학 발달] / [결과 1: 수명 증가] / [결과 2: 문제 발생]

숙련된 독자는 이 세 층위를 동시에 알아차립니다. 마치 음악을 들을 때 멜로디, 화음, 리듬을 동시에 느끼는 것처럼 말이지요.

뇌과학 기반 훈련법

이론을 배우고 연습도 했습니다. 이제 뇌과학 원리를 활용한 특별한 훈련법을 소개합니다. 이 방법들은 단순한 연습을 넘어 뇌의 여러 영역을 통합적으로 활성화해서 학습 효과를 극대화합니다.

1. 훈련법 1: 시각적 청킹 훈련
방법: 문장을 색깔별로 구분해 읽기

조선 시대에는 성리학이 지배적인 사상이었으나 실학사상이 등장하면서 실용적이고 현실적인 학문이 발달했다.

색깔 하나치

◎ [조선 시대에는 성리학이 지배적인 사상이었으나]

◉ [실학사상이 등장하면서]

● [실용적이고 현실적인 학문이 발달했다.]

뇌과학적 효과

시각피질과 언어 영역 동시 활성화

색깔 코딩으로 기억 인출 단서 제공

연구 결과: 기억력 향상에 도움이 됨

실천 방법

형광펜 3가지 색 준비(파랑, 빨강, 초록)

하나치마다 다른 색으로 밑줄

색깔별로 의미 역할 부여

  - 파랑: 배경/상황

  - 빨강: 변화/전환

  - 초록: 결과/결론

색깔을 떠올리며 내용 회상

2. 훈련법 2: 리듬 듣기 훈련

리듬을 느끼고 몸으로 익히는 구체적인 방법입니다.

훈련 2-1: 내 목소리로 리듬 발견하기

준비물: 연필, 아래 문장

문장: 인공지능 기술의 발달은

따라 하기

① 천천히 소리 내어 읽기: 문장을 아주 천천히, 또박또박 소리 내어 읽어 보세요.

② 강하게 읽히는 음절 찾기: 다시 읽으면서, 자연스럽게 힘이 들어가는 음절에 ● 표시 하세요. ●인-공-지-능/ ●기-술-의/ ●발-달-은, 느껴지시나요? '인', '기', '발'에서 자연스럽게 목소리가 높아지거나 강해집니다.

③ 리듬 패턴으로 정리하기

음절	인	공	지	능	기	술	의	발	달	은
----	----	----	----	----	----	----	----	----	----	----
강/약	●	○	○	○	●	○	○	●	○	○
패턴		●○○○				●○○			●○○	

훈련 2-2: 몸으로 리듬 느끼기

리듬을 머리로만 이해하면 금방 잊어버립니다. '몸으로 느껴야' 기억에 남습니다.

방법 A: 손뼉 치기

'인공지능 기술의 발달은'을 읽으면서, 강한 음절(●)에서만 손뼉을 칩니다.

실제로 해 보세요.

1. 👏 **인**(손뼉) → '공지능'(손뼉 없이 읽기)

2. 👏 **기**(손뼉) → '술의'(손뼉 없이 읽기)

3. 👏 **발**(손뼉) → '달은'(손뼉 없이 읽기)

방법 B: 무릎 두드리기

손뼉 대신 무릎을 가볍게 두드려도 됩니다. 도서관처럼 조용한 곳에서도 연습할 수 있어요.

1. 👆 **인**(무릎 탁) → '공지능'

2. 👆 **기**(무릎 탁) → '술의'

3. 👆 **발**(무릎 탁) → '달은'

방법 C: 고개 끄덕이기

강한 음절(●)에서 고개를 살짝 끄덕이세요. 마치 좋아하는 음악에 맞춰 고개를 흔드는 것처럼요.

핵심: 3가지 방법 중 편한 것을 골라 같은 문장을 5번 반복하세요. 리듬이 몸에 배기 시작합니다.

훈련 2-3: 음악과 함께 리듬 감각 키우기

클래식 음악을 활용하면 리듬 감각을 더 빠르게 익힐 수 있습니다.

준비물

- 스마트폰(유튜브나 음악 앱)

- 읽을 텍스트 1문단

따라 하기

① 음악 선택하기

텍스트 유형에 맞는 음악을 선택합니다.

- 설명문/교과서→ 유튜브에서 '모차르트 피아노 소나타 K. 545' 검색

- 시/수필→ 유튜브에서 '드뷔시 달빛' 검색

② 음악 듣기(1분)

음악을 틀고 '눈을 감고' 1분간 들으세요.

이때 박자에 맞춰 손가락으로 책상을 가볍게 두드리세요.

(쿵-쿵-쿵 또는 쿵-짝-쿵-짝)

③ 음악 끄고 리듬 유지하기(30초)

음악을 끕니다. 그러나 손가락 두드리기는 계속하세요. 머릿속에서 방금 들은 음악이 계속 흐르는 것처럼요.

④ 그 리듬으로 텍스트 읽기

손가락을 계속 두드리면서, 그 박자에 맞춰 텍스트를 읽어 보세요.

예시: (쿵) 광합성은(쿵) 식물이(쿵) 햇빛을 이용해,

신기하게도, 박자에 맞춰 읽으면 자연스럽게 의미 덩어리로 끊어집니다.

잘 안 되면?

음악 없이 먼저 문장을 3번 소리 내어 읽고, 그다음 음악과 함께 시도해 보세요.

훈련 2-4: 눈 감고 '내면의 소리' 듣기

우리는 글을 눈으로 읽을 때도, 머릿속에서 소리로 변환합니다. 이것을 '내적 발화'라고 해요. 마치 머릿속에 녹음기가 있어서 글을 재생하는 것과 같습니다. 이 내면의 소리에 집중하는 훈련입니다.

문장: 산은 옛 산이로되, 물은 옛 물이 아니로다.

따라 하기

① 소리 내어 읽기

문장을 한 번 소리 내어 읽으세요.

자신의 목소리를 잘 기억하세요. 어떤 높낮이로 읽었는지, 어디서 잠깐 쉬었는지.

② 눈 감고 떠올리기

눈을 감으세요. 방금 읽은 문장을 머릿속에서 다시 '들어' 보세요. 마치 녹음된 자기 목소리를 재생하는 것처럼요.

머릿속: '산은 옛 산이로되, 물은 옛 물이 아니로다.'

③ 끊어지는 곳 느끼기

머릿속에서 문장이 흐를 때, '잠깐 쉬게 되는 곳'이 어디인가요? 그곳이 바로 리듬의 경계입니다.

산은 옛 산이로되, (여기서 잠깐 쉼) 물은 옛 물이 아니로다.

④ 눈 뜨고 표시하기

눈을 뜨고, 느낀 경계에 '/'로 표시하세요. 산은 옛 산이로되/ 물은 옛 물이 아니로다.

잘 안 되면?

처음엔 어려울 수 있어요. 그럴 땐 '소리 내어 3번 더 읽고' 다시 시도하세요. 또는 눈을 감고 '입술만 움직이며' 읽어 보세요. 소리는 내지 않아도 됩니다.

3. 훈련법 3: 의미 청킹 훈련

방법: 각 하나치의 의미를 한 단어로 요약

[조선 시대에는 성리학이 지배적인 사상이었으나] → '기존상황'

[실학사상이 등장하면서] → '변화 시작'

[실용적이고 현실적인 학문이 발달했다] → '새로운 결과'

전체 이야기: 기존상황 → 변화 시작 → 새로운 결과

뇌과학적 효과

개념화 영역(각회전) 활성화

추상적 사고력 향상

정보 압축 능력 개발

실천 방법

각 하나치를 읽고 핵심 단어 1개 추출

단어들을 이야기로 연결

전체를 한 문장으로 요약

키워드만으로 내용 복원 연습

4. 훈련법 4: 다중 감각 통합 훈련

방법: 시각 + 청각 + 의미를 동시에 활용

보기(시각): 색깔 하나치 확인

듣기(청각): 리듬으로 읽기

생각하기(의미): 핵심 단어 추출

말하기(표현): 자신의 언어로 재구성

뇌과학적 효과

다중 감각 통합 네트워크 형성

전뇌 활성화(whole brain activation)

학습 효과 3배 이상 증가

5분 완성 일일 훈련 프로그램

Day 1~2: 문법 하나치 완성

- 간단한 문장 10개 준비

- 주어/서술어/목적어로 나누기

- 각 부분을 손가락으로 짚으며 읽기

- 자연스럽게 연결해서 읽기

Day 3~4: 의미 하나치 완성

- 중간 난이도 문장 10개 준비

- '하나의 완결된 생각' 단위로 나누기

- 각 하나치의 의미를 한 단어로 요약

- 전체 의미를 이야기로 연결

Day 5~7: 리듬 듣기 완성

- 복잡한 문장 10개 준비

- 강한 음절(●) 찾기 연습

- 손뼉/무릎/고개로 리듬 체화

- 텍스트 유형에 맞는 클래식 음악 선택

- 음악의 리듬감을 유지하며 읽기

수준별
하나치 나누기 기준

모든 사람의 작업기억 용량이 같지 않습니다. 나이, 경험, 배경지식에 따라 처리할 수 있는 하나치의 크기가 다릅니다. 여기서는 수준별로 적절한 하나치 크기와 목표를 제시합니다.

1. 초급자(중학교 1~2학년)

하나치 크기: 5~7어절
처리 방식: 문법적 경계 우선
목표: 한 번에 하나의 아이디어만 처리
예시: 식물이 햇빛을 받아 광합성을 한다.
→ 초급자 하나치: [식물이] / [햇빛을 받아] / [광합성을 한다]

훈련 요소
주어, 목적어, 서술어 구분하기
각 하나치의 역할 이해하기
천천히 정확하게 읽기

성공 기준
5어절 문장을 3개 하나치로 나눌 수 있다.
각 하나치의 의미를 설명할 수 있다.
전체 문장을 자신의 말로 바꿔 말할 수 있다.

2. 중급자(중학교 3학년 - 고등학교)

하나치 크기: 8~12어절
처리 방식: 의미적 경계 우선
목표: 인과관계나 시간 순서 고려
예시: 식물이 햇빛을 받아 광합성을 한다.
→ 중급자 하나치: [식물이 햇빛을 받아] / [광합성을 한다]

훈련 요소
관련된 정보들을 묶어서 처리
하나치 간 관계(원인-결과, 시간-순서) 파악
읽기 속도와 이해도 균형 맞추기

성공 기준
10어절 문장을 4~5개 하나치로 나눌 수 있다.
하나치 간의 관계를 설명할 수 있다.
핵심 내용을 한 문장으로 요약할 수 있다.

3. 고급자(대학생 이상)

하나치 크기: 15어절 이상
처리 방식: 논리적 구조 우선
목표: 복합적 관계 동시 고려
예시: 식물이 햇빛을 받아 광합성을 한다.
→ 고급자 하나치: [식물이 햇빛을 받아 광합성을 한다](전체를 하나로)

훈련 요소

복문/중문을 논리 구조로 분석

다층적 의미 동시 파악

빠른 속도로 깊이 있게 이해

성공 기준

15어절 이상 문장을 3~4개 하나치로 나눌 수 있다.

논리적 구조(원인-결과, 대조-비교)를 즉시 파악할 수 있다.

여러 층위의 의미를 동시에 이해할 수 있다.

4. 전문가(학자, 전문 독서가)

하나치 크기: 20어절 이상 문단 단위

처리 방식: 맥락과 논리의 통합적 파악

목표: 무의식적 자동화

예시: 복잡한 학술 문장도 순간적으로 구조 파악

전문가의 특징

하나치 나누기가 자동화되어 의식하지 않음

여러 문장을 하나의 단위로 처리

읽는 동시에 비판적 분석 수행

5. 레벨별 목표 설정

레벨 1(초보): 5어절 문장을 3개 하나치로 나누기

목표 기간: 1주

하루 연습: 10분

연습 문장: 10개

레벨 2(초급): 10어절 문장을 4~5개 하나치로 나누기

목표 기간: 2주

하루 연습: 15분

연습 문장: 15개

레벨 3(중급): 15어절 문장을 3~4개 하나치로 나누기

목표 기간: 3주

하루 연습: 20분

연습 문장: 20개

레벨 4(고급): 20어절 이상 문장을 2~3개 하나치로 나누기

목표 기간: 4주

하루 연습: 25분

연습 문장: 25개

레벨 5(전문가): 복문/중문을 논리 구조에 따라 자유자재로 나누기

목표 기간: 지속적 연습

하루 연습: 실제 독서 활동

연습 대상: 모든 텍스트

하나치 읽기 자동화: 무의식적 체득

지금까지 의미 하나치의 원리와 방법, 그리고 훈련법을 배웠습니다. 그러나 진정한 목표는 의식하지 않아도 저절로 하나치로 읽게 되는 것입니다. 이것이 바로 자동화(Automatization)입니다.

자동화의 뇌과학

신경과학 연구에 따르면, 어떤 기술이 자동화되려면 다음 세 단계를 거친다고 합니다.

1단계: 의식적 노력(Conscious Effort)

뇌의 전전두피질이 활발히 작동

많은 집중력과 에너지 소모

느리고 정확함을 추구

하나치 나누기를 의식적으로 실천

2단계: 연합 형성(Associative)

반복을 통해 신경 회로 강화

점차 자동화 시작

속도 증가, 노력 감소

자연스럽게 하나치가 보이기 시작

3단계: 자동화(Autonomous)

기저핵(basal ganglia)으로 제어 이전

의식적 노력 거의 불필요

빠르고 정확함, 동시 달성

저절로 하나치로 읽어짐

핵심 발견: 평균 3~4주간 하루 15분씩 의식적으로 연습하면 2단계에 도달하고 2~3개월 지속하면 3단계 자동화가 이루어진다고 합니다.

자동화 달성을 위한 4주 프로그램
1주 차: 의식적 집중
목표: 하나치 나누기 기본 원리 체득
방법: 짧은 문장 10개씩 매일 연습
점검: 문법적 경계를 정확히 찾을 수 있는가?
2주 차: 유형 인식
목표: 문장 구조 유형 익히기
방법: 다양한 유형 문장 15개씩 연습
점검: 비슷한 구조가 보이는가?
3주 차: 속도 향상
목표: 빠르게 하나치 나누기
방법: 시간 재며 20개씩 연습
점검: 이해도를 유지하며 속도가 빨라졌는가?
4주 차: 자연스러운 적용
목표: 실제 독서에 적용
방법: 관심 있는 책을 하나치로 읽기
점검: 의식하지 않아도 하나치가 보이는가?
자동화 성공 신호
다음 신호들이 나타나면 자동화에 성공한 것입니다
인지적 신호
글을 읽으면 자동으로 의미 덩어리가 보임
각 하나치의 핵심이 즉시 파악됨

하나치 간의 관계가 자연스럽게 연결됨
전체 내용이 하나의 이야기로 이해됨
정서적 신호
독서가 훨씬 편안해짐
읽는 재미가 증가함
긴 문장도 두렵지 않음
자신감이 생김
행동적 신호
읽기 속도가 자연스럽게 빨라짐
이해도가 동시에 향상됨
더 오래 집중할 수 있음
다양한 텍스트에 쉽게 적용함

자동화 유지 전략

자동화에 성공했다고 끝이 아닙니다. 지속적으로 유지하고 발전시켜야 합니다.

전략 1: 다양한 텍스트 도전

익숙한 분야에서 → 낯선 분야로

쉬운 텍스트에서 → 어려운 텍스트로

짧은 글에서 → 긴 글로

전략 2: 메타인지 활용

자신의 하나치 나누기를 관찰

잘된 부분과 개선할 부분 파악

지속적으로 조정하고 발전

전략 3: 습관화

모든 읽기에 하나치 적용

SNS 짧은 글도 연습 기회로
일상 대화에서도 의미 덩어리 의식

최종 목표: 읽기의 달인
진정한 하나치 읽기 마스터는 다음을 할 수 있습니다.

수준별 자유 전환
상황에 따라 하나치 크기 조절
빠른 훑어보기: 정밀 읽기 자유 전환
텍스트 특성에 맞는 최적 전략 선택

다충적 동시 처리
문법 구조 파악
의미 관계 이해
논리 흐름 추적
리듬 느끼기
이 모든 것을 동시에 수행

창의적 재구성
저자의 하나치 넘어서기
자신만의 의미 연결 만들기
비판적이고 창조적인 독서

실전 점검 및 자가 진단

하나치 나누기 실력 점검 리스트
기초 능력(5점 만점)
- 문장을 보자마자 자연스럽게 '/' 위치가 보인다. (1점)
- 각 하나치의 의미를 즉시 파악할 수 있다. (1점)
- 하나치 간의 관계(순서, 인과, 대조 등)를 안다. (1점)
- 전체 문장의 핵심 메시지를 한 문장으로 요약할 수 있다. (1점)
- 읽는 속도가 빨라지면서도 이해도가 높아졌다. (1점)
중급 능력(5점 만점)
- 10어절 이상 문장을 3~4개 하나치로 나눌 수 있다. (1점)
- 복문/중문의 논리 구조를 즉시 파악한다. (1점)
- 텍스트 유형에 따라 하나치 전략을 바꿀 수 있다. (1점)
- 읽으면서 동시에 비판적 사고를 할 수 있다. (1점)
- 다른 사람에게 하나치 나누기를 가르칠 수 있다. (1점)
고급 능력(5점 만점)
- 20어절 이상 복잡한 문장도 쉽게 처리한다. (1점)
- 하나치 나누기가 완전히 자동화되었다. (1점)
- 여러 문장/문단을 하나의 단위로 볼 수 있다. (1점)
- 저자의 논리 구조를 재구성할 수 있다. (1점)
- 하나치를 활용해 글쓰기도 향상되었다. (1점)
점수 해석
- 12~15점: 완성 레벨 - 완벽한 체득
- 8~11점: 고급 레벨 - 거의 완성 단계
- 5~7점: 중급 레벨 - 꾸준한 연습 필요
- 1~4점: 초급 레벨 - 기초부터 차근차근

1. 수준별 처방전

(1) 초급 레벨(1~4점)

현재 상태: 기본 원리는 이해했으나 실천이 부족

처방

매일 5어절 이하 문장 10개 연습

문법적 경계 찾기 집중

소리 내어 읽으며 하나치 확인

2주간 지속 후 재점검

(2) 중급 레벨(5~7점)

현재 상태: 기본은 되지만 자동화 미흡

처방

10어절 문장으로 난이도 높여가기

의미적 경계 찾기 연습

다양한 텍스트 유형 도전

3주간 집중 훈련

(3) 고급 레벨(8~11점)

현재 상태: 상당한 수준, 완성 단계

처방

복문/중문 논리 구조 분석

빠른 속도로 읽기 연습

실제 책 읽기에 적용

1개월간 다양한 장르 도전

(4) 완성 레벨(12~15점)

현재 상태: 완벽한 체득

처방

더 어려운 학술 텍스트 도전

외국어 텍스트에도 적용

다른 사람 가르치기

글쓰기에도 하나치 활용

2. 진단 테스트: 실전 문장 분석

다음 문장들로 자신의 실력을 시험해 보세요.

테스트 1(초급)

여름 방학 동안 나는 도서관에서 역사책을 많이 읽었다.

→ 모범 답안: 여름 방학 동안 / 나는 도서관에서 / 역사책을 많이 읽었다.

테스트 2(중급)

21세기 들어 인공지능 기술이 급속도로 발전하면서 우리 사회의 많은 영역에서 혁신적인 변화가 일어나고 있다.

→ 모범 답안: 21세기 들어 인공지능 기술이 급속도로 발전하면서 / 우리 사회의 많은 영역에서 / 혁신적인 변화가 일어나고 있다.

테스트 3(고급)

기후 변화에 대응하기 위해서는 정부의 정책적 노력뿐만 아니라 기업의 사회적 책임과 개인의 일상적 실천이 조화롭게 결합해야 지속 가능한 미래를 만들 수 있다.

→ 모범 답안: 기후 변화에 대응하기 위해서는 / 정부의 정책적 노력뿐만 아니라 기업의 사회적 책임과 개인의 일상적 실천이 조화롭게 결합해야 / 지속 가능한 미래를 만들 수 있다.

(1) 채점

채점 기준

정확한 의미 경계 찾기: 각 3점

논리적 흐름 파악: 각 2점

총점: 15점 만점

점수 해석

12~15점: 우수! 해당 레벨 완성

8~11점: 양호, 조금 더 연습 필요

7점 이하: 기초 훈련으로 돌아가기

(2) 개인별 맞춤 학습 계획

진단 결과를 바탕으로 자신만의 학습 계획을 세워 보세요.

나의 현재 레벨:

목표 레벨:

목표 달성 기간:

3. 주간 학습 계획

월요일: 기초 문장 10개 분석

화요일: 중급 문장 10개 분석

수요일: 색깔 하나치 훈련

목요일: 리듬 듣기 훈련 + 클래식 음악 감상

금요일: 실전 텍스트 적용

토요일: 종합 복습 및 점검

일요일: 자유 독서(하나치 적용)

4. 장 마무리: 통합 정리 및 다음 단계 핵심 내용 총정리

이 장에서 우리는 의미 하나치 읽기의 모든 것을 배웠습니다. 마지막으로 핵심을 정리하겠습니다.

뇌과학적 원리
작업기억은 3~4개 정보만 처리 가능
청킹으로 처리 용량 기하급수적 증가
브로카-베르니케-각회 삼각 협력이 핵심
예측 처리로 도파민 분비 → 재미와 기억력 증대

3가지 나누기 원리
문법적 경계: 주어/목적어/서술어 구분
의미적 경계: 완결된 아이디어 단위
리듬 경계: 자연스러운 호흡과 리듬

수준별 전략
초급: 5~7어절, 문법 중심
중급: 8~12어절, 의미 중심
고급: 15어절 이상, 논리 중심
전문가: 무의식적 자동화

훈련법
시각적 청킹(색깔 코딩)
리듬 듣기(강/약 찾기 → 몸으로 느끼기 → 음악과 함께)
의미 청킹(핵심 단어)
다중 감각 통합

자동화 종합계획

1단계: 의식적 노력(1주)

2단계: 연합 형성(2~3주)

3단계: 완전 자동화(2~3개월)

실천을 위한 5가지 약속

의미 하나치 읽기를 완전히 체득하기 위해 다음을 약속하세요.

매일 15분간 연습

바쁜 하루에도 15분은 투자 꾸준함이 재능을 이길 수 있다.

모든 읽기에 적용

책뿐만 아니라 뉴스, SNS, 메시지도, 일상이 연습장이다.

자신의 속도 존중

남과 비교하지 않기: 어제의 나보다 오늘의 나가 더 나아지기

메타인지 활용

자신의 읽기 과정 관찰: 지속적으로 조정하고 개선

즐기기

하나치 찾기를 게임처럼: 발견의 기쁨 즐긴다.

다음 장으로의 연결

의미 하나치 읽기에 숙달된 여러분은 이제 개념 기반 독서법의 가장 중요한 기초를 다졌습니다.

다음 6장 '텍스트 유형별 맞춤 독서법'에서는 이 하나치 읽기 기술을 다양한 종류의 텍스트에 어떻게 적용하는지 배우게 됩니다.

문학 텍스트: 감정과 상상을 하나치로 묶기

논리적 텍스트: 논증 구조를 하나치로 분석하기

정보 텍스트: 핵심 정보를 하나치로 추출하기

디지털 텍스트: 파편화된 정보를 하나치로 통합하기

하나치 읽기는 모든 독서의 기초입니다. 이것을 완벽하게 체득하면, 어떤 텍스트든 쉽고 빠르게, 그러면서도 깊이 있게 읽을 수 있습니다.

마지막 당부

의미 하나치 읽기는 단순한 기술이 아닙니다. 뇌가 정보를 처리하는 방식에 맞춘 과학적인 독서법입니다. 처음에는 어색하고 느릴 수 있습니다. 그러나 포기하지 마세요. 3주만 꾸준히 연습하면 분명히 변화를 느낄 것입니다. 글이 달리 보이기 시작하고 독서가 즐거워지며 학습 효과가 배가될 것입니다.

여러분의 뇌는 이미 준비되어 있습니다. 이제 필요한 것은 올바른 방법과 꾸준한 실천뿐입니다. 여러분은 할 수 있습니다! 지금 당장, 이 문장부터 하나치로 읽어 보세요. 그리고 내일도 모레도 계속하세요. 어느새 여러분은 의미 하나치 읽기의 달인이 되어 있을 것입니다.

부록: 빠른 참고 자료

하나치 나누기 핵심 원칙 요약

원칙 1: 문법 경계
주어 / 목적어 / 서술어
수식어구 / 접속사

원칙 2: 의미 경계
하나의 완결된 생각
원인 / 결과
배경 / 전개 / 결말

원칙 3: 리듬 듣기
- 강한 음절(●)과 약한 음절(○) 구분하기
- 강한 음절이 나오는 곳 = 새로운 덩어리의 시작
- 자연스럽게 숨 쉬는 곳 = 리듬의 경계
- 텍스트 유형별 클래식 음악 활용

텍스트-음악 매칭 빠른 참조표

텍스트 유형	리듬 특성	추천 클래식 음악
서정적 문학	느리고 유려함	드뷔시 「달빛」, 사티 「짐노페디」
논리적 설명	규칙적, 명료함	바흐 「프렐류드 C장조」, 모차르트 「K.545」
긴장감 서사	빠르고 역동적	비발디 「사계-여름」, 베토벤 「운명」
성찰적 글	매우 느림	바흐 「골드베르크 변주곡」
정보전달	보통 속도	하이든 「놀람 교향곡」

리듬 듣기 훈련 요약

훈련 2-1: 내 목소리로 리듬 발견하기

1. 천천히 소리 내어 읽기
2. 강하게 읽히는 음절에● 표시
3. 리듬 패턴 확인(●○○○ / ●○○ 등)

훈련 2-2: 몸으로 리듬 느끼기

- 방법 A: 강한 음절에서 손뼉 치기
- 방법 B: 강한 음절에서 무릎 두드리기
- 방법 C: 강한 음절에서 고개 끄덕이기
- 같은 문장 5번 반복

훈련 2-3: 음악과 함께

텍스트 유형에 맞는 음악 선택
1분간 듣고 손가락으로 박자 두드리기
음악 끄고 박자 유지하며 읽기

훈련 2-4: 눈 감고 내면의 소리 듣기

소리 내어 읽고 목소리 기억하기
눈 감고 머릿속에서 '재생'
끊어지는 곳 느끼기
눈 뜨고 '/' 표시

긴급 처방: 막힐 때 이렇게

문제 1: 하나치가 너무 길어요

해결: 더 잘게 나누기
방법: 문법적 경계부터 찾기
목표: 각 하나치 7어절 이하

문제 2: 하나치가 너무 많아요

해결: 관련된 것끼리 묶기

방법: 의미적 연결 찾기

목표: 전체 3~5개 덩어리로

문제 3: 경계를 못 찾겠어요

해결: 소리 내어 읽기

방법: 자연스럽게 끊어지는 곳 표시

목표: 호흡 경계부터 익히기

문제 4: 이해가 안 돼요

해결: 더 천천히 읽기

방법: 각 하나치를 자신의 말로 바꾸기

목표: 의미 파악 우선, 속도는 나중에

문제 5: 리듬이 안 느껴져요

해결: '안녕하세요'부터 시작

방법: 익숙한 인사말로 강/약 패턴 익히기

그다음: 클래식 음악 1분 듣고 텍스트 읽기

문제 6: 강한 음절을 못 찾겠어요

해결: 과장해서 읽기

방법: 일부러 첫음절을 크게 읽어보기

자연스러운 강세가 느껴지면 그것이 정답

일일 점검 리스트

아침(5분)

뉴스 헤드라인 5개 하나치로 읽기

어제 연습 내용 복습

점심(5분)

읽고 있는 책 1문단 분석

하나치 나누기 연습

저녁(5분)

오늘 배운 내용 하나치로 정리

내일 목표 설정

(선택) 클래식 음악 들으며 하루 마무리

총 15분 투자로 독서 혁명

격려의 말: '천 리 길도 한 걸음부터'

여러분이 지금 배우고 있는 의미 하나치 읽기는 평생 써먹을 수 있는 강력한 도구입니다. 지금 당장은 어색하고 불편할 수 있습니다. 그러나 자전거 타기를 배울 때를 떠올려 보세요. 처음엔 넘어지고 비틀거렸지만, 이제는 생각하지 않아도 탈 수 있지 않나요?

하나치 읽기도 마찬가지입니다. 3주 후 여러분은 달라져 있을 것입니다. 3개월 후 주변 사람들이 여러분의 변화를 알아볼 것입니다. 3년 후 여러분은 이 기술이 인생을 바꿨다고 말할 것입니다.

자, 지금 시작하세요. 그리고 절대 포기하지 마세요.

| 참고 문헌 |

1. 작업기억과 청킹

- Miller, G. A. (1956). The magical number seven, plus or minus two: Some limits on our capacity for processing information. Psychological Review, 63(2), 81-97.

  ※ 인지심리학의 고전으로, 인간의 단기기억 용량이 7±2개 항목으로 제한된다는 '마법의 숫자' 이론을 제시한 논문입니다. 청킹(chunking) 개념의 기초가 되었습니다.

2. Cowan, N. (2001). The magical number 4 in short-term memory: A reconsideration of mental storage capacity. Behavioral and Brain Sciences, 24(1), 87-114.

  ※ 밀러의 이론을 재검토하여, 실제 작업기억의 핵심 용량은 3~4개 항목에 가깝다는 것을 제안한 연구입니다.

3. 언어 처리와 뇌 영역

- Friederici, A. D. (2011). The brain basis of language processing: From structure to function. Physiological Reviews, 91(4), 1357-1392.

  ※ 브로카 영역, 베르니케 영역 등 언어 처리에 관여하는 뇌 영역들의 기능과 상호작용을 종합적으로 정리한 리뷰 논문입니다.

- Price, C. J. (2012). A review and synthesis of the first 20 years of PET and fMRI studies of heard speech, spoken language and reading. NeuroImage, 62(2), 816-847.

  ※ 20년간의 뇌영상 연구를 종합하여 읽기, 듣기, 말하기에 관여하는 뇌 영역들을 정리한 연구입니다.

4. 예측 처리 이론

- Clark, A. (2013). Whatever next? Predictive brains, situated agents, and the future of cognitive science. Behavioral and Brain Sciences, 36(3), 181-204.

  ※ 뇌가 정보를 예측적으로 처리한다는 "예측 처리(Predictive Processing)" 이론의 핵심 논문입니다.

- Kuperberg, G. R., & Jaeger, T. F. (2016). What do we mean by prediction in language comprehension? Language, Cognition and Neuroscience, 31(1), 32-59.

  ※ 언어 이해 과정에서 예측이 어떻게 작동하는지를 설명한 연구입니다.

5. 리듬과 기억

- Patel, A. D. (2008).Music, Language, and the Brain. Oxford University Press.

※ 음악과 언어의 뇌 처리 과정의 유사성을 탐구한 종합서로, 리듬이 기억과 학습에 미치는 영향을 다룹니다.

- Tierney, A., & Kraus, N. (2013). The ability to move to a beat is linked to the consistency of neural responses to sound. Journal of Neuroscience, 33(38), 14981-14988.

※ 리듬 감각과 청각 처리 능력의 신경과학적 연관성을 밝힌 연구입니다.

6. 읽기와 운율

- Schreiber, P. A. (1991). Understanding prosody's role in reading acquisition. Theory Into Practice, 30(3), 158-164.

※ 운율(prosody)이 읽기 학습에서 어떤 역할을 하는지 설명한 연구입니다.

- Kuhn, M. R., & Stahl, S. A. (2003). Fluency: A review of developmental and remedial practices. Journal of Educational Psychology, 95(1), 3-21.

※ 읽기 유창성의 발달과 훈련 방법을 종합적으로 정리한 논문입니다.

7. 내적 발화(Subvocalization)

- Perrone-Bertolotti, M., Rapin, L., Lachaux, J. P., Baciu, M., & Lœvenbruck, H. (2014). What is that little voice inside my head? Inner speech phenomenology, its role in cognitive performance, and its relation to self-monitoring. Behavioural Brain Research, 261, 220-239.

※ 내적 발화(inner speech)의 현상과 인지적 역할을 종합적으로 정리한 연구입니다.

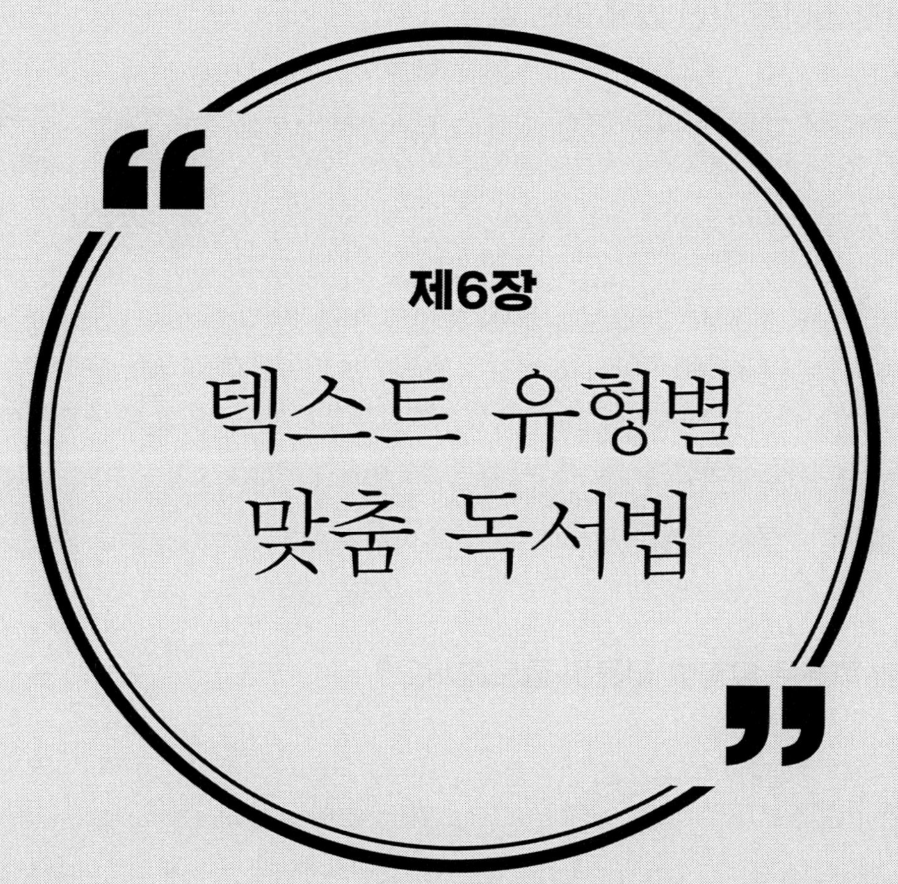
제6장
텍스트 유형별
맞춤 독서법

1. 어떤 글이든 자신 있게 읽는 힘

여러분은 4장에서 개념 기반 독서법의 기본 5단계를 익히고, 5장에서 의미 하나치 읽기를 숙달시켰습니다. 마치 악기의 기본기를 익힌 연주자가 다양한 장르의 음악에 도전할 준비가 된 것처럼 여러분도 이제 어떤 종류의 글이든 자신 있게 접근할 수 있는 단계에 이르렀습니다.

뇌영상 기술을 활용한 여러 실험에서, 텍스트 유형에 따라 뇌의 활성화 패턴이 다르게 나타난다는 것이 관찰되고 있습니다. 이것은 단순히 '열심히 읽기'만으로는 부족하며 각 텍스트의 특성에 맞는 맞춤형 독서가 필요함을 의미합니다. 마치 요리할 때 재료에 따라 조리법을 달리하는 것처럼 독서에서도 텍스트 유형에 따라 색다른 전략적 접근이 필요합니다.

2. 왜 텍스트 유형별 접근이 중요할까요?

혹시 이런 경험이 있었나요? 소설은 술술 읽히는데 논문은 머리가 아프거나 실용서는 이해가 잘 되는데 시는 도무지 감이 오지 않는다거나 하는 것 말입니다. 이것은 여러분의 독서 실력이 부족해서라기보다 텍스트마다 요구하는 인지적 처리 방식이 다르기 때문입니다. 2장에서 살펴본 뇌의 구조를 떠올려 보세요. 문학 텍스트를 읽을 때는 감정을 처리하는 변연계(2장에서 배운 '감정의 중심지')와 언어를 담당하는 좌뇌 영역이 함께 활성화됩니다. 반면 논리적 텍스트를 읽을 때는 전전두피질(2장에서 배운 '뇌의 사령탑')의 추론 영역이 집중적으로 활성화됩니다. 즉, 같은 '읽기'라도 뇌에서는 완전히 다른 방식으로 처리하고 있다는 것입니다.

이 장을 마치고 나면 여러분은 다음과 같은 능력을 갖추게 됩니다.

학습 목표

1. 6가지 주요 텍스트 유형의 특성을 정확히 파악하고 최적화된 읽기 전략을 구사할 수 있습니다.
2. 4~5장에서 배운 5단계 방법론과 의미 하나치 읽기를 텍스트 유형에 맞춰 유연하게 적용할 수 있습니다.
3. 처음 접하는 텍스트라도 그 유형을 빠르게 판별하고 적절한 전략을 선택할 수 있습니다.
4. 자신의 텍스트 유형별 강, 약점을 파악하고 체계적으로 보완할 수 있습니다.
5. 복잡한 텍스트도 유형별로 분해해 효과적으로 이해할 수 있습니다.

우리가 일상에서 접하는 모든 글은 각각 고유한 목적과 구조를 갖추고 있습니다. 마치 서로 다른 악기들이 각각의 특성과 연주법을 갖고 있는 것처럼 말입니다. 이제 여러분과 함께 이 다양한 텍스트의 세계를 탐험해 보겠습니다.

문학 텍스트: 감정과 상상의 개념화 – 문학 읽기의 특별함

여러분은 소설을 읽으면서 주인공과 함께 웃고 울어 본 경험이 있을 것입니다. 혹은 시 한 편이 마음속에 깊숙이 와닿아서 오랫동안 여운이 남았던 적도 있을 것입니다. 이처럼 문학 텍스트는 다른 어떤 글보다도 우리의 감정과 상상력을 자극합니다.

문학 인지학 연구에 따르면 문학 텍스트를 읽을 때는 뇌에서 일반적인 언어 처리 영역뿐만 아니라 감정 처리를 담당하는 변연계와 상상력을 관장하는 우뇌 영역이 동시에 활성화된다고 합니다. 변연계는 뇌의 깊숙한 곳에 있는 '감정 조절실[1])'과 같은 곳입니다. 기쁨, 슬픔, 두려움, 설렘 같은 감정을 느끼게 해주는 부위죠. 소설을 읽으며 주인공과 함께 울고 웃을 수 있는 것은 바로 이 변연계가 활발하게 작동하기 때문입니다. 인지과학자들의 연구 결과를 보면, 문학 텍스트를 읽을 때는 뇌에서 언어 처리 영역뿐만 아니라 감정을 담당하는 변연계와 상상력을 관장하는 영역이 함께 활성화됩니다. 변연계는 뇌의 깊숙한 곳에 있는 '감정 조정실'과 같은 곳으로, 기쁨, 슬픔, 두려움 같은 감정을 느끼게 해 주는 부위입니다. 이는 문학 독서가 단순한 정보 습득이 아닌 총체적으로 인간의 삶을 경험하는 과정임을 의미합니다.

---

1) 우리말에는 없는 표현이지만 비유적으로 표현하면 우리 뇌의 앞부분(이마 바로 뒤)에는 마치 감정을 조절해 주는 영역이 있습니다. 이곳에서 하는 일은 다음과 같습니다.
   (1) 갑자기 화가 치밀어 오를 때 '잠깐, 먼저 생각 좀 해보자.'라고 브레이크(brake)를 걸어 줍니다.
   (2) 재미있는 영상을 보고 싶은 충동이 생길 때 "지금은 공부할 시간이야."라고 알려 줍니다.
   (3) 불안하거나 짜증이 날 때 감정의 볼륨을 적당히 낮춰줍니다.

1. 문학 텍스트의 핵심 개념들

문학 텍스트를 개념 기반으로 읽기 위해서는 다음과 같은 문학적 개념들을 이해해야 합니다.

주제(Theme): 작품이 전달하고자 하는 핵심 메시지나 사상

갈등(Conflict): 등장인물 간, 또는 인물과 환경, 상황 간의 대립 구조

상징(Symbol): 구체적인 사물이나 행위로 추상적 의미를 표현하는 기법

화자(Narrator): 이야기를 전달하는 목소리의 주체

분위기(Mood): 작품이 만들어 내는 전체적인 정서적 어조

(1) 문학 텍스트를 위한 5단계 변주법

4~5장에서 배운 기본 5단계를 문학 텍스트에 맞게 어떻게 조정할 수 있을까요?

1단계: 텍스트 스캔(scan) → 문학적 분위기 감지

일반 텍스트에서는 제목과 구조를 파악했다면, 문학에서는 장르, 어조, 분위기를 먼저 감지합니다. 마치 음악을 듣기 전에 장르가 재즈인지 클래식인지 파악하는 것과 같습니다.

2단계: 핵심 질문 설정 → 문학적 호기심 자극

이 작품의 주제는 무엇일까? 주인공의 내적 갈등은 무엇일까? 작가가 이 상징을 통해 말하고자 하는 것은? 등 문학적 호기심을 자극하는 질문들을 설정합니다.

3단계: 능동적 읽기 → 감정 이입과 분석적 읽기의 균형

문학에서는 감정적 몰입과 분석적 사고를 균형 있게 활용합니다. 마음으로는 인물의 감정에 공감하면서 머리로는 작가의 기법과 의도를 분석합니다.

4단계: 개념 연결 → 문학적 요소들의 유기적 관계 파악

등장인물, 배경, 갈등, 주제 등이 어떻게 서로 연결되어 하나의 완결된 세계를 만들어 내는지 파악합니다.

5단계: 통합과 응용 → 문학적 감동의 내재화

작품에서 얻은 감동과 깨달음을 자신의 경험과 연결하고 삶의 지혜로 내재화합니다.

(2) 실습: 단편 소설로 문학적 독서법 체험하기

다음은 가상의 단편 소설 도입부입니다.

비가 내리던 그날 밤 미리는 오래된 일기장을 발견했다. 노란빛으로 바랜 종이 위에는 어린 시절 자신의 꿈들이 또박또박 적혀 있었다. '나는 커서 새들처럼 자유롭게 하늘을 날고 싶다.' 스물여덟 살이 된 지금 그녀는 좁은 사무실 칸막이 안에서 하루 종일 컴퓨터 모니터만 바라보고 있다.

1단계 적용: 현실과 이상의 대비, 회상과 현재의 교차라는 문학적 기법이 느껴집니다.

2단계 적용: 미리의 꿈은 왜 이루어지지 못했을까? 일기장의 발견이 그녀에게 어떤 변화를 불러올까? 와 같은 문학적 질문을 설정합니다.

3단계 적용: 꿈을 잃고 살아가는 현대인에 대한 공감과 함께 작가가 사용한 대조법을 분석적으로 관찰합니다.

2. 문학 텍스트 읽기의 특화 전략

여러 심리학 연구에서 문학 작품을 꾸준히 읽는 사람들이 타인의 감정을 더 잘 이해하고 공감하는 경향이 있다는 결과가 나타났습니다. 이러한 효과를 극대화하기 위한 특화 전략들을 다음과 같이 소개합니다.

감정 일기 작성법: 작품을 읽으며 느낀 감정의 변화를 실시간으로 기록하고 그 감정이 왜 생겨났는지 분석해 보세요.

등장인물 관계도 그리기: 복잡한 인물 관계를 시각적으로 정리하면 작품의 갈등 구조가 명확해집니다.

상징 사전 만들기: 작품에 등장하는 상징적 요소들을 정리하고 그 의미를 탐구해 보세요.

논리적 텍스트:
추론의 사슬 읽기 – 논리를 읽어 내는 기술

　논설문, 칼럼, 학술 논문을 읽을 때 여러분은 어떤 경험을 하시나요? '논리가 탄탄하다.', '설득력이 있다.' 혹은 반대로 '논리적 허점이 보인다.'라는 생각을 해 본 적이 있을 것입니다. 이러한 판단은 우리가 글의 논리적 구조를 파악하고 있다는 증거입니다.

　논리적 텍스트를 읽을 때는 2장에서 배운 전전두피질(뇌의 사령탑)이 특히 활발하게 작동합니다. 전전두피질은 계획, 판단, 추론을 담당하는데, 논설문이나 학술 논문을 읽을 때 이 영역이 집중적으로 활성화됩니다. 마치 탐정이 단서들을 모아 추리하는 것처럼, 전전두피질이 전제와 근거를 연결해 결론의 타당성을 검토하는 것이죠. 이것이 논리적 독서가 단순한 언어 이해를 넘어서는 고차원적 인지 활동인 이유입니다.

1. 논리적 텍스트의 핵심 개념들

　논리적 텍스트를 효과적으로 읽기 위해서는 다음과 같은 논리적 개념들을 이해해야 합니다.

전제(Premise): 논증의 출발점이 되는 기본 가정이나 사실

논증(Argument): 전제로부터 결론을 이끄는 추론 과정

결론(Conclusion): 논증을 통해 도달한 최종적인 주장

반박(Counterargument): 상대편 논리에 대한 반대 논증

증거(Evidence): 논증을 뒷받침하는 구체적 자료나 사례

(1) 논리적 텍스트를 위한 5단계 변주법

1단계: 텍스트 스캔 → 논증 구조 파악

제목에서 저자의 주장을 파악하고, 목차나 소제목을 통해 논증의 전체적 흐름을 미리 그려 봅니다.

2단계: 핵심 질문 설정 → 비판적 사고의 활성화

저자의 핵심 주장은 무엇인가? 그 주장의 근거는 충분한가? 반대 의견은 없을까? 등 비판적 질문들을 설정합니다.

3단계: 능동적 읽기 → 논리적 흐름 추적

각 문단의 논리적 역할을 파악하며 읽습니다. 이 부분이 전제인지, 논증인지, 예시인지, 반박인지를 구분합니다.

4단계: 개념 연결 → 논증의 타당성 검증

전제와 결론 사이의 논리적 연결이 타당한지 누락 고리는 없는지 검토합니다.

5단계: 통합과 응용 → 논리적 사고력 내재화

읽은 내용의 논리적 구조를 자신의 사고 유형으로 내재화하고 비슷한 주제에 대한 자신만의 논증을 구성해 봅니다.

(2) 실습: 시사 칼럼으로 논리 구조 분해하기

다음은 학교 신문에 실린 가상의 칼럼 일부입니다.

최근 많은 학교에서 스마트폰 사용 규정을 완화하고 있다. 일부 학교에서는 쉬는 시간에 자유롭게 스마트폰을 사용할 수 있도록 허용했다. 그러나 이러한 변화가 바람직할까? 스마트폰 사용 허용은 학생들의 자율성을 존중하지만, 동시에 수업 집중력을 떨어뜨릴 위험이 있다. 특히 쉬는 시간에 게임이나 SNS에 빠지면 다음 수업에 집중하기 어려울 수 있다.

논리 구조 분석

배경 제시: 스마트폰 사용 규정 완화 현상 소개

문제 제기: 의문문을 통한 쟁점 부각

양면 논증: 장점(자율성 존중), 단점(집중력 저하)을 동시 제시

구체적 우려: 다음 수업 집중 방해 가능성 지적

논리적 텍스트 읽기의 특화 전략(논리 오류탐지 점검 리스트)

성급한 일반화는 없는가?

인과관계가 명확한가?

통계 자료가 신뢰할 만한가?

상관관계를 인과관계로 착각하지는 않았는가?

반박 논리 구성 연습: 저자의 주장에 대해 '그러나', '하지만', '반면에'로 시작하는 반박 논리를 스스로 구성해 보세요. 이는 비판적 사고력을 기르는 데 매우 효과적입니다.

정보 전달 텍스트:
지식의 체계화 – 지식을 조직하는 읽기

교과서, 백과사전, 전문 서적, 설명서 등 정보 전달을 목적으로 하는 텍스트들은 우리 주변에 가장 흔합니다. 이러한 텍스트들은 체계적이고 구조화된 지식을 전달하는 것이 목적이므로, 읽는 방법도 체계적이어야 합니다.

정보 전달 텍스트를 읽을 때는 2장에서 배운 측두엽의 의미기억 네트워크가 집중적으로 활성화됩니다. 측두엽은 '무엇이 무엇인지'에 대한 지식을 저장하는 곳이고, 해마(기억의 저장고)는 새로운 정보를 장기기억으로 전환하는 역할을 합니다. 교과서나 백과사전처럼 체계적으로 구조화된 정보를 읽을 때, 해마가 이 정보들을 효율적으로 분류하고 저장합니다. 이것이 정보 전달 텍스트 읽기가 지식의 장기적 보존에 매우 효과적인 이유입니다.

1. 정보 전달 텍스트의 핵심 개념들

분류(Classification): 정보를 범주별로 나누어 체계화하는 방법

정의(Definition): 개념의 본질적 특성을 명확히 규정하는 방법

절차(Procedure): 목적 달성을 위한 단계별 과정

원리(Principle): 현상을 설명하는 기본적 법칙이나 규칙

예시(Example): 추상적 개념을 구체적으로 설명하는 사례

(1) 정보 전달 텍스트를 위한 5단계 변주법

1단계: 텍스트 스캔 → 정보 구조 파악

목차, 제목, 소제목을 통해 정보의 위계 구조를 파악합니다. 마치 건물의 설계도를 보듯이 전체적인 정보 구조를 머릿속에 그려 봅니다.

2단계: 핵심 질문 설정 → 학습 목표 명확화

이 정보를 왜 알아야 하는가? 실생활에 어떻게 적용할 수 있는가? 다른 지식과 어떤 연관이 있는가? 등 목적 지향적 질문을 설정합니다.

3단계: 능동적 읽기 → 계층적 정보 처리

정보의 중요도와 위계를 구분하며 읽습니다. 핵심 개념, 세부 설명, 예시를 구분하고, 각각의 역할을 명확히 이해합니다.

4단계: 개념 연결 → 지식 네트워크 구축

새로운 정보를 기존 지식과 연결해 체계적인 지식 네트워크를 구축합니다. 마치 퍼즐 조각들을 맞춰 가듯이 지식을 연결합니다.

5단계: 통합과 응용 → 지식의 실용화

학습한 정보를 실제 상황에 적용할 수 있도록 구체적인 활용 방안을 모색합니다.

(2) 실습: 과학 교과서 단원으로 지식 체계화

다음은 고등학교 생물 교과서의 내용입니다.

'세포막은 세포의 경계를 이루는 막 구조로 인지질 이중층[2]으로 구성되어 있다. 세포막의 주요 기능은 다음과 같다. 1) 물질의 선택적 투과, 2) 세포 내외의 항상성 유지, 3) 세포 간 정보전달. 특히 선택적 투과는 농도 기울기에 따른 확산, 삼투, 능동수송 등의 방법으로 이루어진다. 예를 들어 산소와 이산화탄소는 농도 기울기에 따라 자유롭게 확산하지만, 포도당과 같은 큰 분자는 특별한 운반 단백질이 필요하다.'

---

[2] 인지질 이중층(Phospholipid Bilayer)은 세포막의 핵심 구조를 이루는 것으로, 모든 생명체의 세포를 둘러싸고 있는 가장 중요한 방어막이자 경계다.

정보 구조 분석

핵심 개념: 세포막

정의: 세포의 경계를 이루는 막 구조

구조: 인지질 이중층

기능 분류: 3가지 주요 기능

세부 원리: 선택적 투과의 메커니즘

구체적 예시: 산소, 이산화탄소, 포도당의 투과 방식

정보 전달 텍스트의 특화 전략

개념 지도(Concept Map) 작성: 복잡한 정보들 사이의 관계를 시각적으로 표현하면 이해와 기억이 크게 향상됩니다. 개념 지도를 활용하면 장기기억 유지율이 크게 향상됩니다. 3장에서 배운 '스키마'를 떠올려 보세요. 개념 지도는 새로운 정보를 기존 스키마와 연결하는 시각적 도구입니다. 정보들 사이의 관계를 눈으로 볼 수 있게 그려 내면, 해마가 이 정보들을 더 효과적으로 연결하고 저장할 수 있습니다.

층별 요약법

1차 요약: 각 문단의 핵심 내용을 한 문장으로 요약

2차 요약: 여러 문단의 내용을 주제별로 통합

3차 요약: 전체 내용을 핵심 개념 중심으로 재구성

실생활 연결 전략

추상적인 정보를 구체적인 일상 경험과 연결해 이해하고 기억합니다. 예를 들어 세포막의 선택적 투과를 '클럽 입구의 보안요원'에 비유하는 식입니다.

실용적 텍스트:
행동 지향적 개념화 – 실천서 읽기

자기계발서, 안내서, 설명서, 요리책 등 실용적 텍스트들은 단순히 '알기 위한' 읽기가 아닌 '하기 위한' 읽기를 요구합니다. 이러한 텍스트들의 진정한 가치는 읽은 후 실제로 행동으로 옮겼을 때 드러납니다. 행동 인지학 연구에서는 교육 현장의 여러 실험에서, 개념 지도를 활용하며 읽은 학습자들이 그렇지 않은 학습자들보다 내용을 더 오래 기억하는 경향이 나타났습니다. 이는 실용적 독서가 단순한 지식 습득을 넘어 행동 계획 수립까지 이어지는 통합적 인지 과정임을 보여 줍니다.

1. 실용적 텍스트의 핵심 개념들

방법(Method): 목적 달성을 위한 구체적 수단과 기법
단계(Step): 방법을 실행하기 위한 순차적 과정
도구(Tool): 방법 실행에 필요한 구체적 수단이나 자원
목표(Goal): 달성하고자 하는 구체적 결과나 상태
원칙(Principle): 방법론의 기초가 되는 기본적 지침

(1) 실용적 텍스트를 위한 5단계 변주법

1단계: 텍스트 스캔 → 실행 가능성 평가

내용을 훑어보며 현재 자신의 상황에서 실제로 적용 가능한지를 먼저 평가합니다. 시간, 비용, 능력 등을 종합적으로 고려합니다.

2단계: 핵심 질문 설정 → 구체적 목표 설정

이 방법을 통해 무엇을 얻고 싶은가? 언제까지 실행할 것인가? 성공의 기준은 무엇인가? 등 행동 지향적 질문을 설정합니다.

3단계: 능동적 읽기 → 실행 계획 수립 중심

단순히 내용을 이해하는 것을 넘어, 실제 실행을 위한 구체적 계획을 세우며 읽습니다. 이 부분은 언제 할 것인가? 여기서 필요한 준비물은 무엇인가? 등을 생각하며 읽습니다.

4단계: 개념 연결 → 개인화된 실행 전략 구축

저자의 일반적 방법론을 자신의 구체적 상황과 연결해 개인화된 실행 전략을 구축합니다.

5단계: 통합과 응용 → 즉시 실행과 피드백

읽기를 마친 후 즉시 실행에 옮기고 결과를 평가해 방법을 개선해 나갑니다.

(2) 실습: 자기계발서로 실천 계획 수립하기

다음은 학습법 안내서의 가상 내용입니다.

시험 2주 전, 효과적인 공부 계획의 핵심은 '과목별 우선순위 정하기'에 있다. 모든 과목을 '어려움'과 '배점'의 두 기준으로 나누어 4가지로 분류해 보자.
1유형(어렵고 + 배점 높음): 가장 먼저, 가장 많은 시간 투자.
2유형(쉽고 + 배점 높음): 빠르게 정리하고 확인.
3유형(어렵고 + 배점 낮음): 기본 개념만 확실히.
4유형(쉽고 + 배점 낮음): 시험 전날 가볍게 훑기.
시험 2주 전에 이 분류표를 만들고, 매일 공부 시작 전 5분간 오늘 무엇을 공부할지 정하는 습관을 들여라.

실행 계획 수립

즉시 실행: 다음 시험 과목들을 4유형으로 분류해 보기

준비물: 시험 범위표, 노트, 펜

구체적 시간: 시험 2주 전 일요일 저녁 30분

성공 기준: 분류표 완성 + 첫 주 공부 계획 수립

개인화: 나의 강점 과목과 약점 과목 파악해 시간 배분

점검 방법: 매일 저녁 '오늘은 계획대로 했나?' 체크

실용적 텍스트 읽기의 특화 전략

실행 점검 리스트 작성법: 책의 내용을 읽으며 실제로 해야 할 일들을 구체적인 점검 리스트로 만들어 보세요. 실제로 점검 리스트를 활용하며 읽은 사람들은 그렇지 않은 사람들보다 읽은 내용을 실천으로 옮기는 비율이 높다는 조사 결과들이 있습니다. 뇌영상 연구에서 흥미로운 결과가 관찰되었습니다. 실용적 텍스트(예: 요리법, 운동 방법)를 읽을 때는 생각을 담당하는 영역과 몸의 움직임을 담당하는 영역이 함께 활성화된다는 것입니다. 마치 뇌가 '이걸 읽으면서 실제로 해 볼 준비를 하자.'라고 미리 행동을 준비하는 것과 같습니다.

3-2-1 실행법

3개의 핵심 방법 선택

2주간 집중 실행

1개의 습관으로 정착

실패 시나리오 대비: 실행 과정에서 발생할 수 있는 장애물들을 미리 예상하고 대응책을 준비합니다. 만약 시간이 부족하다면? 만약 동기가 떨어진다면? 등의 상황을 미리 시뮬레이션(simulation)해 보세요.

디지털 텍스트: 하이퍼링크 시대의 읽기 – 새로운 읽기 환경에의 도전

웹페이지, 블로그, SNS, 온라인 뉴스 등 디지털 환경에서의 텍스트는, 기존의 선형적 읽기와는 완전히 다른 접근을 요구합니다. 하이퍼링크, 멀티미디어, 실시간 업데이트, 상호작용 등의 특성은 우리의 읽기 유형을 근본적으로 변화시키고 있습니다.

디지털 인문학 연구에 따르면, 디지털 텍스트를 읽을 때는 주의 전환 빈도가 종이 텍스트에 비해 증가하며 이로써 집중도가 감소한다고 합니다. 그러나 동시에 정보 연결성과 창의적 사고는 상당히 향상되는 양면적 효과를 보인다고 합니다. 디지털 읽기에 관한 여러 연구를 종합해 보면, 디지털 텍스트를 읽을 때는 주의를 전환하는 빈도가 종이책보다 높아지는 경향이 있습니다. 이로써 깊은 집중은 어려워질 수 있지만, 반면에 여러 정보를 연결하고 새로운 아이디어를 떠올리는 데는 도움이 될 수 있다는 양면적 특성이 있습니다.

1. 디지털 텍스트의 핵심 개념들

하이퍼링크(Hyperlink): 텍스트 간의 비선형적 연결 구조

멀티미디어(Multimedia): 텍스트, 이미지, 음성, 동영상의 복합적 구성

상호작용(Interaction): 독자의 능동적 참여와 즉각적 피드백

실시간성(Real-time): 정보의 즉각적 업데이트와 공유

파편화(Fragmentation): 정보 세분화

(1) 디지털 텍스트를 위한 5단계 변주법

1단계: 텍스트 스캔 → 디지털 환경 분석

페이지의 배치(layout), 하이퍼링크의 구조, 멀티미디어 요소의 배치를 파악합니다. 또한 정보의 신뢰성과 최신성을 확인합니다.

2단계: 핵심 질문 설정 → 정보 목적 명확화

이 정보가 신뢰할 만한가? 링크된 정보 중 어떤 것이 필요한가? 이 정보를 어떻게 활용할 것인가? 등 디지털 특성을 고려한 질문을 설정합니다.

3단계: 능동적 읽기 → 선택적 깊이 읽기

모든 정보를 다 읽으려 하지 말고 목적에 맞는 정보를 선별해 깊이 있게 읽습니다. 하이퍼링크는 필요할 때만 따라가며 중심 내용에서 벗어나지 않도록 주의합니다.

4단계: 개념 연결 → 정보의 맥락화

파편화된 디지털 정보들을 하나의 일관된 맥락으로 통합합니다. 서로 다른 출처의 정보들을 비교하고 검증합니다.

5단계: 통합과 응용 → 디지털 정보의 큐레이션(curation)[3]

읽은 정보를 자신만의 방식으로 정리하고 저장합니다. 북마크, 메모, 소셜 공유 등을 활용해 정보를 재활용이 가능한 형태로 가공합니다.

(2) 실습: 온라인 기사로 디지털 독서법 체험

온라인에서 '인공지능과 교육의 미래'라는 주제의 기사를 읽는다고 가정해 봅시다.

디지털 읽기 전략 적용

출처 신뢰성 확인: 기사 작성자, 발행 기관, 발행 날짜를 확인한다.

---

3) 정보를 수집, 분류, 구조화하는 것

스키밍(skimming)[4]으로 전체 구조 파악: 제목, 소제목, 그래프, 이미지 등을 통해 핵심 내용을 파악한다.

선택적 링크 탐색: 본문을 이해하는 데 꼭 필요한 링크만 선별적으로 탐색한다.

다중 소스 비교: 같은 주제의 다른 기사들과 비교해 정보의 정확성을 검증한다.

개인화된 정리: 중요한 부분은 강조 표시하고 핵심 내용을 자신의 언어로 요약한다.

디지털 텍스트 읽기의 특화 전략
디지털 집중력 유지 기법

포모도로 기법: 25분 집중 + 5분 휴식으로 디지털 피로 방지

알림 차단: 읽기 중에는 SNS, 메신저 등의 알림을 일시 차단

탭 관리: 너무 많은 탭을 열어 두지 말고, 필요한 것만 순차적으로 열기

정보 신뢰성 점검 리스트
1. 저자의 전문성과 소속 기관 확인
2. 발행 날짜와 정보의 최신성 점검
3. 참고 자료와 출처의 명시 여부 확인
4. 다른 신뢰할 만한 소스와의 정보 일치성 비교

---

4)　내용을 자세히 읽기 전에 글의 전반적인 주제, 목적, 주요 아이디어를 신속하게 파악하는 것이, 목적인 독서 방법이다.

6 복합 텍스트:
다중 방식의 통합적 이해 – 시각과 언어의 만남

그래프, 도표, 이미지, 인포그래픽(infographic)[5]이 포함된 복합 텍스트는 현대 정보 사회에서 점점 더 중요하게 여겨지고 있습니다. 이러한 텍스트들은 시각적 정보와 언어적 정보를 동시에 처리해야 하므로 새로운 읽기 전략이 필요합니다. 인지과학 연구에 따르면, 복합 텍스트(그래프 + 글)를 읽을 때는 시각 피질과 언어 피질이 동시에 활성화되며, 두 영역 사이의 소통이 더 활발해집니다. 시각 피질은 머리 뒤쪽(후두엽)에 있는 '영상 처리실'입니다. 그래프의 모양, 색깔, 크기 변화를 읽어 내는 곳이죠. 언어 피질은 1장에서 배운 '레고 조립 담당자(브로카 영역)'를 포함해서 글의 의미를 파악하는 영역입니다.

복합 텍스트를 읽을 때는 이 두 영역이 마치 '영상팀'과 '자막팀'이 협업하는 것처럼 함께 일합니다. '이 그래프가 올라가네' + '본문에서 증가했다고 했으니까 맞네'라고 서로 확인하며 정보를 통합하는 것이죠. 뇌영상 실험에서, 복합 텍스트(그래프 + 글)를 읽을 때는 시각 정보를 처리하는 영역과 언어를 처리하는 영역이 동시에 활성화되며, 두 영역 사이의 소통이 더 활발해지는 것이 관찰되었습니다. 이는 복합 텍스트 읽기가 뇌의 통합적 정보 처리 능력을 크게 향상한다는 것을 의미합니다.

---

5) 인포그래픽(Infographic)은 '정보(Information)'와 '그래픽(Graphic)'의 합성어로, 복잡하고 다양한 정보를 텍스트가 아닌 그림이나 차트 등의 시각적인 요소를 활용해 쉽고 간결하게 전달하는 것을 말한다. 즉, 정보를 그래픽으로 표현해 이해를 돕는 디자인 기법이다.

1. 복합 텍스트의 핵심 개념들

시각적 정보(Visual Information): 그래프, 차트, 이미지, 도표 등을 통해 전달되는 정보

언어적 정보(Verbal Information): 텍스트를 통해 전달되는 설명과 해석

정보 통합(Information Integration): 시각적 정보와 언어적 정보의 유기적 결합

다중 채널(Multi-channel): 여러 감각 채널을 통한 동시적 정보 처리

상호 보완(Complementarity): 시각과 언어 정보가 서로를 보완하는 관계

(1) 복합 텍스트를 위한 5단계 변주법

1단계: 텍스트 스캔[6] → 정보 유형 분류

텍스트 내의 시각적 요소와 언어적 요소를 구분하고 각각의 역할과 중요도를 파악합니다.

2단계: 핵심 질문 설정 → 통합적 이해 목표 설정

시각 정보와 텍스트가 어떻게 연결되는가? 어떤 정보가 더 중요한가? 두 정보가 일치하는가? 등의 질문을 설정합니다.

3단계: 능동적 읽기 → 시각-언어 순환 읽기

텍스트를 읽고 관련 시각 자료를 확인하는 순환적 읽기를 실시합니다. 한쪽 정보로만 이해하지 말고 반드시 양쪽을 연관시켜 읽습니다.

4단계: 개념 연결 → 다차원적 정보 통합

시각적 정보에서 얻은 통찰과 언어적 정보에서 얻은 이해를 통합해 더 깊은 차원의 이해에 도달합니다.

5단계: 통합과 응용 → 복합적 사고력 내재화

복합 정보를 통합적으로 이해하는 능력을 다른 상황에도 적용할 수 있도록 내재화합니다.

---

6) 그림이나 사진, 문자 따위를 복사하듯 읽어서 이미지 파일로 변환해 저장하는 일.

(2) 실습: 데이터의 시각화로 복합 정보 분석

가상의 '한국의 재생에너지 현황'이라는 정보를 시각화로 분석한다고 가정해 봅시다.

복합 읽기 전략 적용

전체적 구조 파악: 제목, 주요 그래프, 텍스트 블록의 배치 관계 파악

데이터와 설명의 연결: 각 그래프가 어떤 텍스트 설명과 연결되는지 확인

시각적 유형 인식: 증가/감소 추세, 비율 관계, 색상 구분 등의 시각적 유형 파악

수치와 의미의 통합: 구체적 수치 데이터와 그것이 의미하는 바를 연결

전체적 메시지 도출: 개별 정보들을 종합해 인포그래픽의 핵심 메시지 파악

복합 텍스트 읽기의 특화 전략

시각-언어 매핑 기법: 시각 정보의 각 요소가 텍스트의 어떤 부분과 연결되는지 명시적으로 연결 지어 봅니다. 예를 들어 그래프의 특정 구간을 가리키며 관련 텍스트 설명을 찾아보는 것입니다.

정보 불일치 탐지: 시각 정보와 언어 정보가 서로 다른 내용을 말하고 있지는 않은지 주의 깊게 확인합니다. 이러한 불일치는 종종 중요한 정보나 오류를 발견해 내는 단서가 됩니다.

다중 관점 분석: 같은 데이터를 다른 시각적 형태(막대그래프, 원그래프, 선그래프 등)로 표현했다면 어떨지 상상해 보며 현재 표현 방식의 의도와 효과를 분석합니다.

2. 통합 실습: 텍스트 유형별 숙달하기

이제 여러분은 6가지 주요 텍스트 유형의 특성과 각각에 맞는 읽기 전략을 익히셨습니다. 마치 다양한 악기를 연주할 수 있게 된 음악가처럼 이제는 어떤 텍스트를 만나도 자신 있게 접근할 수 있는 실력을 갖추셨습니다. 그러나 진정한 숙달은 이론적 지식을 넘어서 실제 상황에서 유연하게 그것을 적용하는 능력을 갖추는 것입니다.

(1) 종합 연습 1: 텍스트 유형 진단 및 전략 선택

실제 독서 상황에서는 텍스트의 유형이 명확하게 구분되지 않는 경우가 많습니다. 하나의 글 안에 여러 유형의 특성이 섞여 있거나 장르적 경계가 모호하기도 합니다. 이럴 때 어떻게 접근해야 할까요?

빠른 유형 판별 점검 리스트

목적 확인: 이 글이 무엇을 위해 쓰였는가?

감동을 주기 위해 → 문학적 접근

설득하기 위해 → 논리적 접근

정보를 전달하기 위해 → 정보 전달형 접근

행동을 유도하기 위해 → 실용적 접근

구조 분석: 글의 구성 방식은?

시간순, 인과관계 → 서사적 접근

논증-반박-결론 → 논리적 접근

분류-설명-예시 → 정보 전달형 접근

문제-해결-실행 → 실용적 접근

언어 특성: 어떤 표현을 주로 사용하는가?

감정적, 상징적 표현 → 문학적 접근

논리적, 분석적 표현 → 논리적 접근

객관적, 설명적 표현 → 정보 전달형 접근

명령형, 행동 지향적 표현 → 실용적 접근

혼합 유형 대응법: 대부분 텍스트는 순수한 한 가지 유형보다는 여러 유형이 혼합된 형태입니다. 이런 경우에는 주도적 유형을 파악하고 그에 맞는 기본 전략을 선택한 후 보조적 유형에 맞는 전략을 부분적으로 활용하는 것이 효과적입니다.

예를 들어, 과학 에세이(essay)인 경우

주도적 유형: 정보 전달(과학적 사실과 이론)

보조적 유형: 문학적(흥미로운 서술과 비유)→ 기본적으로는 정보 전달형 전략을 사용하되,

문학적 표현 부분에서는 감정적 이해도 함께 활용합니다.

(2) 종합 연습 2: 텍스트 유형별 5단계 방법 변주

4장에서 배운 기본 5단계 방법론이 각 텍스트 유형에서 어떻게 변주되는지 정리해 보겠습니다.

단계	기본 방법	문학적	논리적	정보 전달	실용적	디지털	복합
1단계	스캔	분위기 감지	논증 구조	정보 구조	실행 가능성	환경 분석	유형 분류
2단계	질문 생성	문학적 호기심	비판적 사고	학습 목표	구체 목표	선택의 깊이	통합 목표
3단계	능동적 읽기	감정분석 균형	논리 흐름	계층적 처리	실행 계획	선택적 깊이	순환 읽기
4단계	개념 연결	문학적 관계	논증 타당성	지식 네트워크	개인화 전략	정보 맥락화	다차원 통합
5단계	통합과 응용	감동 내재화	사고력 내재화	지식 실용화	즉시 실행	정보 큐레이션	복합 사고력

실제 적용 시뮬레이션: 여러분이 '효과적인 암기법과 기억의 과학'이라는 제목의 글을 읽는다고 가정해 봅시다. 이 글은 어떤 유형으로 분류하고 어떻게 접근해야 할까요?

유형 판별: 기억의 원리 설명 + 구체적 암기 방법 제시 → 정보 전달형 + 실용적 성격

주 전략 선택: 정보 전달형 기본 전략(기억의 원리 이해)

보조 전략: 실용적 접근(암기법의 실제 적용)

5단계 적용

1단계: 기억의 원리(단기기억 → 장기기억)와 암기법들의 체계적 구성 파악

2단계: "다음 시험에서 어떤 암기법을 써 볼까?"(목표 설정)

3단계: 원리 이해 + 나에게 맞는 암기법 선별

4단계: 이미 알고 있던 공부법과 연결해 나만의 학습 전략 구축

5단계: 즉시 적용이 가능한 암기법 2가지 선별해 오늘 저녁 복습에 적용

(3) 종합 연습 3: 개인별 텍스트 유형 선호도 분석

모든 사람은 자신만의 독서 유형과 선호도가 있습니다. 개인의 텍스트 유형 선호도는 뇌의 구조적 특성과 연관되어 있습니다. 2장에서 배운 것처럼, 사람마다 뇌의 각 영역 발달 정도가 조금씩 다릅니다. 감정 처리 영역이 발달한 사람은 문학 텍스트를, 논리 추론 영역이 발달한 사람은 논리적 텍스트를 더 편하게 느낄 수 있습니다. 그러나 중요한 점은 신경가소성(2장에서 배운 '뇌는 변할 수 있다'라는 원리) 덕분에 약한 영역도 훈련을 통해 발전시킬 수 있다는 것입니다. 즉 여러분이 어떤 유형의 글을 더 잘 읽고 선호하는지는 어느 정도 타고난 특성이라는 의미입니다.

자가 진단: 나의 텍스트 유형 선호도
다음 질문들에 솔직하게 대답해 보세요.
가장 편하게 읽히는 글은?
A) 소설, 시, 감동적인 에세이
B) 논설문, 칼럼, 학술 논문
C) 교과서, 백과사전, 전문 서적
D) 자기계발서, 가이드북, 매뉴얼
E) 블로그, SNS, 온라인 기사
F) 인포그래픽, 보고서, 연구 자료
읽기 후 가장 만족스러운 상태는?
A) 감동받고 여운이 남을 때
B) 논리적으로 납득이 될 때
C) 새로운 지식을 얻었을 때
D) 실제로 적용할 수 있을 때
E) 최신 정보를 파악했을 때
F) 복합적인 이해에 도달했을 때
읽기 중 가장 어려운 부분은?
A) 추상적 의미 파악하기
B) 논리적 오류 찾아내기
C) 복잡한 정보 체계화하기

| D) 실행 계획 구체화하기 |
| E) 정보 신뢰성 판별하기 |
| F) 시각-언어 정보 통합하기 |

결과 분석 및 개선 방향
A가 많다면 문학적 독자: 감정적 이해력이 뛰어나지만, 논리적 분석력 보완 필요→ 논리적 텍스트 읽기 연습, 비판적 사고 훈련
B가 많다면 논리적 독자: 분석적 사고력이 뛰어나지만, 감정적 공감력 보완 필요→ 문학작품 읽기, 감정 일기 작성
C가 많다면 정보 지향적 독자: 체계적 학습 능력이 뛰어나지만, 실용적 적용력 보완 필요→ 실용서 읽기, 즉시 실행 연습
D가 많다면 실용적 독자: 실행력이 뛰어나지만, 이론적 깊이 보완 필요→ 학술적 텍스트 읽기, 배경지식 확충
E가 많다면 디지털 독자: 정보 탐색 능력이 뛰어나지만 깊이 있는 읽기 보완 필요→ 책 읽기, 집중적 읽기 연습
F가 많다면 통합적 독자: 복합적 사고력이 뛰어나지만, 속도감 있는 읽기 보완 필요→ 스키밍 기법 연습, 핵심 파악 훈련
균형 잡힌 독서 능력 개발 계획 강점 유형 유지: 자신이 잘하는 유형의 독서는 계속 즐기며 자신감을 유지하세요.
약점 유형 단계적 도전: 어려운 유형의 텍스트도 단계적으로 도전해 보세요. 처음에는 짧고 쉬운 것부터 시작해 점진적으로 수준을 높여가세요.
교차 훈련: 한 유형에서 익힌 기법을 다른 유형에 적용해 보세요. 예를 들어 문학적 상상력을 실용적 텍스트 읽기에 활용하거나, 논리적 분석력을 문학작품 해석에 적용해 보세요.
통합적 접근: 실제 생활에서는 여러 유형의 텍스트를 함께 읽는 경우가 많습니다. 같은 주제에 대한 다양한 유형의 글들을 비교하며 읽는 연습을 해 보세요.

실전 활용 안내 및 다음 단계

여러분은 이제 어떤 텍스트든 자신 있게 접근할 수 있는 실력을 갖추셨습니다. 마치 다양한 바다를 자유롭게 항해할 수 있는 숙련된 탐험가처럼 텍스트의 바다에서 자유자재로 항해할 수 있는 능력을 얻으셨습니다.

일상생활에서의 텍스트 유형별 활용법

- 업무 상황에서

  보고서 작성 전 관련 자료 읽기: 정보 전달형 + 논리적 접근

  프레젠테이션 준비: 복합 텍스트 읽기로 시각적 구성 아이디어 얻기

  업무 매뉴얼 숙지: 실용적 접근으로 즉시 적용이 가능한 내용 파악

- 학습 상황에서

  교과서 공부: 정보 전달형 접근으로 체계적 지식 구축

  논문 작성: 논리적 접근으로 탄탄한 논증 구조 습득

  온라인 강의 자료: 디지털 접근으로 효율적 정보 수집

- 일상생활에서

  뉴스 읽기: 디지털 + 논리적 접근으로 신뢰성 있는 정보 판별

  소설 읽기: 문학적 접근으로 정서 함양과 인간 이해 증진

  자기계발서: 실용적 접근으로 실제 삶의 변화 추구

텍스트 유형 조합 읽기 전략

현실에서는 하나의 주제에 대해 여러 유형의 텍스트를 함께 읽는 경우가 많습니다. 이때는 텍스트 유형별 특성을 살려 상호 보완적으로 활용하는 것이 효과적입니다.

- 예시: '진로 탐색'이라는 주제의 다각적 읽기

중학교 2학년 민준이는 진로에 대해 깊이 알아보고 싶어서 다양한 자료를 찾아 읽기로 했습니다.

텍스트 유형	자료 예시	얻을 수 있는 것
정보 전달형	직업 백과사전, 진로 안내서	다양한 직업의 종류와 특성 파악
문학적	존경하는 인물의 자서전	꿈을 향한 여정에서의 감동과 동기 부여
논리적	「왜 이 직업이 미래에 유망한가」 칼럼	직업 선택의 논리적 근거 이해
실용적	「중학생을 위한 진로 탐색 가이드」	구체적인 진로 탐색 방법과 실천 계획
디지털	직업인 인터뷰 유튜브, 진로 관련 블로그	실제 직업인의 생생한 이야기와 최신 정보
복합	직업별 연봉, 전망을 정리한 인포그래픽	시각적으로 한눈에 비교

이렇게 다양한 유형의 텍스트를 조합해 읽으면, 진로에 대한 입체적이고 깊이 있는 이해를 얻을 수 있습니다.

(4) 개인별 약점 보완 종합계획

자신의 약점 유형을 개선하기 위한 체계적인 훈련 계획을 세워 보세요.

3개월 집중 개선 프로그램

1개월 차: 기초 체력 기르기

약점 유형의 짧은 텍스트부터 시작(1~2페이지 분량)

매일 15분씩 꾸준히 읽기

읽은 후 요약이나 감상 작성

2개월 차: 실력 향상하기

중간 분량의 텍스트 도전(5~10페이지 분량)

해당 유형의 5단계 방법론 적극 활용

다른 사람과 읽은 내용 토론하기

3개월 차: 통합 적용하기

긴 분량의 텍스트나 복합적 내용 도전

강점 유형과 약점 유형을 조합해 읽기

실생활 문제 해결에 읽기 내용 적용

텍스트 유형별 추천 읽기 자료

텍스트 유형별 추천 읽기 자료
유형별로 수준에 맞는 읽기 자료를 추천합니다.
문학 텍스트(편집문학 텍스트)
초급: 단편 소설, 짧은 시
중급: 중편소설, 수필집
고급: 장편소설, 고전 문학
논리적 텍스트
초급: 신문 사설, 짧은 칼럼
중급: 시사 잡지 논설, 학술 에세이
고급: 학술 논문, 철학서
정보 전달 텍스트
초급: 교양서, 입문서
중급: 전문 서적, 교과서
고급: 학술 연구서, 전문 논문
실용적 텍스트
초급: 생활 가이드, 간단한 자기계발서
중급: 전문 기술서, 체계적 방법론서
고급: 복합적 실무서, 리더십 책
디지털 텍스트
초급: 블로그 포스트, 짧은 온라인 기사
중급: 온라인 잡지, 웹진(webzine: 인터넷으로 발행되는 잡지)
고급: 디지털 학술지, 멀티미디어 콘텐츠
복합 텍스트
초급: 간단한 인포그래픽, 도표가 있는 기사
중급: 연구 보고서, 통계 자료집
고급: 복합적 학술 자료, 정책 보고서

지속적 발전을 위한 점검 요소 월별 자가 점검 질문)

이달에 가장 어려웠던 텍스트 유형은 무엇이었나?

새로 시도해 본 읽기 전략이 있었나?

읽은 내용을 실제로 활용한 경험이 있었나?

다음 달에 도전하고 싶은 텍스트 유형은?

연 2회 종합 평가

6가지 텍스트 유형별 읽기 실력 점검

강점 유형의 심화 발전 계획 수립

약점 유형의 개선 목표 재설정

새로운 텍스트 유형 도전 계획

여러분은 지금까지 개념 기반 독서법의 기본 원리를 익히고(1~3장), 체계적인 방법론과 의미 하나치 읽기를 습득하며(4~5장), 다양한 텍스트 유형에 맞는 맞춤형 전략까지 완성했습니다(6장). 이제 여러분은 마치 다양한 악기를 연주할 줄 아는 음악가처럼, 어떤 종류의 글이든 자신만의 방식으로 아름답게 연주할 수 있는 실력을 갖추셨습니다.

그러나 개념독서의 장인(匠人)이 되기 위해서는 단순히 악기를 연주하는 기술을 넘어서 그 연주의 감동을 극대화하고 청중에게 깊은 인상을 남기는 것처럼 고급 기법들이 필요합니다. 독서에서도 마찬가지입니다. 이제 여러분은 글을 읽을 수 있습니다. 그러나 그 읽기의 효과를 높여 진정한 지혜와 통찰을 얻고 삶의 변화를 이끄는 단계로 나아갈 차례입니다.

(5) 7장에서 여러분이 만나게 될 것들

읽기 효과 측정과 개선: 자신의 독서가 얼마나 효과적인지 객관적으로 측정하고 지속적으로 개선하는 방법

뇌과학 기반 효율성 극대화: 최신 뇌과학 연구를 바탕으로 읽기 효율을 극대화하는 고급 기법들

읽기와 삶의 연결: 읽은 내용을 실제 삶의 변화와 성장으로 연결하는 구체적 방법들

속독과 정독의 전략적 활용: 상황에 따라 읽기 속도와 깊이를 조절하는 고급 기술

창의적 독서: 읽기를 통해 새로운 아이디어를 창출하고 혁신적 사고를 기르는 방법

은혜는 이제 다양한 텍스트를 자유자재로 읽을 수 있게 되었습니다. 소설을 읽을 때는 등장인물의 감정에 깊이 공감하면서도 작가의 문학적 기법을 분석적으로 파악하고 논문을 읽을 때는 논리의 흐름을 정확히 추적하며 비판적으로 검토합니다. 온라인 기사를 읽을 때는 정보의 신뢰성을 판별하면서도 필요한 정보만 효율적으로 선별하죠.

그러나 은혜에게는 새로운 고민이 생겼습니다. '이제 잘 읽을 수는 있는데, 읽은 내용들이 진짜 내 것이 되는 걸까? 읽은 지식이 실제 내 삶을 변화시키고 있는 걸까?' 바로 이런 질문에 대한 답을 7장에서 찾아보겠습니다.

7장 '독서 효과 극대화 전략'에서는,
읽기의 효과를 객관적으로 측정하고 평가하는 방법
단순한 '읽기'를 넘어 개념 기반 독서의 '체화'로 이어지는 고급 전략들
개인의 뇌 특성과 학습 스타일에 맞는 맞춤형 독서 최적화 기법
읽기를 통한 창조적 사고와 문제 해결 능력 개발 방법
평생에 걸친 지속 가능한 독서 성장 시스템 구축
교육 현장의 여러 실험에서, 체계적인 독서 전략을 배우고 적용한 학습자들이 그렇지 않은 학습자들보다 이해도와 기억력 면에서 더 좋은 결과를 보이는 경향이 나타났습니다. 여러분도 지금까지 쌓아온 탄탄한 기반 위에 이러한 고급 기법들을 더한다면 독서를 통한 삶의 변화와 성장이 비약적으로 향상될 것입니다.

마무리: 텍스트 유형별 독서 여행의 완성

6장의 여행을 마치며, 여러분은 놀라운 성장을 이루어 내었습니다. 4~5장에서 익힌 기본 5단계 방법론과 의미 하나치 읽기를 바탕으로 이제는 문학의 감성적 깊이부터 디지털의 복합적 정보에 이르기까지 어떤 텍스트든 자신만의 방식으로 접근할 수 있게 되었습니다.

여러분이 이 장에서 얻은 소중한 능력들
6가지 주요 텍스트 유형의 특성을 정확히 파악하는 안목
각 유형에 최적화된 맞춤형 읽기 전략 구사 능력
혼합 유형 텍스트도 유연하게 분해해 접근하는 지혜

자신의 독서 강, 약점을 객관적으로 분석하는 성찰력

다양한 텍스트를 조합해 입체적으로 이해하는 통합 능력

마치 여러 언어를 구사하는 다국어 구사자처럼 여러분은 이제 텍스트의 다양한 '언어'를 자유자재로 구사할 수 있습니다. 소설의 감성적 언어, 논문의 논리적 언어, 설명서의 실용적 언어, 디지털의 하이퍼 연결 언어까지 모두 여러분의 것입니다.

앞으로 어떤 새로운 텍스트를 만나더라도, 당황하지 마세요. 먼저 그 텍스트가 어떤 유형인지 진단하고 그에 맞는 최적의 전략을 선택해, 적용하면 됩니다. 여러분에게는 이미 그럴 만한 충분한 실력과 경험이 있습니다.

이제 다음 단계인 7장에서 이 모든 읽기 능력을 바탕으로 진정한 삶의 변화와 성장을 끌어내는 고급 전략들을 함께 탐구해 보겠습니다. 독서는 단순히 글자를 읽는 행위가 아닙니다. 그것은 새로운 세계를 탐험하고 타인의 지혜를 내 것으로 만들며, 끊임없이 성장하는 인간만의 특별한 능력입니다. 여러분은 이제 그 능력을 온전히 발휘할 수 있는 준비를 마쳤습니다.

다음 장에서 더욱 깊이 있는 독서의 세계로 함께, 나아갑시다.

1. 작업기억과 청킹

- Miller, G. A. (1956). The magical number seven, plus or minus two: Some limits on our capacity for processing information. Psychological Review, 63(2), 81-97.

  ※ 인지심리학의 고전으로, 인간의 단기기억 용량이 7±2개 항목으로 제한된다는 '마법의 숫자' 이론을 제시한 논문입니다. 청킹(chunking) 개념의 기초가 되었습니다.

- Cowan, N. (2001). The magical number 4 in short-term memory: A reconsideration of mental storage capacity. Behavioral and Brain Sciences, 24(1), 87-114.

  ※ 밀러의 이론을 재검토하여, 실제 작업기억의 핵심 용량은 3~4개 항목에 가깝다는 것을 제안한 연구입니다.

2. 언어 처리와 뇌 영역

- Friederici, A. D. (2011). The brain basis of language processing: From structure to function. Physiological Reviews, 91(4), 1357-1392.

  ※ 브로카 영역, 베르니케 영역 등 언어 처리에 관여하는 뇌 영역들의 기능과 상호작용을 종합적으로 정리한 리뷰 논문입니다.

- Price, C. J. (2012). A review and synthesis of the first 20 years of PET and fMRI studies of heard speech, spoken language and reading. NeuroImage, 62(2), 816-847.

  ※ 20년간의 뇌영상 연구를 종합하여 읽기, 듣기, 말하기에 관여하는 뇌 영역들을 정리한 연구입니다.

3. 예측 처리 이론

- Clark, A. (2013). Whatever next? Predictive brains, situated agents, and the future of cognitive science. Behavioral and Brain Sciences, 36(3), 181-204.

  ※ 뇌가 정보를 예측적으로 처리한다는 "예측 처리(Predictive Processing)" 이론의 핵심 논문입니다.

- Kuperberg, G. R., & Jaeger, T. F. (2016). What do we mean by prediction in language comprehension? Language, Cognition and Neuroscience, 31(1), 32-59.

  ※ 언어 이해 과정에서 예측이 어떻게 작동하는지를 설명한 연구입니다.

4. 리듬과 기억

- Patel, A. D. (2008).Music, Language, and the Brain. Oxford University Press.

  ※ 음악과 언어의 뇌 처리 과정의 유사성을 탐구한 종합서로, 리듬이 기억과 학습에 미치는 영향을 다룹니다.

- Tierney, A., & Kraus, N. (2013). The ability to move to a beat is linked to the consistency of neural responses to sound. Journal of Neuroscience, 33(38), 14981-14988.

  ※ 리듬 감각과 청각 처리 능력의 신경과학적 연관성을 밝힌 연구입니다.

5. 읽기와 운율

- Schreiber, P. A. (1991). Understanding prosody's role in reading acquisition. Theory Into Practice, 30(3), 158-164.

  ※ 운율(prosody)이 읽기 학습에서 어떤 역할을 하는지 설명한 연구입니다.

- Kuhn, M. R., & Stahl, S. A. (2003). Fluency: A review of developmental and remedial practices. Journal of Educational Psychology, 95(1), 3-21.

  ※ 읽기 유창성의 발달과 훈련 방법을 종합적으로 정리한 논문입니다.

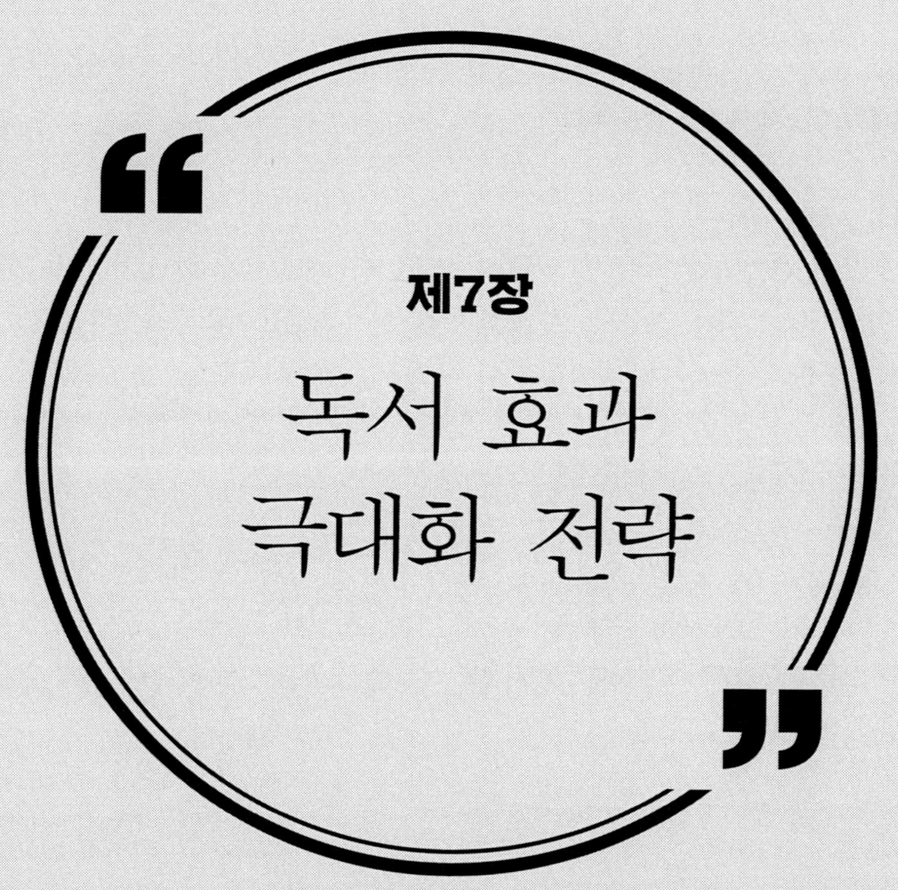
제7장
독서 효과
극대화 전략

이제 개념 기반 독서의 온전한 숙달을 향해 2부 실전편의 마지막 장에 도착했습니다. 지금까지의 여정을 잠시 되돌아볼까요?

준서와 은혜의 변화

1장에서 만났던 준서와 은혜를 기억하시나요? 4장에서 개념 기반 독서법의 기본기를 익히고, 5장에서 의미 하나치 읽기를 체득했으며, 6장에서 다양한 텍스트 유형별 전략을 적용해 보았습니다.

준서: 예전에는 사회 교과서 읽는 게 너무 힘들었는데, 이제는 문장이 덩어리로 보여요.

은혜: 과학 지문도 구조가 보이니까 훨씬 쉬워졌어요.

이제 여러분은 어떤 글이든 자신 있게 읽을 수 있는 실력을 갖추게 되었습니다. 그러나 여기서 멈출 수는 없습니다. 마치 운동선수가 기본기를 익힌 후 최고의 경기력을 발휘하기 위해 고급 전략을 배우는 것처럼 여러분도 이제 독서 효과를 극대화하는 고급 전략들을 배울 차례입니다.

1. 독서 효과 극대화란 무엇일까요?

독서 효과 극대화는 단순히 더 많이 더 빨리 읽는 것이 아닙니다. 인지과학에서는 진정한 독서 효과 극대화가 다음 네 가지 차원에서 동시에 일어난다고 설명합니다.

깊이 차원: 표면적 이해를 넘어 본질적 통찰에 도달하는 것
지속성 차원: 읽은 내용이 장기기억에 안정적으로 저장되는 것
연결성 차원: 새로운 지식이 기존 지식과 창의적으로 결합하는 것
적용성 차원: 학습한 내용이 실제 삶에서 활용되는 것

마치 하나의 씨앗이 뿌리를 깊이 내리고 오랫동안 자라며 다른 식물들과 어우러져 결국 풍성한 열매를 맺는 것과 같습니다.

이 장을 마치고 나면 여러분은 다음과 같은 능력을 갖추게 됩니다.

학습 목표

1. 개인별 최적 균형점 발견: 속도와 깊이의 황금비율을 찾아 효율적이면서도 깊이 있는 독서를 할 수 있습니다.
2. 장기기억 시스템 구축: 망각곡선을 이기고 읽은 내용을 평생 기억할 수 있는 개인별 맞춤 시스템을 만들 수 있습니다.
3. 몰입 상태 진입: 언제든지 깊은 집중 상태에 들어가 최고의 독서 경험을 만들어 낼 수 있습니다.
4. 창의적 통찰력 개발: 서로 다른 개념들을 창의적으로 연결해 새로운 아이디어를 창출할 수 있습니다.
5. 개념 기반 독서 완성: 자신의 독서 과정을 객관적으로 관찰하고 지속적으로 개선할 수 있는 메타인지 능력을 갖춥니다.

이 장이 끝나면 여러분은 더 이상 '독서 기술을 배우는 사람'이 아니라 '독서의 전문가'가 될 것입니다.

독서 효과 극대화의 7가지 전략

1. 속도와 깊이의 최적 균형점 찾기

'빨리 읽고 싶은데 놓치는 것은 없을까요?', '깊이 읽으려고 하니까 너무 오래 걸려요.'

이런 고민 한 번쯤은 해 보셨을 것입니다. 마치 자동차를 운전할 때 속도와 안전 사이의 균형을 찾는 것처럼, 독서에서도 속도와 깊이 사이의 최적 균형점을 찾는 것이 중요합니다.

(1) 뇌과학이 밝혀낸 속도-이해도의 신경학적 관계

뇌과학에서 흥미로운 사실이 밝혀졌습니다. 우리 뇌의 언어 처리 네트워크는 마치 정교한 오케스트라와 같습니다. 5장에서 배운 브로카 영역, 베르니케 영역, 각회전이 최적의 타이밍으로 협력해야 최고의 성능을 발휘하지요. 연구에 따르면, 이 언어 처리 영역들은 적정한 속도일 때 가장 효율적으로 작동합니다. 너무 빠르면 이해도가 급격히 떨어지고, 너무 느리면 주의력이 분산되어 오히려 집중력이 떨어집니다. 그러나 여기에는 개인차가 있습니다. 마치 사람마다 걸음걸이 속도가 다른 것처럼, 각자의 뇌가 가진 고유한 리듬이 있다는 것이지요.

(2) 개인별 최적 독서 속도 발견법

그렇다면 여러분만의 최적 속도는 어떻게 찾을 수 있을까요? 다음의 3단계 방법을 소개합니다.

1단계: 기준점 설정하기

먼저 평소보다 빠른 속도로 5분간 읽어 보세요. 이때 이해도를 1~10점으로 점검해 보세요. 그다음에는 평소보다 느린 속도로 같은 시간 동안 읽고 이해도를 측정합니다.

2단계: 최적점 탐색하기

이해도가 8점 이상 나오는 속도 중에서 가장 빠른 속도가 여러분의 최적점입니다. 독서 연구에 따르면 많은 사람이 평소 속도의 적정 범위에서 최적점을 찾는다고 합니다.

3단계: 텍스트별 조절하기

텍스트의 난이도에 따라 속도를 조절해야 합니다. 마치 산길과 평지에서 운전 속도가 달라야 하는 것처럼 말입니다.

쉬운 텍스트: 최적 속도보다 빠르게

보통 텍스트: 최적 속도 그대로

어려운 텍스트: 최적 속도보다 천천히

(3) 깊이 있는 이해와 효율성의 황금비율

효과적인 독서를 위한 '70-20-10 법칙'을 소개합니다.

70%의 시간: 적정 속도로 꾸준히 읽기

20%의 시간: 중요한 부분에서 속도를 늦춰 깊이 사고하기

10%의 시간: 빠른 속도로 전체 맥락을 파악하기

이 비율을 지킬 때 이해도와 기억 지속성이 모두 최대화된다는 것입니다. 마치 요리할 때 센불, 중간 불, 약한 불을 적절히 사용해야 맛있는 음식이 나오는 것과 같습니다.

2. 실습: 개인별 최적 속도 측정 및 조절 연습

(1) 실습 1: 속도 측정 실험

평소 읽던 책이나 글을 준비하세요.

타이머를 5분으로 설정하고 평소 속도로 읽어 보세요.

읽은 양을 기록하고 이해도를 10점 만점으로 평가하세요.

같은 방식으로 빠른 속도, 느린 속도로도 실험해 보세요.

이해도 8점 이상을 유지하면서 가장 빠른 속도를 찾아보세요.

(2) 실습 2: 70-20-10 법칙 적용하기

한 '장'을 읽을 때

처음 10%는 빠르게 훑어보며 전체 구조 파악

중간 70%는 최적 속도로 꾸준히 읽기

마지막 20%는 중요한 개념들을 천천히 되새기며 읽기

핵심 도구: 속도-이해도 균형점 찾기 점검 리스트
개인 최적 속도 측정 완료
빠른 속도에서의 이해도: ____ 점
보통 속도에서의 이해도: ____ 점
느린 속도에서의 이해도: ____ 점
나의 최적 속도: __________ (분당 단어 수 또는 페이지 수)
텍스트별 속도 조절 기준 설정
쉬운 글: 최적 속도보다 빠르게
보통 글: 최적 속도의 100%
어려운 글: 최적 속도보다 천천히
70-20-10 법칙 적용 계획
빠른 훑어보기 시간: 전체의 10%
꾸준한 독서 시간: 전체의 70%
깊은 사고 시간: 전체의 20%
주간 점검 및 조정
이번 주 평균 이해도: ____ 점
속도 조절이 필요한 상황: __________
다음 주 개선 목표: __________

기억 지속력 극대화 시스템

'분명히 읽었는데 기억이 안 나요.', '좋은 내용이었던 것 같은데 뭐가 좋았는지 모르겠어요.' 이런 경험은 정말 속상하죠? 마치 소중한 보물을 발견했는데 집에 오는 길에 어디선가 떨어뜨린 것 같은 기분이 듭니다. 그러나 걱정하지 마세요. 뇌과학은 우리에게 기억을 오래 보관하는 확실한 방법을 알려 주고 있습니다.

1. 망각곡선을 이기는 복습 시스템

3장에서 배운 에빙하우스의 망각곡선을 기억하시나요? 우리가 배운 내용은 시간이 지남에 따라 급격히 잊혀집니다. 하루가 지나면 상당 부분을, 일주일 후에는 대부분을 잊어버리게 되지요. 그러나 희망적인 사실이 있습니다. 개념 기반으로 학습한 내용은 단순 암기보다 망각 속도가 훨씬 느립니다. 마치 뿌리 깊은 나무가 바람에 잘 넘어지지 않는 것처럼, 개념으로 연결된 기억은 더 오래 지속됩니다.

(1) 간격 반복 학습의 개념 기반 적용

간격 반복 학습(Spaced Repetition)은 기억 연구의 황금 법칙입니다. 그러나 단순히 반복하는 것이 아니라, 개념 기반으로 반복할 때 효과가 극대화됩니다. 개념 기반 간격 반복 학습은 다음과 같은 '3-7-21-60' 패턴을 따를 때 효과적입니다.

3일 후: 핵심 개념 재확인(5분)

7일 후: 개념 간 연결 관계 점검(10분)

21일 후: 다른 지식과의 융합 시도(15분)

60일 후: 실제 적용 사례 만들어 보기(20분)

이 유형을 따르면 장기기억 보존율이 대폭 올라간다고 합니다.

(2) 장기기억 강화를 위한 개념 연결법

우리 뇌는 독립적인 정보보다 연결된 정보를 훨씬 잘 기억합니다. 마치 거미줄처럼 서로 연결된 기억은 하나가 활성화되면 다른 것들도 함께 떠오르게 됩니다. 다음과 같은 연결 방법이 기억 지속력을 높여 줍니다.

① 수직적 연결: 같은 주제의 상하 개념 연결

예: 경제학 → 거시경제학 → 인플레이션 → 물가 상승

② 수평적 연결: 같은 수준의 다른 개념과 연결

예: 인플레이션 ↔ 실업률 ↔ 금리 ↔ 환율

③ 대각선 연결: 다른 분야의 유사 개념과 연결

예: 경제의 인플레이션 ↔ 물리의 열팽창 ↔ 사회의 갈등 증가

뇌과학 근거 - 해마와 신피질

2장에서 배운 해마를 기억하시나요? 해마는 마치 '기억의 임시 저장고'와 같아서 새로운 정보를 일시적으로 보관합니다. 그리고 잠들 때 일어나는 기억 공고화 과정에서 중요한 정보들을 신피질의 영구 저장고로 옮깁니다. 이때 개념적으로 연결된 정보일수록 중요한 정보로 판단되어 먼저 옮겨집니다. 흥미롭게도 이 과정은 잠들기 전 2시간 동안 어떤 생각을 하느냐에 크게 영향을 받습니다. 읽은 내용을 개념적으로 정리하고 연결해 보는 시간을 가지면 그 내용이 장기기억으로 옮겨질 확률이 크게 증가한다고 합니다.

---

2. 실습: 개인별 복습 일정표 설계하기

(1) 실습 1: 3-7-21-60 복습 달력 만들기

읽은 책이나 글의 제목과 날짜를 기록합니다.

달력에 복습 일정을 표시합니다.

3일 후: 핵심 개념 재확인

7일 후: 개념 연결 점검

21일 후: 지식 융합 시도

60일 후: 실제 적용 사례

각 복습 시간에 해야 할 구체적 활동을 미리 계획합니다.

(2) 실습 2: 개념 연결 지도 만들기

읽은 내용의 핵심 개념을 중심에 두고, 다음과 같이 연결선을 그어 보세요.

위로: 더 큰 개념(상위 개념)

아래로: 더 작은 개념(하위 개념)

좌우로: 같은 수준의 다른 개념들

대각선으로: 다른 분야의 유사 개념들

핵심 도구: 기억 강화 복습 달력

3. 독서 기록과 복습 일정표

날짜	읽은 내용	3일 후	7일 후	21일 후	60일 후
____	________	/	/	/	/
____	________	/	/	/	/

복습 활동 점검 리스트
3일 후 복습(5분)
핵심 개념 3~5개 떠올리기
기억나지 않는 부분 재확인
요약 노트 작성
7일 후 복습(10분)
개념 간 연결 관계 점검
다른 지식과의 연관성 찾기
의문점이나 추가 학습 필요 부분 표시

21일 후 복습(15분)
다른 분야 지식과 융합 시도
새로운 관점이나 통찰 기록
실생활 적용 방법 고민
60일 후 복습(20분)
실제 적용 사례 만들어 보기
다른 사람에게 설명해 보기
장기적 학습 계획에 반영

3

집중력 지속과
몰입 상태 만들기

준서의 고민: 수학 문제를 풀다가 갑자기 점심 메뉴 생각이 나고, 사회 교과서 읽다가 어제 본 유튜브가 떠올라요. 집중하려고 하면 할수록 더 딴생각이 나요.

이런 경험은 정말 답답하죠? 마치 라디오 주파수가 맞지 않아서 잡음이 섞여 나오는 것 같습니다. 그러나 뇌과학은 우리에게 언제든지 깊은 몰입 상태에 들어갈 수 있는 구체적인 방법을 알려 주고 있습니다.

1. 방해 요소 차단과 집중 환경 최적화

우리 뇌는 하루에 수많은 생각을 처리합니다. 그중에서 독서에 필요한 생각은 극히 일부에 불과하지요. 나머지는 모두 '인지적 잡음'이라고 할 수 있습니다. 그러나 놀라운 것은 물리적 환경을 최적화하는 것만으로도 이 잡음을 크게 줄일 수 있다는 사실입니다. 마치 좋은 녹음실에서 깨끗한 소리를 녹음할 수 있는 것처럼 좋은 독서 환경에서는 온전한 집중이 가능해집니다.

(1) 최적 독서 환경의 5가지 요소
조명: 자연광에 가까운 밝기

온도: 쾌적한 실온(개인차를 고려해서 조절)

소음: 조용한 환경(도서관 수준)

자세: 허리와 목이 일직선, 책과 눈의 적절한 거리

정리: 시야에 독서와 무관한 물건 최소화

(2) 몰입(Flow) 상태 진입 전략

심리학자 칙센트미하이(Csikszentmihalyi)가 발견한 '몰입(Flow)' 상태는 독서 최고의 경험입니다. 2장에서 배운 전전두피질을 기억하시나요? 몰입 상태에서는 전전두피질의 특정 영역이 활성화되면서 주의력이 한 곳에 집중됩니다. 동시에 딴생각을 만드는 뇌 네트워크의 활동이 현저히 감소하지요. 즉 딴생각이 거의 사라지고 오직 독서에만 몰두하게 되는 것입니다.

몰입 상태 진입을 위한 4단계 규칙
1단계: 의식적 준비(2분)
깊은 호흡 3회로 마음 가라앉히기
읽을 내용과 목표 명확히 설정하기
방해 요소들을 물리적으로 제거하기
2단계: 점진적 집중(5분)
쉬운 내용부터 시작해 점차 어려운 내용으로
처음 5분은 완벽한 이해보다는 흐름 파악에 집중
잡념이 들면 부드럽게 다시 텍스트로 주의 돌리기
3단계: 깊은 몰입(20~45분)
적절한 도전 수준의 내용 읽기
시간 의식 버리고 내용에만 집중
자연스러운 리듬 찾아 유지하기
4단계: 의식적 마무리(3분)
읽은 내용 간단히 정리하기
다음 독서 계획 세우기
성취감 충분히 느끼기

주의력 회복과 정신적 에너지 관리

주의력은 근육과 비슷합니다. 근육이 운동 후 휴식을 통해 더 강해지는 것처럼, 주의력도 적절한 휴식을 통해 더 강해집니다. '20-20-20'을 활용해 보세요.

20분 집중 독서 후
20초간 먼 거리 바라보기
20번의 깊은 호흡으로 재충전

이 방법을 사용하면 주의력이 높은 수준으로 회복되어 다음 20분 동안 다시 깊은 집중이 가능하다고 합니다.

뇌과학 근거
주의 네트워크와 기본 모드 네트워크 조절: 집중력의 뇌과학적 원리를 알면 더 효과적으로 활용할 수 있습니다. 우리 뇌에는 세 가지 주의 네트워크가 있습니다.
경계 네트워크: 중요한 정보 감지
실행 네트워크: 의식적 주의 조절
방향 네트워크: 공간적 주의 이동
독서 시 최적의 집중 상태는 실행 네트워크가 활성화되고 잡념을 만드는 네트워크가 억제될 때 나타납니다. 흥미롭게도 이 상태는 특정한 호흡 유형을 일정 시간 반복할 때 가장 효과적으로 유도된다고 합니다.

2. 실습: 개인별 몰입 환경 설계하기

(1) 실습 1: 나만의 몰입 환경 점검 리스트 만들기

몰입 환경 점검 리스트
물리적 환경 최적화
조명: 적절한 밝기
온도: ___도(가장 집중이 잘 되는 온도)
소음: 완전 무음 자연음 백색소음 기타: ___
자세: 의자 높이 ___ , 책거리 ___ cm
정리: 책상 위 필수품만 남기기
심리적 환경 준비
스마트폰: 다른 방에 두기 무음 모드 비행기 모드
목표 설정: 읽을 분량 ___ , 시간 ___ , 목적 ___
호흡 준비: 깊은 호흡법 3분간 실시

(2) 실습 2: 몰입 상태 진입 연습

1주일 동안 매일 같은 시간에 4단계 규칙을 연습해 보세요.

1일 차: 준비 단계만 연습(방해 요소 제거, 호흡법)

2일 차: 준비 + 점진적 집중 단계 연습

3일 차: 3단계까지 연습(20분 깊은 몰입 시도)

4일 차: 전체 4단계 완성

5~7일 차: 몰입 지속 시간 늘리기(최대 45분까지)

핵심 도구: 집중력 측정 및 개선: 점검 리스트 일일 집중력 모니터링

날짜	시작 시간	몰입 지속 시간	방해 요소	집중도(1-10)	개선 사항
____	____	____분	____	____점	____
____	____	____분	____	____점	____

3. 주간 집중력 개선 계획

(1) 이번 주 집중력 분석

평균 집중 지속 시간: ________ 분

주요 방해 요소: ________

가장 집중이 잘 된 시간대: ______ 시~ ______ 시

집중도가 높았던 환경적 조건: ________

(2) 다음 주 개선 목표

목표 집중 지속 시간: ________ 분(이번 주 + 5분)

제거할 방해 요소: ________

시도해 볼 새로운 방법: ________

환경 개선 계획: ________

창의적 연결과 통찰력 증진

'읽은 내용들이 따로 놀고 있는 것 같아요.', '새로운 아이디어가 떠오르지 않아요.'

은혜도 비슷한 고민을 했습니다.

은혜의 질문: '과학 시간에 배운 것과 사회 시간에 배운 것이 연결될 때가 있잖아요. 그런데 저는 왜 그런 게 잘 안 떠오르죠?'

이런 고민을 하신 적이 있나요? 마치 여러 개의 퍼즐 조각은 있는데 어떻게 맞춰야 할지 모르는 것 같은 느낌 말입니다. 그러나 뇌과학은 우리에게 흥미로운 사실을 알려 줍니다. 창의적 연결과 통찰은 우연히 일어나는 것이 아니라, 체계적으로 훈련할 수 있는 능력이라는 것입니다.

서로 다른 개념들의 창의적 결합법

창의성에 대한 흥미로운 사실이 있습니다. 우리 뇌는 서로 다른 영역의 정보를 연결할 때 가장 창의적인 아이디어를 만들어 냅니다. 이것을 '인지적 교차 수분(Cognitive Cross-Pollination)'이라고 부릅니다. 마치 서로 다른 식물의 꽃가루가 만나 새로운 품종을 만들어 내는 것처럼, 서로 다른 분야의 개념들이 만날 때 혁신적인 통찰이 탄생합니다.

1. 창의적 연결의 4가지 유형

(1) 유추적 연결(Analogical Connection)

서로 다른 분야에서 유사한 구조나 유형을 찾아 연결하는 것입니다. 예: 경제의 '거품'과

물리의 '표면장력' → 시장 안정성에 대한 새로운 이해

(2) 대비적 연결(Contrastive Connection)

상반된 개념들 사이에서 균형점이나 통합점을 찾는 것입니다. 예: '개인주의'와 '집단주의' → 개인과 사회의 조화로운 발전 방안

(3) 인과적 연결(Causal Connection)

원인과 결과의 연결 고리를 새롭게 발견하는 것입니다. 예: 수면 부족 → 창의성 저하 → 문제 해결 능력 감소 → 스트레스 증가

(4) 시간적 연결(Temporal Connection)

과거, 현재, 미래의 연결점을 찾아 새로운 의미를 만드는 것입니다.
예: 과거의 전염병 대응 → 현재의 팬데믹 → 미래의 글로벌 협력 체계

통찰의 순간에 뇌에서는 무슨 일이 일어날까요? 흥미롭게도, 통찰이 일어나는 순간 우뇌의 측두엽에서 '아하!' 신호가 발생하면서 전체 뇌 네트워크가 재구성됩니다. 마치 퍼즐의 마지막 조각을 맞췄을 때 전체 그림이 한눈에 보이는 것과 같지요. 더욱 흥미로운 것은 이런 통찰 순간을 의도적으로 유도할 수 있다는 사실입니다.

연구진이 개발한 'SPARK 기법'을 소개합니다.

S(Scan: 스캔): 읽은 내용에서 핵심 개념들을 빠르게 스캔하기

P(Pause: 휴지): 잠시 멈춰서 다른 경험이나 지식 떠올리기

A(Associate: 연상): 떠오른 것들과 현재 내용 사이의 연관성 찾기

R(Recombine: 재결합): 새로운 조합이나 관점 만들어 보기

K(Keep: 기록): 가치 있는 통찰은 즉시 기록하기

이 기법을 사용하면 통찰 발생 빈도가 현저히 증가한다고 합니다.

다학제적 사고와 융합적 이해

21세기에 중요한 역량 중 하나는 '다학제적 사고력'입니다. 단일 분야의 깊은 지식보다는 여러 분야를 넘나들며 연결하는 능력이 더 중요해졌지요.

다학제적 독서를 위한 '무지개 독서법'을 제안합니다.

빨간색(인문학): 철학, 문학, 역사 등에서 인간 본성과 가치에 대한 통찰

주황색(예술): 미술, 음악, 디자인 등에서 창조적 표현과 미적 감각

노란색(사회과학): 경제, 정치, 사회학 등에서 인간관계와 사회 구조

초록색(자연과학): 물리, 화학, 생물 등에서 자연법칙과 과학적 사고

파란색(기술): 공학, IT, 디지털 등에서 문제 해결과 혁신 방법

남색(수학): 논리, 통계, 수학 등에서 체계적 사고와 분석 능력

보라색(영성/철학): 종교, 명상, 윤리 등에서 존재와 의미에 대한 성찰

매주 서로 다른 색깔의 책이나 글을 읽고, 그 사이의 연결점을 찾아보는 것입니다.

뇌과학 근거
창의성과 통찰의 신경 메커니즘: 창의성은 단순히 '우뇌의 영역'에서만 일어나는 것이 아닙니다. 2장에서 배운 것처럼, 창의적 사고는 전체 뇌 네트워크의 역동적 상호작용의 결과입니다. 특히 세 가지 뇌 네트워크의 협력이 중요합니다.
기본 모드 네트워크: 자유로운 연상과 아이디어 생성
실행 네트워크: 아이디어 평가와 선별
돌출 네트워크: 가치 있는 연결점 감지
창의적 독서는 이 세 네트워크가 리듬감 있게 번갈아 활성화될 때 가장 효과적입니다. 연구진은 '3-2-1 리듬'을 제안합니다.
3분: 자유로운 연상(기본 모드 네트워크)
2분: 비판적 평가(실행 네트워크)
1분: 핵심 통찰 포착(돌출 네트워크)

2. 실습: 개념 간 창의적 연결 만들기 연습

(1) 실습 1: SPARK 기법 연습

오늘 읽은 책이나 글을 가지고 다음 단계를 따라서 해 보세요.

S(Scan) - 2분

핵심 개념 3~5개를 포스트잇에 적어 보세요.

각 개념을 한 단어로 압축해 보세요.

P(Pause) - 1분

눈을 감고 최근 경험했던 일들을 떠올려 보세요.

전혀 관련 없어 보이는 것들도 좋습니다.

A(Associate) - 3분

떠오른 경험과 핵심 개념들 사이의 연결점을 찾아보세요.

'마치 ~와 같다.', '~와 비슷하다.' 등의 표현을 써 보세요.

R(Recombine) - 3분

두 개 이상의 개념을 결합해서 새로운 아이디어를 만들어 보세요.

현실성보다는 참신함에 집중하세요.

K(Keep) - 1분

가장 흥미로운 통찰 하나를 선택해서 자세히 기록하세요. 왜 이것이 중요한지 이유도 함께 적어 보세요.

(2) 실습 2: 무지개 독서법 적용

이번 주부터 다음과 같이 실험해 보세요.

월요일: 인문학책/글 읽기 → 핵심 통찰(이해) 기록

화요일: 과학/기술 책/글 읽기 → 핵심 통찰(이해) 기록

수요일: 월화 내용 사이의 연결점 찾기

목요일: 예술/창작 책/글 읽기 → 핵심 통찰(이해) 기록

금요일: 사회과학책/글 읽기 → 핵심 통찰(이해) 기록

토요일: 목금 내용 사이의 연결점 찾기

일요일: 일주일 전체 내용의 융합적 성찰

핵심 도구: 창의적 연결 아이디어 맵: 창의적 연결 추적 시트
이번 주 읽은 내용들:
_____________ (분야: _____)
_____________ (분야: _____)
_____________ (분야: _____)
발견한 연결점들:
유추적 연결: [개념 A]와 [개념 B]는 모두 ______라는 점에서 유사하다. 이를 통해 ____________ 라는 새로운 관점을 얻었다.
대비적 연결: [개념 C]와 [개념 D]는 상반되지만, ______에서 균형을 이룬다. 이를 통해 ____________ 라는 통합적 이해가 가능하다.
창의적 융합 아이디어:
다음 주 탐구할 질문:
__________________?
__________________?

비판적 사고와 메타인지 강화

준서의 질문: 인터넷에서 읽은 글이 진짜인지 가짜인지 어떻게 알아요? 그리고 제가 이해한 게 맞는 건지 확인하려면 어떻게 해야 해요?

이런 질문을 한다는 것, 자체가 여러분이 이미 비판적 사고와 메타인지의 첫걸음을 내디뎠다는 뜻입니다. 마치 자신이 운전하는 모습을 위에서 내려다보며 더 안전하게 운전하는 것처럼 자신의 사고 과정을 관찰하고 조절하는 능력은 독서의 질을 혁신적으로 높여 줍니다.

1. 자신의 독서 과정을 관찰하고 조절하는 능력

메타인지란 '생각에 대한 생각', 즉 자신의 사고 과정을 관찰하고 조절하는 능력입니다.

2장에서 배운 전전두피질을 기억하시나요? 메타인지 능력이 높은 사람들은 독서 중에도 전전두피질 내측 영역이 지속적으로 활성화됩니다. 이것은 마치 컴퓨터의 백그라운드에서 돌아가는 모니터링 프로그램과 같습니다. 독서 내용을 처리하면서 동시에 '내가 지금 제대로 이해하고 있나?', '이 정보는 신뢰할 만한가?', '다른 관점은 없을까?'와 같은 질문을 끊임없이 던지는 것이지요.

메타인지 독서의 4단계 절차
1. 계획 단계
읽기 전: 이 글에서 무엇을 얻고 싶은가?
전략 선택: 어떤 방식으로 읽을 것인가?
목표 설정: 어느 정도까지 이해하면 충분한가?
2. 점검 단계
이해도 점검: 지금까지 내용을 정말 이해했나?
전략 효과 확인: 현재 방식이 효과적인가?
주의력 상태 체크: 집중이 흐트러지지 않았나?
3. 평가 단계
내용 검증: 이 정보가 논리적으로 타당한가?
편향 체크: 내 기존 생각에 매몰되지 않았나?
완성도 판단: 목표한 만큼 이해했나?
4. 조절 단계
전략 수정: 다른 방법을 시도해 볼까?
속도 조절: 더 천천히/빨리 읽어야 할까?
목표 재설정: 목표를 수정해야 할까?

(1) 비판적 질문과 회의적 사고의 균형

건전한 회의주의와 파괴적 회의주의를 구분하는 것이 중요합니다. 건전한 회의주의는 더 나은 이해를 위한 질문이지만 파괴적 회의주의는 모든 것을 부정하려는 태도입니다.

건전한 비판적 질문의 5가지 유형
1. 근거 확인 질문
이 주장의 근거는 무엇인가?
증거가 충분히 제시되었는가?
출처가 신뢰할 만한가?

2. 논리 검증 질문
결론이 전제로부터 논리적으로 도출되는가?
논리적 오류는 없는가?
반대 증거는 고려되었는가?
3. 관점 확장 질문
다른 관점에서는 어떻게 볼까?
문화적/시대적 편향은 없을까?
누구의 이익을 반영하고 있을까?
4. 적용 가능성 질문
이것이 실제로 적용 가능한가?
예외 상황은 없을까?
다른 맥락에서도 성립할까?
5. 발전 가능성 질문
이 아이디어를 어떻게 개선할 수 있을까?
어떤 추가 연구가 필요할까?
실용적 함의는 무엇일까?

(2) 인지적 편향 인식과 객관적 판단력

독서 과정에서는 다양한 인지적 편향이 나타날 수 있습니다. 흥미롭게도, 똑똑한 사람일수록 특정 편향에 더 취약할 수 있습니다. 자신의 판단에 대한 확신이 강하기 때문이지요.

독서에서 흔히 나타나는 7가지 편향

① 확증편향(Confirmation Bias): 자신의 기존 믿음을 지지하는 정보만 선택적으로 받아들이는 경향.
  - 대응법: 의도적으로 반대 의견이나 다른 관점 찾아보기
② 권위편향(Authority Bias): 저명한 사람이나 기관의 말이면 무조건 믿는 경향.
  - 대응법: 권위와 상관없이 내용 자체를 논리적으로 분석하기
③ 가용성 편향(Availability Heuristic): 쉽게 떠오르는 사례만을 근거로 판단하는 경향.

- 대응법: 통계적 데이터나 체계적 증거 찾아보기

④ 앵커링 편향(Anchoring Bias): 처음 접한 정보에 과도하게 의존하는 경향.

  - 대응법: 여러 출처의 정보를 비교하며 읽기

⑤ 후광효과(Halo Effect): 한 부분의 좋은 인상이 전체 평가에 영향을 주는 경향.

  - 대응법: 각 주장을 개별적으로 평가하기

⑥ 생존자편향(Survivorship Bias): 성공한 사례만 보고 실패한 사례는 간과하는 경향.

  - 대응법: 실패 사례나 예외 상황도 함께 고려하기

⑦ 더닝-크루거 효과(Dunning-Kruger Effect): 조금 알고도 많이 안다고 착각하는 경향.

  - 대응법: 끊임없이 모르는 것이 무엇인지 계속 점검하기

뇌과학 근거
메타인지와 실행 기능의 신경 기제: 메타인지는 전전두피질의 여러 영역이 복합적으로 협력하는 고차원적 인지 기능입니다.
배외측 전전두피질: 작업기억과 주의 조절
복내측 전전두피질: 가치 판단과 의사결정
전대상피질: 갈등 감지와 오류 모니터링
우측 측두두정엽: 관점 전환과 자기 성찰
흥미롭게도 이 영역들은 명상이나 성찰적 사고를 할 때 강화된다고 합니다. 매일 일정 시간 자신의 독서 과정을 돌아보는 것만으로도 메타인지 능력이 상당히 향상된다는 것입니다.

2. 실습: 메타인지 독서 일지 작성하기

(1) 실습 1: 4단계 메타인지 독서 실습

오늘부터 다음과 같은 순서로 독서해 보세요.

읽기 전(계획 단계) - 2분

읽는 목적: ___________________

예상 소요 시간: _____________

선택한 독서 전략: ____________

목표 이해도(1-10): _______________점

읽는 중(모니터링 단계) - 10분마다

현재 이해도(1-10): _______________점

집중도 상태: □높음 □보통 □낮음

전략 효과: □좋음 □보통 □나쁨

조절 필요 사항: _______________

읽은 후(평가 단계) - 5분

최종 이해도(1-10): _______________점

목표 달성도: _______________%

내용의 신뢰도 평가: _____________

발견한 편향이나 오류: ___________

성찰 시간(조절 단계) - 3분

효과적이었던 전략: _____________

개선이 필요한 부분: _____________

다음에 시도할 방법: _____________

메타 인지적 통찰: _____________

(2) 실습 2: 편향성 점검 리스트 활용

편향성 점검 리스트
중요한 글을 읽을 때마다 다음 질문들을 자신에게 던져 보세요.
확증편향: 내가 듣고 싶은 말만 듣고 있지는 않나?
권위편향: 유명한 사람이 말했다고 해서 무조건 믿고 있지는 않나?
가용성 편향: 쉽게 떠오르는 사례에만 의존하고 있지는 않나?
앵커링 편향: 첫 번째 정보에 너무 매몰되지는 않나?
후광효과: 어떤 한 부분만 보고 전체를 과대평가하고 있지는 않나?
생존자편향: 성공 사례만 보고 실패 사례는 무시하고 있지는 않나?
던닝-크루거 효과: 조금 알면서 전부 다 안다고 착각하고 있지는 않나?

핵심 도구: 비판적 사고 점검 가이드: 메타인지 독서 추적 일지

날짜	읽은 내용	계획점수	실제 점수	주요 편향	개선 사항
____	______	__/10	__/10	______	______
____	______	__/10	__/10	______	______

3. 이번 주 독서 메타인지 분석

비판적 사고 발전 추적

이번 주 성과
가장 효과적이었던 메타인지 전략: ______________
발견하고 극복한 편향: __________________
새롭게 시도한 비판적 질문: ________________
객관적 판단력이 향상된 사례: ________________

다음 주 목표
강화하고 싶은 메타인지 능력: ________________
주의 깊게 관찰할 편향: __________________
새롭게 시도할 비판적 질문 기법: ______________
구체적 실천 계획: __________________________

감정적 몰입과
논리적 분석의 통합

'이 글을 읽으니까, 마음이 움직이는데 이게 정말 옳은 것인지 모르겠어요.', '논리적으로는 맞는 말 같은데 왠지 공감이 안 돼요.'

은혜도 이런 경험을 했습니다.

은혜의 경험: 환경 보호에 관한 글을 읽었는데, 감동적이어서 '맞아, 맞아.' 했거든요. 그런데 나중에 생각해 보니 근거가 좀 부족한 것 같기도 하고, 감정이 앞서면 제대로 판단이 안 되는 것 같아요.

여러분도 이런 경험을 한 적이 있나요? 머리로는 이해되는데 마음으로는 받아들여지지 않거나, 감정적으로는 끌리는데 이성적으로는 의심스러운 상황 말입니다. 이는 인간의 자연스러운 반응입니다. 그러나 뇌과학은 우리에게 놀라운 사실을 알려줍니다. 감정과 논리가 조화롭게 작용할 때 우리의 이해력과 기억력이 최대화된다는 것입니다.

1. 감정과 이성의 조화로운 독서

감정과 이성은 대립 관계가 아니라 협력 관계입니다. 2장에서 배운 편도체(감정 담당)와 전전두피질(논리 담당)을 기억하시나요? 이 두 영역이 동시에 활성화될 때 학습 효과가 가장 높아집니다. 마치 오케스트라에서 바이올린과 첼로가 각각 연주할 때보다, 함께 연주할 때 훨씬 더 감동적인 하모니를 만들어 내는 것과 같습니다.

감정-논리 통합 독서의 3단계
1단계: 감정적 반응 인식하기
글을 읽으면서 생기는 감정적 반응을 의식적으로 관찰합니다.
이 부분을 읽으니 기분이 좋아진다.
이 주장에 대해 불편함을 느낀다.
이 사례가 나에게 희망을 준다.
2단계: 논리적 분석 수행하기
감정적 반응과 별개로 내용을 객관적으로 분석합니다.
이 논증의 구조는 타당한가?
제시된 증거는 충분한가?
다른 해석의 가능성은 없는가?
3단계: 감정과 논리의 대화 만들기
두 관점을 통합하여 더 깊은 이해에 도달합니다.
내 감정적 반응이 논리적 판단에 어떤 영향을 주었나?
논리적 분석이 내 감정을 어떻게 변화시켰나?
감정과 논리가 일치하지 않는다면 그 이유는 무엇인가?

(1) 공감적 이해와 분석적 사고의 균형

'인지적 공감'과 '분석적 거리두기'의 균형이 중요합니다. 적정한 공감과 분석의 비율로 읽을 때 이해의 깊이와 객관성이 모두 높아집니다.

공감적 독서의 기법들

① 관점 전환하기(Perspective Taking): 글쓴이의 입장으로 생각해 보기

  작가는 왜 이런 주장을 하게 되었을까?

  어떤 경험이나 배경이 이런 생각을 하게 했을까?

② 감정 이입하기(Emotional Resonance): 글에 담긴 감정을 자신의 경험과 연결하기

  나도 비슷한 상황에서 이런 감정을 느꼈던 적이 있다.

  이런 기쁨/슬픔/분노를 나는 언제 경험했었지?

③ 상황 맥락 이해하기(Contextual Understanding): 글이 써진 시대적, 사회적 배경 고려하기

  이 글이 써진 당시의 상황은 어떠했을까?

  현재와는 어떤 차이가 있을까?

분석적 독서의 기법들

① 구조 분석하기(Structural Analysis): 논증의 논리적 구조 파악하기

  주장-근거-결론의 연결이 타당한가?

  논리적 비약이나 오류는 없는가?

② 증거 검토하기(Evidence Evaluation): 제시된 증거의 질과 양 평가하기

  통계나 데이터가 신뢰할 만한가?

  반대 증거는 고려되었는가?

③ 함의 추론하기(Implication Analysis): 주장이 가져올 결과나 영향 분석하기

  이 주장이 맞다면 어떤 결과가 예상되는가?

  실제 적용할 때 어떤 문제가 생길 수 있는가?

(2) 텍스트와의 정서적 연결 극대화

텍스트와 강한 정서적 연결을 형성하면 기억이 훨씬 오래 지속됩니다. 정서적 연결은 단순히 감정이 좋아지는 것이 아니라 글의 내용이 자신의 정체성이나 가치관과 깊이 연결된다는 것을 의미합니다.

정서적 연결 강화 전략
1. 개인적 경험과 연결하기
이 내용이 내 인생에 어떤 의미가 있을까?
내가 겪었던 비슷한 경험은 무엇이 있을까?
이 글이 내 미래에 어떤 영향을 줄 수 있을까?
2. 가치관과 연결하기
이 내용이 내가 중요하게 생각하는 가치와 어떻게 연결되는가?
내 신념이나 철학과 일치하거나 충돌하는 부분은 무엇인가?
이 글이 내가 추구하는 삶의 방향과 어떤 관련이 있을까?
3. 미래 목표와 연결하기
이 지식이 내가 이루고 싶은 목표에 어떻게 도움이 될까?
내가 되고 싶은 사람이 되는 데 이 내용이 어떤 역할을 할까?
10년 후의 나에게 이 글이 어떤 의미로 기억될까?

뇌과학 근거
감정과 인지의 뇌 통합 과정: 감정과 인지가 뇌에서 어떻게 통합되는지 살펴볼까요? 감정과 인지의 통합에는 다음 뇌 영역들이 협력합니다.
전대상피질: 감정과 인지의 연결다리 역할
안와전두피질: 가치 판단과 의사결정 통합
편도체: 감정적 의미 부여
해마: 감정이 담긴 기억 형성
전전두피질: 감정 조절과 논리적 사고
흥미롭게도 이 영역들 사이의 연결이 강화되면 될수록 창의성과 통찰력도 함께 증가한다고 합니다. 감정과 논리의 통합은 단순히 이해력만 높이는 것이 아니라 창조적 사고의 토대가 되는 것입니다.

2. 실습: 감정-논리 통합 독서 연습

(1) 실습 1: 감정-논리 대화 일지 작성

오늘 읽은 글에 대해 다음과 같이 기록해 보세요.

감정적 반응 기록(5분)

이 글을 읽으면서 느낀 주요 감정들

기쁨/흥미: _______________________

불편함/의심: _______________________

공감/연민: _______________________

기타: _______________________

가장 강하게 반응한 부분과 그 이유

논리적 분석 기록(5분)

주요 논증의 구조:

주장: _______________________

근거: _______________________

결론: _______________________

논리적 타당성 평가

강점: _______________________

약점: _______________________

개선점: _______________________

감정-논리 통합 성찰(5분)

감정적 반응이 논리적 판단에 미친 영향

논리적 분석이 감정적 반응을 어떻게 변화시켰는가?

최종 통합된 이해와 평가

(2) 실습 2: 균형 독서 연습

한 장(chapter)을 읽을 때 다음 비율로 시간을 배분해 보세요.

공감적 읽기(전체의 70% 시간)

작가의 관점에서 읽기

감정적 반응에 주의 기울이기

개인적 경험과 연결하기

가치관과의 접점 찾기

분석적 읽기(전체의 30% 시간)

논리 구조 분석하기

증거와 근거 검토하기

반대 의견 고려하기

객관적 평가하기

3. 핵심 도구:
   감정-논리 균형 체크 시트: 감정-논리 통합 추적표

이번 주 읽은 글들의 감정-논리 분석

날짜	읽은 내용	감정 반응 강도(1-10)	논리 분석 깊이(1-10)	통합 만족도(1-10)
____	_______	____점	____점	____점
____	_______	____점	____점	____점

감정-논리 균형 자가 진단
감정적 측면 점검
글에 대한 감정적 반응을 의식적으로 관찰했는가?
작가의 관점에서 공감적으로 읽으려고 노력했는가?
개인적 경험이나 가치관과 연결해 보았는가?
텍스트와 정서적 유대감을 형성했는가?
논리적 측면 점검
논증의 구조를 체계적으로 분석했는가?
제시된 근거와 증거를 비판적으로 검토했는가?
다른 관점이나 반대 의견을 고려했는가?
객관적이고 합리적인 평가를 했는가?
통합적 측면 점검
감정과 논리 사이의 긴장이나 조화를 인식했는가?
두 관점을 종합해 더 깊은 이해에 도달했는가?
일방적이지 않은 균형 잡힌 독서를 했는가?
감정-논리 통합을 통해 새로운 통찰을 얻었는가?
다음 주 개선 계획
감정적 측면에서 더 개발하고 싶은 부분: _______________
논리적 측면에서 더 강화하고 싶은 부분: _______________
통합적 독서를 위한 구체적 실천 방법: _______________

독서 성과의 측정과 지속적 개선

'독서를 많이 하고 있는데 실력이 늘고 있는 건지 모르겠어요. 어떻게 해야 제가 발전하고 있는지 알 수 있을까요?' 준서도 이런 고민을 했습니다.

준서의 질문: '운동할 때는 기록이 늘면 실력이 는 거잖아요. 독서는 어떻게 알 수 있어요?'

이런 고민은 정말 중요하면서도 어려운 문제입니다. 마치 운동할 때 몸무게나 근력 같은 구체적인 지표가 있는 것처럼, 독서에서도 성장을 측정할 수 있는 객관적인 방법이 있다면 얼마나 좋을까요? 다행히 뇌과학과 학습과학의 발전 덕분에 독서 실력의 향상을 정확하게 측정하고 지속적으로 개선할 방법들이 개발되었습니다.

독서 효과를 객관적으로 측정하는 방법
독서 능력을 다차원적으로 평가하는 '독서 성과 측정의 틀'을 소개합니다. 이 체계는 5개 영역에서 독서 성과를 측정합니다.
1. 이해력 지표(Comprehension Metrics)
핵심 개념 추출 능력: 글의 주요 아이디어를 정확히 파악하는 정도
구조 파악 능력: 논증의 흐름과 구조를 이해하는 정도
함의 추론 능력: 명시되지 않은 의미를 추론하는 정도
측정 방법: 읽은 후 5분 안에 핵심 개념 3~5개를 추출하고 정확도 평가
2. 기억 지속력 지표(Retention Metrics)
즉시 기억률: 읽은 직후 기억하는 정도(목표: 높은 수준 이상)
단기 기억률: 3일 후 기억하는 정도(목표: 상당한 수준 이상)
장기 기억률: 30일 후 기억하는 정도(목표: 적절한 수준 이상)
측정 방법: 간격을 두고 같은 내용에 대해 회상 검사 실시

3. 적용력 지표(Application Metrics)
실생활 연결 능력: 읽은 내용을 실제 상황에 적용하는 정도
창의적 활용 능력: 새로운 맥락에서 지식을 활용하는 정도
문제 해결 기여도: 실제 문제 해결에 도움이 되는 정도
측정 방법: 읽은 내용을 바탕으로 실제 문제 해결 사례 만들어 보기
4. 연결력 지표(Connection Metrics)
개념 간 연결: 서로 다른 개념들을 연결하는 능력
분야 간 융합: 다른 분야 지식과 융합하는 능력
통찰 생성: 새로운 통찰이나 아이디어를 만드는 능력
측정 방법: 개념 연결 지도 작성 및 창의적 아이디어 개수 측정
5. 효율성 지표(Efficiency Metrics)
속도 대비 이해도: 단위 시간당 이해 성취도
집중 지속 시간: 깊은 집중을 유지할 수 있는 시간
피로도 관리: 독서 후 정신적 피로 수준
측정 방법: 시간당 이해도 점수 및 집중 지속 시간 기록

개인별 성장 지표 설정과 추적

개인별 맞춤 성장 지표가 중요합니다. 모든 사람에게 동일한 기준을 적용하는 것이 아니라, 각자의 출발점과 목표에 맞는 개별화된 지표를 설정하는 것이 핵심입니다.

1. SMART 독서 목표 설정법

S(Specific) - 구체적: '독서 실력 향상'이 아니라 '과학 논문의 핵심 논증 구조를 5분 안에 파악하기'

M(Measurable) - 측정 가능: '더 잘 읽기'가 아니라 '이해도 점수 7점에서 8.5점으로 향상'

A(Achievable) - **달성 가능**: 현재 수준에서 적정 비율 향상 목표로 설정(너무 높으면 좌절, 너무 낮으면 발전 없음)

R(Relevant) - **관련성 있는**: 자신의 학습 목적이나 생활과 직접적으로 연관된 목표

T(Time-bound) - **시간 한정**: '4주 안에', '이번 학기 말까지' 등 명확한 기한 설정

(1) 개인별 성장 추적 시스템

주간 측정(Weekly Assessment)

이번 주 읽은 책/글의 수: _____ 권/편

평균 이해도 점수: _________ /10점

평균 집중 지속 시간: _______ 분

새롭게 만든 개념 연결: ______ 개

월간 평가(Monthly Evaluation)

목표 대비 달성률: _____________ %

가장 향상된 영역: ____________

여전히 어려운 영역: ___________

다음 달 중점 개선 목표: ________

분기별 재검토(Quarterly Review)

3개월 전과 비교한 전반적 향상도: ____________ %

새롭게 확보한 독서 능력: ____________

독서가 실생활에 미친 긍정적 변화: ____________

다음 분기 도전 과제: ____________

지속적 개선을 위한 피드백 시스템: 효과적인 피드백 시스템의 특징은 다음과 같습니다.

즉시성: 독서 직후 피드백 제공

구체성: 무엇이 좋았고 무엇을 개선해야 하는지 명확히 제시

실행 가능성: 다음에 무엇을 어떻게 해야 하는지 구체적 방법 제시

균형성: 강점과 개선점을 균형 있게 제시

(2) 자기 피드백 시스템 구축

즉시 피드백(독서 직후)

이번 독서에서 잘한 점 3가지: ___________

어려웠거나 아쉬웠던 점 2가지: __________

다음번에 시도해 볼 방법 1가지: _________

주간 피드백(매주 일요일)

이번 주 독서에서 발견한 유형: __________

반복되는 강점과 약점: _______________

다음 주 실험해 볼 새로운 전략: _________

동료 피드백(월 1회)

가족이나 친구에게 읽은 내용 설명해 보기

상대방의 반응과 질문을 통해 자신의 이해도 점검

다른 사람의 관점에서 본 개선점 수집

뇌과학 근거
학습과 개선의 신경가소성(neuroplasticity)원리: 2장에서 배운 신경가소성(Neuroplasticity)을 기억하시나요? 뇌는 경험에 따라 끊임없이 변화합니다. 이 원리가 독서 능력 향상에도 그대로 적용됩니다.
신경가소성의 4가지 원리
1. **사용 의존성(Use-Dependent Plasticity)**: 자주 사용하는 신경 연결이 강화됩니다. 규칙적인 독서가 독서 관련 뇌 영역을 발달시키는 이유입니다.
2. **특이성(Specificity)**: 특정 기능을 반복할 때 그 기능과 관련된 뇌 영역이 특별히 발달합니다. 비판적 독서를 많이 하면 전전두피질이 강화됩니다.

3. **점진성(Progressivity)**: 점진적으로 난이도를, 높일 때 가장 효과적인 발달이 일어납니다. 갑작스러운 도전 보다는 단계적 발전이 중요합니다.

4. **반복성(Repetition)**: 충분한 반복을 통해 새로운 신경 연결이 안정화됩니다. 새로운 독서 기법을 익히려면 충분한 기간의 반복이 필요합니다.

2. 실습: 개인별 독서 성과 측정 시스템 구축

(1) 실습 1: 나만의 독서 성과 계기판 만들기

다음 양식을 활용해 자신만의 독서 성과 추적 시스템을 만들어 보세요.

기준선 측정(첫 주)

평소 독서 속도: ____ 분당 ____ 페이지

기본 이해도 수준: ____ /10점

집중 지속 가능 시간: ____ 분

3일 후 기억률: ____ %

개념 연결 능력: ____ /10점

주간 성과 추적표

주차	속도	이해도	집중 시간	기억률	연결 능력	종합점수
1주	____	____/10	____분	____%	____/10	____/50
2주	____	____/10	____분	____%	____/10	____/50
3주	____	____/10	____분	____%	____/10	____/50
4주	____	____/10	____분	____%	____/10	____/50

(2) 실습 2: 개인별 SMART 목표 설정

현재 상태 분석

가장 자신 있는 독서 영역: ____________

가장 개선이 필요한 영역: _______________

독서의 주요 목적: _________________

일주일 평균 독서 시간: _______________ 시간

4주 후 목표 설정

구체적 목표(Specific): ________________

측정 방법(Measurable): _______________

달성 가능성(Achievable): ______________

관련성(Relevant): __________________

기한(Time-bound): _________________

3. 핵심 도구: 독서 성과 추적 계기판: 종합 성과 점검 시스템

(1) 일일 점검(매일 독서 후 2분)

오늘의 이해도: ______ /10점

집중 지속 시간: _______ 분

새로운 통찰 개수: ______ 개

전반적 만족도: ______ /10점

(2) 주간 분석(매주 일요일 10분)

이번 주 평균 성과: ______ /10점

가장 성공적이었던 독서: _________

가장 어려웠던 독서: ___________

다음 주 개선 목표: ___________

(3) 월간 평가(매월 마지막 일요일 30분)

한 달간 전체 성장률: ____ %

목표 달성도: ____ %

새롭게 개발된 능력: _______________

다음 달 도전 과제: _______________

(4) 분기별 검토(3개월마다 1시간)

분기 전체 성과 요약: _______________

독서가 삶에 미친 긍정적 변화: _________

다음 분기 비전과 목표: _______________

장기적 독서 숙달 계획: _______________

성과 향상을 위한 실행 계획

(5) 이번 주 집중 개선 영역

주요 개선 목표: _______________

구체적 실천 방법: _______________

성공 지표: _______________

점검 방법: _______________

(6) 다음 달 도전 과제

새롭게 시도할 독서 기법: _______________

읽어 볼 새로운 분야: _______________

측정할 성과 지표: _______________

기대되는 변화: _______________

4. 통합 실습: 극대화 전략 종합 적용

지금까지 배운 7가지 전략을 모두 통합해 여러분만의 완벽한 독서 시스템을 만들어 보겠습니다. 마치 오케스트라의 악기들이 하나의 아름다운 교향곡을 연주하듯이, 모든 전략이 조화롭게 어우러져 최고의 독서 경험을 만들어 낼 것입니다.

(1) 완성 계획 1: 완전한 독서 경험 설계계획

목표: 7가지 전략을 모두 활용한 통합 독서 체계 구축

여러 학습 전략을 체계적으로 결합하면 시너지 효과가 크게, 증가합니다. 단순히 전략들을 나열하는 것이 아니라, 서로 유기적으로 연결되어 상승효과를 만들어 내는 것이지요.

통합 독서 체계의 설계 원리

- 순차적 통합(Sequential Integration): 각 전략을 읽기 전-중-후 단계에 맞춰 순서대로 적용
- 동시적 통합(Simultaneous Integration): 여러 전략을 동시에 활용해 복합적 효과 창출
- 피드백 통합(Feedback Integration): 각 전략의 결과가 다른 전략의 개선에 기여하는 순환 구조

온전한 독서 경험 작업 계획표
단계 1: 읽기 전 준비(10분)
속도-깊이 균형 설정(전략 1)
텍스트 난이도 평가: 쉬움 / 보통 / 어려움
목표 속도 설정: 최적 속도의 ___ %
예상 소요 시간: ___ 분
몰입 환경 조성(전략 3)
물리적 환경 최적화 체크
깊은 호흡법 3분 실시
방해 요소 완전 제거
메타인지 목표 설정(전략 5)
이번 독서의 구체적 목적: _____________
달성하고 싶은 이해 수준: ___ /10점
주의 깊게 관찰할 편향: _____________

단계 2: 읽는 중 통합 적용(주요 독서 시간)
70-20-10 리듬 유지(전략 1)
처음 10%: 빠른 전체 구조 파악
중간 70%: 최적 속도로 꾸준한 독서
마지막 20%: 중요 개념 깊이 사고
감정-논리 균형 독서(전략 6)
감정적 반응 의식적 관찰
논리적 구조 동시 분석
적정 공감, 분석 비율 유지
창의적 연결 시도(전략 4)
20분마다 SPARK 기법 적용
다른 분야 지식과 연결점 탐색
새로운 통찰 즉시 기록
메타인지 모니터링(전략 5)
15분마다 이해도 점검
편향이나 오류 실시간 감지
필요시 독서 전략 조정
단계 3: 읽은 후 통합 정리(15분)
기억 시스템 활성화(전략 2)
핵심 개념 3~5개 즉시 추출
개념 연결 지도 작성
3-7-21-60 복습 일정 설정
성과 측정 및 피드백(전략 7)
오늘의 독서 성과 점수 기록
각 전략의 효과성 평가
다음 독서를 위한 개선점 도출

개인별 맞춤형 독서 습관 설계

개인의 생체리듬, 성향, 환경에 맞춘 독서 습관이 표준화된 습관보다 훨씬 효과적입니다. 자신만의 최적 패턴을 찾는 것이 중요하지요.

개인화 요소 분석

생체리듬 분석

가장 집중이 잘 되는 시간대: ___ 시 - ___ 시

하루 중 에너지 수준 변화 유형(pattern): _______________

최적 독서 지속 시간: ___ 분(피로감 없이 집중이 가능한 시간)

성향 분석

선호하는 학습 스타일: 시각적 /청각적 /체험적 /논리적

선호하는 읽기 환경: /완전 조용 /적당한 소음 /음악 있음

성격적 특성: /외향적 /내향적 /감정적 /논리적

환경 분석

주로 독서하는 장소: _______________

독서 시간 확보 가능성: 충분 /보통 /부족

방해 요소 수준: 많음 /보통 /적음

나만의 독서 습관 설계 결과

최적 독서 시간대: ___ 시 ~ ___ 시(___ 분 간)

준비 습관: _______________

핵심 적용 전략: ____________

마무리 습관: _______________ 주간

반복 유형: _______________

<table>
<tr><td colspan="1" align="center">일주일간의 집중 독서 계획 실행</td></tr>
</table>

일주일간의 집중 독서 계획 실행
계획 개요: 설계한 통합 독서 시스템을 일주일간 실제로 적용하며 효과를 검증하고 개선점을 발견합니다.
일별 실행 계획
1일 차(월요일): 시스템 적응일
목표: 통합 시스템에 익숙해지기
중점: 각 전략을 순서대로 정확히 적용하기
평가 기준: 절차 준수율 80% 이상
2일 차(화요일): 속도 최적화일
목표: 개인 최적 속도 정밀 조정
중점: 속도-이해도 균형점 미세 조정
평가 기준: 이해도 8점 이상 유지하며 속도 5% 향상
3일 차(수요일): 깊이 강화일
목표: 메타인지와 비판적 사고 극대화
중점: 편향 감지와 논리적 분석 강화
평가 기준: 메타인지 점검 횟수 5회 이상
4일 차(목요일): 창의성 확장일
목표: 창의적 연결과 통찰 증진
중점: SPARK 기법과 무지개 독서법 적용
평가 기준: 새로운 통찰 3개 이상 발견
5일 차(금요일): 통합 완성일
목표: 모든 전략의 자연스러운 통합
중점: 의식적 노력 없이 자연스러운 적용
평가 기준: 전체 만족도 9점 이상
6일 차(토요일): 도전 확장일
목표: 어려운 텍스트에 시스템 적용
중점: 시스템의 적응성과 유연성 테스트
평가 기준: 어려운 글에서도 7점 이상 이해도
7일 차(일요일): 성찰 완성일
목표: 일주일 전체 경험 종합 정리
중점: 시스템 개선점 도출과 다음 계획 수립
평가 기준: 구체적 개선 계획 3개 이상 도출

목표: 일주일간의 독서 계획 결과를 객관적으로 분석하고 시스템을 개선합니다.

(2) 완성 계획 2: 독서 효과 측정 및 개선 계획

계획 전후 비교 분석

체계적인 전후 비교 분석은 지속적 개선 동기를 높여 줍니다. 자신의 변화를 객관적으로 확인할 수 있기 때문이지요.

정량적 비교 분석

측정 영역	계획 전	계획 후	향상도
평균 이해도(/10)	점	점	%
집중 지속 시간	분	분	%
읽기 속도	페이지/시간	페이지/시간	%
3일 후 기억률	%	%	%
개념 연결 능력(/10)			%
창의적 통찰 개수	개	개	%
만족도(/10)			%

정성적 변화 분석

① 독서 경험의 질적 변화

　　읽기 전과 가장 달라진 점: _________________

　　가장 놀라웠던 발견: ___________________

　　예상치 못한 긍정적 변화: _______________

② 개인적 성장 및 통찰

　　자신에 대해 새롭게 알게 된 점: ___________

　　독서에 대한 관점 변화: _________________

　　앞으로의 학습에 미칠 영향: _______________

개선점 도출과 다음 단계 계획

효과적인 개선을 위한 '3-2-1 개선 원칙'을 소개합니다.

3개의 잘된 점(계속 유지할 것)

2개의 개선점(다음에 바꿀 것)

1개의 도전 과제(새롭게 시도할 것)

3-2-1 개선 분석

3개의 성공 요소(Keep)

2개의 개선 영역(Improve)

문제점: _____________________ 개선 방법: _____________________

문제점: _____________________ 개선 방법: _____________________

1개의 새로운 도전(Challenge)

도전 과제: _____________________

실행 계획: _____________________

성공 지표: _____________________

지속 가능한 성장 체계구축

학습 체계의 지속 가능성을 위한 5가지 핵심 요소를 살펴볼까요?

1. 자동화(Automation): 의식적 노력 없이도 자연스럽게 실행되는 습관

2. 적응성(Adaptability): 상황 변화에 따라 유연하게 조절되는 시스템

3. 보상성(Rewarding): 실행할 때마다 즉각적 만족감을 주는 구조

4. 점진성(Progressive): 단계적으로 발전할 수 있는 성장 경로

5. 공동체성(Community): 다른 사람들과 함께 할 수 있는 사회적 요소

지속 가능한 독서 체계 설계
자동화 요소
매일 같은 시간, 같은 장소에서 독서하기
독서 전 준비 습관을 체화시키기
복습 알림을 자동으로 받을 수 있는 체계구축
적응성 요소
바쁜 날을 위한 축약형 체계 준비
다양한 텍스트 유형별 맞춤 전략 보유
컨디션에 따른 유연한 목표 조정
보상성 요소
독서 완료 후 즉각적 성취감 느끼기
주간/월간 성과 축하하기
독서를 통한 실생활 개선 사례 기록하기
점진성 요소
월별 새로운 도전 과제 설정
분기별 독서 난이도 상향 조정
연간 독서 숙달 종합계획 수립
공동체성 요소
독서 모임이나 연구 모임 참여
독서 후기나 통찰 SNS 공유
가족이나 친구와 독서 경험 나누기

(3) 완성 계획 3: 개인별 독서 완성 단계 설계

목표: Part 3 심화 편을 위한 장기적 독서 성장 지침을 수립합니다.

장기적 독서 성장 지침 작성

지속적으로 성장하는 학습자들에게는 공통된 특징이 있습니다. 그들은 모두 명확한 장기 비전과 단계적 실행 계획을 가지고 있습니다.

1년 독서 숙달 지침

1~3개월: 기초 시스템 완성기

목표: 7가지 극대화 전략의 완전한 체화

핵심 활동: 매일 통합 독서 방식 적용

성과 지표: 모든 전략을 자연스럽게 사용(자동화율 90% 이상)

단계 1: '독서 기본기 완성' 달성

4~6개월: 효율성 극대화기

목표: 속도와 깊이의 최적 균형점 완성

핵심 활동: 다양한 난이도 텍스트로 시스템 검사

성과 지표: 어떤 글이든 30분 내 핵심 파악(이해도 8점 이상)

단계 2: '독서 효율성 완성' 달성

7~9개월: 창의성 확장기

목표: 창의적 연결과 통찰력 극대화

핵심 활동: 다학제적 독서와 융합적 사고 연습

성과 지표: 월 3개 이상의 혁신적 아이디어 창출

단계 3: '독서 창의성 완성' 달성

10~12개월: 응용 능력 완성기

목표: 독서 지식의 실생활 적용 극대화

핵심 활동: 독서 내용을 바탕으로 한 실제 계획 실행

성과 지표: 독서 지식으로 실생활 문제 해결 사례 월 2개 이상

단계 4: '독서 응용 완성' 달성

개인별 강점 활용과 약점 보완 전략

개인의 인지적 프로필을 정확히 파악하면 맞춤형 학습 전략을 수립할 수 있습니다. 자신의 강점을 활용하고 약점을 보완하는 것이 핵심이지요.

개인별 인지적 인물정보 분석

① 강점 영역 분석

가장 자신 있는 독서 전략: ___________________

자연스럽게 잘 되는 독서 활동: ___________________

다른 사람보다 뛰어난 독서 능력: ___________________

독서를 통해 가장 잘 발휘되는 재능: ___________________

② 개선 영역 분석

가장 어려워하는 독서 전략: ___________________

자주 실수하거나 놓치는 부분: ___________________

다른 사람보다 부족한 독서 능력: ___________________

독서에서 가장 발전시키고 싶은 능력: ___________________

개인별 맞춤 전략

① 강점 활용 전략

주력 강점: ___________________

활용 방법: ___________________

보조 강점: ___________________

활용 방법: ___________________

② 약점 보완 전략

우선 개선 영역: ___________________

구체적 방법: ___________________

목표 시점: ___________________

차순 개선 영역: ___________________

구체적 방법: ___________________

목표 시점: ___________________

5. 3부 심화 편 준비 계획

3부에서는 완성된 독서 숙달 수준을 바탕으로 다양한 상황과 환경에 적용하는 심화 능력을 기를 예정입니다. 기본기가 탄탄한 학습자일수록 새로운 상황에서의 적응력이 높습니다. 2부에서 배운 기초를 잘 다졌다면, 3부 심화편에서 더욱 빛을 발할 것입니다.

6. 3부 심화 편 예습 계획

(1) 8장 '학습자별 맞춤형 접근법' 준비

현재 나의 학습자 유형 자가 진단하기

다양한 연령대와 상황별 독서 사례 조사하기

가족이나 주변 사람들의 독서 스타일 관찰하기

(2) 9장 '디지털 시대의 독서법' 준비

현재 사용 중인 디지털 독서 도구들 정리하기

디지털 독서의 장단점 개인적 경험 정리하기

온라인 정보의 신뢰성 판단 기준 수립하기

(3) 10장 '평생 독서 습관 만들기' 준비

10년 후 나의 독서 목표와 비전 설정하기

평생 학습을 위한 독서 분야 우선순위 정하기

독서를 통한 인생 설계 청사진 그려 보기

(4) 3부 연결을 위한 가교(bridge) 활동

독서 숙달 수준 인증하기

2부에서 배운 모든 전략을 종합 적용한 독서 실습

가족이나 친구에게 독서법 설명하고 피드백 받기

독서 성과를 객관적으로 측정하고 기록하기

심화 적용 준비하기

다양한 상황에서 독서법 적용 시뮬레이션

디지털 환경에서의 독서법 실험해 보기

평생 독서 계획의 초안 작성하기

(5) 2부 총정리 및 3부 연결

4장에서 개념 기반 독서법의 기본기를 차근차근 익혔고 5~6장에서는 의미 하나치 읽기와 다양한 텍스트 유형별 맞춤 전략을 배웠으며 7장에서는 독서 효과를 극대화하는 고급 전략들을 완전히 습득했습니다.

2부에서 여러분이 달성한 놀라운 성과들

① 4장 성과: 개념의 이해와 적용 과정을 체화

② 5장 성과: 의미 하나치 읽기 심화

③ 6가지 텍스트 유형별 맞춤 독서법 정복

④ 7장 성과: 7가지 극대화 전략을 통한 독서 기술 완성

2부를 완주한 여러분이 얻은 것들

이 모든 과정을 완주한 여러분은 다음과 같은 변화를 경험했을 것입니다.

이해도 향상: 단순 읽기에서 깊이 있는 통찰로

기억 지속성 증가: 금방 잊어버리던 내용을 장기간 보관

적용 능력 개선: 읽은 것을 실생활에서 활용하는 능력

창의적 연결 증가: 서로 다른 지식을 융합하는 능력

독서 만족도 상승: 독서 자체가 주는 기쁨과 성취감

준서와 은혜의 변화

준서: 예전에는 책 읽는 게 숙제 같았는데, 이제는 재미있어요. 읽은 내용이 머릿속에 남고, 다른 과목 공부할 때도 연결이 돼요.

은혜: 독서 노트 쓰는 게 습관이 됐어요. 친구들한테 책 내용을 설명해 주는 것도 좋아졌고요.

그러나 무엇보다 중요한 것은 여러분이 이제 '평생 학습자'로서의 확고한 기반을 갖추었다는 것입니다. 앞으로 어떤 새로운 분야를 만나더라도 어떤 어려운 책을 접하더라도 여러분은 자신 있게 도전할 수 있는 강력한 무기를 갖게 되었습니다.

개념 기반 독서법 실력 점검 리스트로 자신의 성장을 확인해 보는 시간을 갖겠습니다.

정직하게 점검해 보시고, 여러분이 얼마나 멀리 왔는지 실감해 보세요.

개념 기반 독서법 실력 점검 리스트
1부 이론 편 완전 이해
뇌과학적 근거 이해
개념 기반 독서가 뇌에 미치는 영향을 설명할 수 있다.
전전두피질, 해마, 브로카 영역의 역할을 이해한다.
신경 가소성의 원리를 독서에 적용할 수 있다.
4가지 핵심 원리 체화
사전 활성화의 중요성과 방법을 안다.
구조 중심 읽기를 자연스럽게 실행한다.
개념 간 연결의 가치를 체험했다.
메타 인지적 성찰을 습관화했다.
2부 실전편 완전 정복
4장 기본 시스템 마스터
4단계 독서 과정을 자동으로 실행한다.
어떤 글이든 핵심 개념을 빠르게 파악한다.
독서 전후의 변화를 명확히 인식한다.
체계적인 독서 노트를 작성할 수 있다.
5장 의미 하나치 읽기
왜 하나치로 읽어야 하는지, 뇌의 작동 방식을 과학적으로 이해한다.
문법적, 의미적, 리듬적 경계를 찾아 하나치를 나눌 수 있다.
자신의 수준에 맞는 하나치 크기를 찾고 단계적으로 향상시킨다.
의식하지 않아도 자연스럽게 하나치로 읽는 경지에 도달한다.

6장 텍스트 유형별 적용 능력
6가지 텍스트 유형을 즉시 구분한다.
각 유형에 맞는 전략을 자연스럽게 적용한다.
복합 텍스트에서도 적절한 전략을 선택한다.
유형별 특성을 고려한 깊이 있는 독서를 한다.
7장 극대화 전략 완성
개인 최적 독서 속도를 정확히 안다.
장기기억을 위한 복습 시스템을 운영한다.
언제든 몰입 상태에 진입할 수 있다.
창의적 연결과 통찰을 일상적으로 만든다.
자신의 독서 과정을 객관적으로 관찰한다.
감정과 논리를 균형 있게 통합한다.
독서 성과를 체계적으로 측정하고 개선한다.
통합 적용 능력
자신감과 확신
어떤 글이든 독서에 대한 두려움이 없다.
복잡하고 어려운 텍스트도 차근차근 접근할 수 있다.
독서를 통해 새로운 지식을 자신의 것으로 만든다.

| 참고 문헌 |

1. 몰입과 최적 경험

- Csikszentmihalyi, M. (1990). Flow: The Psychology of Optimal Experience.Harper & Row. (미하이 칙센트미하이, 「몰입」)(몰입 상태의 심리학, 최적 경험 이론)

2. 기억과 망각 연구

- Ebbinghaus, H. (1885). Über das Gedächtnis: Untersuchungen zur experimentellen Psychologie. Duncker & Humblot. (헤르만 에빙하우스, 「기억에 관하여」)(망각곡선 이론의 원전, 분산학습 효과)

3. 메타인지 연구

- Flavell, J. H. (1979). Metacognition and cognitive monitoring:A new area of cognitive-developmental inquiry.American Psychologist, 34(10), 906-911. (메타인지)

Ⅲ부

심화편

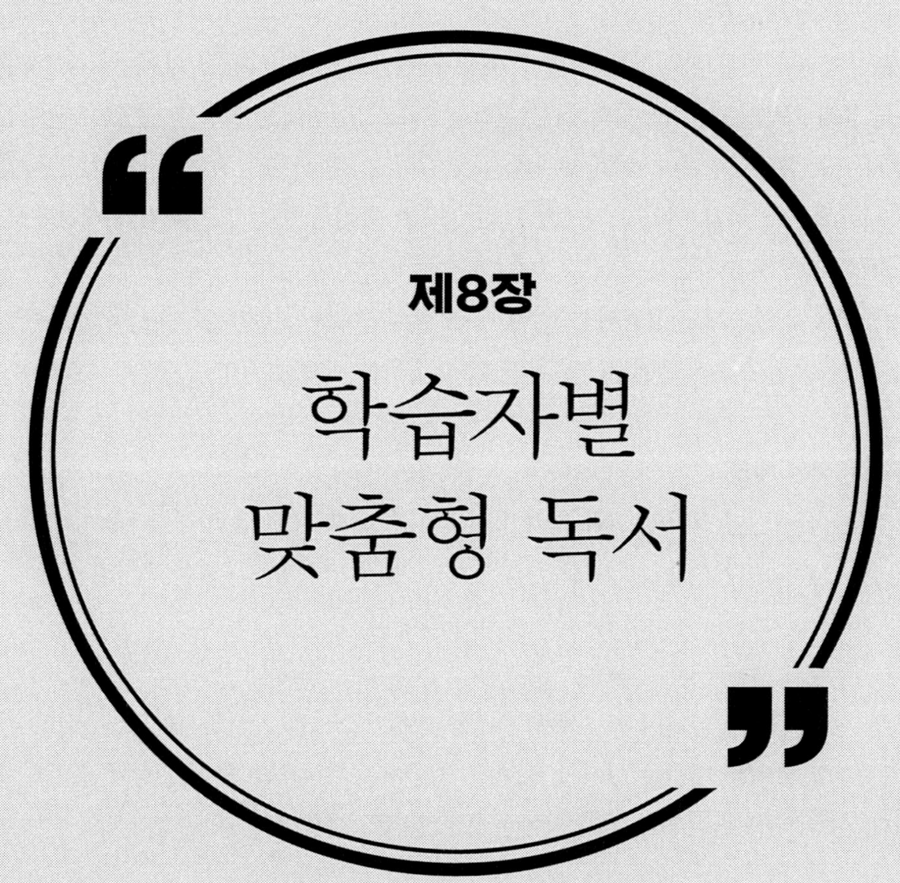

제8장

학습자별 맞춤형 독서

여러분만의 독서법을 완성하는 특별한 여정, 나만의 독서법을 만들 차례입니다. 지금까지 2부를 통해 개념 기반 독서법의 핵심 원리를 익히고 실전에서 활용할 수 있는 구체적인 방법을 배우고 숙달했습니다. 이제 3부 심화 편의 첫 번째 관문인 8장에서는 더욱 특별한 여정이 시작됩니다. 바로 여러분 각자가 가진 고유한 특성을 바탕으로 완전히 개인화된 독서법을 완성하는 것입니다.

똑같은 책을 읽었는데도 동료와는 전혀 다른 방식으로 이해하게 되거나 어떤 공부법은 나에게 잘 맞는데 다른 사람에게는 효과가 없는 경우를 경험한 적이 있나요?

준서와 은혜의 대화

준서: 나는 선생님이 칠판에 그림 그려서 설명해 주실 때 제일 잘 이해가 돼.

은혜: 나는 그것보다 선생님이 말로 설명해 주실 때가 더 좋아. 그림은 오히려 복잡해.

준서: 진짜? 신기하다. 우리 뇌가 다르게 작동하나 봐.

이것은 결코 우연이 아닙니다. 2장에서 배운 신경가소성을 기억하시나요? 우리의 뇌는 마치 지문처럼 고유한 패턴이 있어서 정보를 처리하고 기억하는 방식에 상당한 개인차가 있습니다. 같은 내용을 배워도 뇌가 받아들이는 방식이 사람마다 다른 것이지요.

지금까지 여러분이 배운 개념 기반 독서법은 마치 잘 설계된 자동차와 같습니다. 자동차의 기본적인 구조와 엔진은 모두 같지만, 운전자의 체형과 운전 스타일에 맞게 시트 높이를 조절하고 사이드미러 각도를 맞추고 핸들 위치를 조정해야 비로소 최고의 성능을 발휘할 수 있습니다.

이번 장에서는 여러분이 지금까지 익힌 개념 기반 독서법이라는 도구(자동차)를 여러분의 고유한 특성에 맞게 세밀하게 조정하는 방법을 배우게 됩니다. 더 이상 다른 사람의 방법을 그대로 따라 하는 것이 아니라 완전히 나만의 독서법을 만들어 가는 창조적인 과정을 경험할 수 있습니다.

학습 목표

1. 개인차의 뇌과학적 이해
여러분은 사람마다 다른 독서 유형이 나타나는 뇌과학적 근거를 이해하고, 개인차를 약점이 아닌 독특한 강점으로 인식하는 새로운 시각을 갖게 됩니다.

2. 6가지 개인 특성 영역을 체계적으로 탐색
연령, 학습 스타일, 성격, 목적, 환경, 수준이라는 6가지 핵심 영역에서 자신의 특성을 정확히 파악하고, 영역별로 최적화된 독서 전략을 구체적으로 설계할 수 있게 됩니다.

3. 통합적 맞춤 독서법 완성
6가지 영역의 분석 결과를 종합해 여러분만의 고유한 독서 체계를 완성하고, 다양한 상황에서 유연하게 적용할 수 있는 실력을 갖추게 됩니다.

4. 지속적 발전 체계구축
완성된 개인별 독서법을 바탕으로 변화하는 환경과 성장하는 자신에 맞춰 지속적으로 보완하고 발전시킬 수 있는 자기 주도적 학습 능력을 기르게 됩니다.

5. 디지털 시대 적응 준비
9장에서 다룰 디지털 환경에서의 독서법을 효과적으로 학습할 수 있도록, 개인별 특성을 명확히 이해하고 이를 새로운 환경에 적용할 수 있는 기초 역량을 완성하게 됩니다.

연령별
맞춤 접근법

발달 단계를 고려한 독서 나이는 숫자가 아니라 뇌의 발달 단계입니다. 나이가 들면 기억력이 떨어진다, 어른이 되면 새로운 것을 배우기 어렵다는 말들을 종종 듣게 됩니다. 그러나 현대 뇌과학 연구는 이런 편견들이 얼마나 잘못된 것인지를 명확히 보여 주고 있습니다. 오히려 연령대마다 고유한 인지적 강점이 있으며 이를 제대로 활용하면 어느 나이에서든 놀라운 학습 성과를 거둘 수 있다는 것이 밝혀졌습니다.

2장에서 배운 '신경가소성(Neuroplasticity)'을 기억하시나요? 우리의 뇌는 평생에 걸쳐 끊임없이 변화하고 발달합니다. 마치 강물이 흐르면서 주변 지형을 바꾸어 가는 것처럼, 우리의 뇌도 경험과 학습을 통해 새로운 신경 연결을 만들고 기존의 연결을 강화해 나갑니다.

1. 아동기(7-12세): 구체적 사고에서 추상적 사고로의 전환기

아동기의 뇌는 마치 스펀지와 같습니다. 새로운 정보를 빠르게 흡수합니다. 그러나 아직 추상적 개념을 완전히 이해하는 데는 어려움을 겪습니다. 이 시기의 독서법은 구체적이고 시각적인 요소를 적극 활용하는 것이 핵심입니다.

아동기 맞춤 독서 전략

1단계: 오감 활용 독서법

아이들에게는 책 속의 내용을 몸으로 체험할 수 있는 기회를 만들어주세요. 예를 들어 동물에 관한 책을 읽을 때는 해당 동물의 소리를 내보거나 움직임을 따라 해 보는 것입니다. 뇌과학적으로 이 시기의 운동 중추와 언어 중추는 서로 밀접하게 연결되어 있어서 몸의 움직임이 기억력을 높여 줍니다.

2단계: 이야기 연결법

아동의 뇌는 이야기 구조를 특히 잘 기억합니다. 새로운 개념을 배울 때는 반드시 이야기 형태로 연결해서 설명해 주세요. '왜 식물이 햇빛이 필요할까?'라는 질문에 '식물이 햇빛을 먹어야 힘이 나는 이야기'로 접근하는 방식입니다.

3단계: 반복과 확장의 나선형 학습

같은 개념을 조금씩 다른 방식으로 반복해서 만나게 해 주세요. 처음에는 그림책으로 다음에는 동영상으로 그다음에는 실험으로 접근하는 것처럼 말입니다.

2. 청소년기(13~18세): 정체성 형성과 비판적 사고의 발달기

청소년기는 뇌의 전전두피질이 급속도로 발달하는 시기입니다. 2장에서 배운 것처럼, 전전두피질은 '뇌의 사령탑'으로 논리적 사고와 판단을 담당하지요. 이 시기에는 논리적 사고와 비판적 분석 능력이 폭발적으로 성장합니다.

준서의 변화

준서: 요즘 책 읽을 때 '이게 정말 맞는 말인가?' 하고 따져보게 돼요. 예전에는 그냥 다 맞는 줄 알았는데.

이것이 바로 청소년기 뇌의 특징입니다. 새로운 아이디어에 민감하게 반응하고, 자신만의 독특한 관점을 형성하려는 욕구가 강해지는 것이지요.

청소년기 맞춤 독서 전략

1단계: 질문 중심 독서법

청소년들에게는 단순히 정보를 전달하기보다는 끊임없이 질문을 던지는 방식이 효과적입니다. '이 저자의 주장에 동의하나요? 왜 그렇게 생각하나요?'와 같은 질문을 통해 비판적 사고를 자극해 주세요.

2단계: 관점 비교 독서법

같은 주제에 대해 서로 다른 관점을 가진 여러 글을 비교해서 읽도록 안내해 주세요. 이는 청소년기 뇌의 분석적 사고력을 최대로 활용하는 방법입니다.

3단계: 개인적 연결 독서법

책의 내용을 자기의 경험이나 관심사와 연결할 수 있는 기회를 많이 만들어주세요. '만약 네가 이 상황에 있다면 어떻게 했을까?'와 같은 질문이 특히 효과적입니다.

3. 성인기(19~65세): 경험과 지식의 통합적 활용

성인기는 인생에서 가장 긴 시기이면서 동시에 가장 다양한 경험을 축적하는 시기입니다. 성인의 뇌는 이미 쌓인 지식과 경험을 바탕으로 새로운 정보를 매우 효율적으로 처리할 수 있습니다. 특히 20대 후반부터는 '결정화된 지능'이라고 불리는 능력이 지속적으로 향상됩니다. 복잡한 문제를 해결하고 통찰력 있는 판단을 내리는 데 뛰어난 성과를 보이지요.

3장에서 배운 스키마(Schema)를 기억하시나요? 성인은 풍부한 스키마를 활용해서 새로운 정보를 기존 지식과 빠르게 연결할 수 있습니다.

성인기 맞춤 독서 전략

1단계: 경험 연결 독서법

새로운 내용을 읽을 때마다 자신의 과거 경험과 연결점을 찾아보세요. 이는 성인 뇌의 가장 큰 강점인 '스키마 활용' 능력을 최대한 발휘하는 방법입니다.

2단계: 목적 지향적 독서법

성인기에는 명확한 목적을 가지고 읽을 때 집중력과 이해도가 현저하게 향상됩니다. 읽기 전에 '이 책을 통해 무엇을 얻고 싶은가?'를 명확히 하세요.

3단계: 실용적 적용 독서법

배운 내용을 즉시 실생활이나 업무에 적용해 볼 수 있는 방법을 적극적으로 찾아보세요. 성인의 뇌는 실용성이 높은 정보에 대해 특별히 높은 관심과 기억력을 보입니다.

4. 노년기(65세 이상): 지혜의 축적과 전수기

노년기에 대한 가장 큰 오해 중 하나는 학습 능력이 전반적으로 떨어진다는 것입니다. 그러나 노년기 뇌에는 놀라운 능력이 있습니다. 특히 '지혜'라고 불리는 고차원적 사고 능력은 오히려 나이가 들면서 더욱 발달합니다. 복잡한 상황을 전체적으로 조망하고, 다양한 관점을 통합해서 균형 잡힌 판단을 내리는 능력이지요. 노년기의 뇌는 복잡한 상황을 전체적으로 조망하고 다양한 관점을 통합해서 균형 잡힌 판단을 내리는 데 탁월한 능력을 보입니다.

노년기 맞춤 독서 전략

1단계: 의미 중심 독서법

세부적인 정보보다는 전체적인 의미와 통찰에 집중하는 독서법이 효과적입니다. '이 글이 전하고자 하는 핵심 메시지는 무엇인가?'에 주목해 보세요.

2단계: 성찰적 독서법

읽은 내용을 자신의 인생 경험과 연결해서 깊이 있게 성찰하는 시간을 충분히 가지세요. 노년기 뇌의 가장 큰 강점인 통합적 사고력을 활용하는 방법입니다.

3단계: 나눔 중심 독서법

읽은 내용을 다른 사람들과 나누고 토론하는 과정을 적극적으로 활용해 보세요. 노년기에는 지식을 전수하고 나누는 과정에서 뇌가 특별히 활성화됩니다.

5. 연령별 독서 안내 점검 리스트

아동기 점검 요소
책의 내용을 몸으로 표현해 볼 수 있는 활동이 포함되어 있나요?
새로운 개념을 구체적인 예시나 이야기로 설명하고 있나요?
아이의 호기심을 자극하는 질문들이 적절히 배치되어 있나요?
반복 학습을 위한 다양한 접근 방법이 준비되어 있나요?

청소년기 점검 요소
비판적 사고를 유도하는 질문들이 충분히 포함되어 있나요?
서로 다른 관점을 비교할 수 있는 자료가 제공되나요?
개인적 경험과 연결할 수 있는 기회가 마련되어 있나요?
독립적인 사고를 격려하는 분위기가 조성되어 있나요?

성인기 점검 요소
명확한 학습 목적이 설정되어 있나요?
기존 경험과 연결점을 찾을 수 있는 구조가 있나요?
실용적 적용 방법이 구체적으로 제시되어 있나요?
효율적인 시간 활용이 가능한 구성인가요?

노년기 점검 요소
전체적인 의미와 통찰에 집중할 수 있는 구조인가요?
충분한 성찰과 사색의 시간이 보장되나요?
다른 사람들과 나눌 수 있는 기회가 포함되어 있나요?
평생의 지혜를 활용할 수 있는 접근법인가요?

학습 유형별 맞춤 전략: 인지 특성에 따른 접근

여러분의 뇌는 어떤 방식으로 정보를 가장 잘 받아들일까요? 혹시 이런 경험이 있나요? 어떤 사람은 그림이나 도표로 설명하면 바로 이해하는데 다른 사람은 말로 설명해야 훨씬 잘 알아듣는 경우 말입니다. 또 직접 해 보면서 배워야 제대로 익혀지는 사람들도 있지요. 이것은 우리 각자의 뇌가 정보를 처리하는 방식에 차이가 있기 때문입니다. 인지과학자들의 연구에서 이런 개인차는 뇌의 감각 처리 영역과 기억 중추 사이의 연결 패턴에 따라 결정됩니다. 2장에서 배운 것처럼, 뇌의 각 영역은 서로 연결되어 정보를 주고받는데, 이 연결의 강도가 사람마다 다른 것이지요. 마치 서로 다른 고속도로를 통해 같은 목적지에 도달하는 것처럼 같은 정보라도 사람마다 가장 효율적인 학습 경로가 따로 있다는 것입니다. 그러므로 중요한 것은, 어떤 학습 스타일이 다른 학습 스타일보다 더 우수하다거나 열등하다는 것이 아니라는 점입니다. 각각의 스타일은 모두 고유한 강점이 있으며 자신의 스타일을 정확히 파악하고 그것에 맞는 전략을 사용할 때 최고의 학습 효과를 거둘 수 있습니다.

1. 시각적 학습자: 이미지와 도식을 활용한 개념 기반 독서

시각적 학습자는 전체 인구의 상당 부분을 차지하는 일반적인 유형입니다. 시각적 학습자의 뇌는 시각피질과 해마(기억 중추) 사이의 연결이 특별히 발달해 있어서, 이미지나 그래프, 도표 등의 시각적 정보를 매우 효율적으로 처리할 수 있습니다.

준서의 경우: 저는 선생님이 칠판에 그림 그려 주실 때 '아하!' 하고 이해가 돼요. 마인드 맵으로 정리하면 시험 때 그 그림이 머릿속에 떠올라요.

준서처럼 '눈으로 보면 이해가 된다'라고 느끼는 사람이 시각적 학습자입니다.

(1) 시각적 학습자의 특징

글을 읽을 때 머릿속으로 그림을 그리면서 이해하는 경향

색깔이나 형태를 활용한 정리법을 선호

'한눈에 보여 주세요'라는 표현을 자주 사용

복잡한 내용도 도표나 마인드맵으로 만들면 쉽게 이해

(2) 시각적 학습자를 위한 개념 기반 독서법

1단계: 시각적 미리 보기

책을 읽기 전에 목차, 제목, 그림, 도표 등을 먼저 훑어보면서 전체적인 구조를 시각적으로 파악하세요. 이것은 시각적 학습자의 뇌에 일종의 '지도'를 제공하는 효과가 있습니다.

2단계: 개념 지도 그리기

읽으면서 핵심 개념들 사이의 관계를 그림으로 표현해 보세요. 단순한 선으로 연결하는 것부터 시작해서 점차 색깔과 형태를 활용한 복잡한 도식까지 발전시켜 나가세요.

3단계: 색깔 부호화방식

중요도나 주제별로 서로 다른 색깔을 정해서 일관되게 사용하세요. 예를 들어, 빨간색은 핵심 개념, 파란색은 구체적 사례, 녹색은 개인적 생각 등으로 구분하는 것입니다.

4단계: 이미지 연상법

추상적인 개념을 구체적인 이미지로 변환해서 기억하는 연습을 해 보세요. 예를 들어 '경제 성장'이라는 개념을 '위로 뻗어나가는 나무'의 이미지로 연상하는 것입니다.

2. 청각적 학습자: 내적 음성과 리듬을 활용한 독서

청각적 학습자는 소리와 리듬을 통해 정보를 가장 효과적으로 처리합니다. 이들의 뇌에서는 청각피질과 언어 중추 사이의 연결이 특별히 강화되어 있어서, 말의 억양이나 리듬, 반복 등을 통해 기억력이 향상됩니다.

은혜의 경우: 저는 선생님 설명을 들을 때 제일 잘 이해돼요. 영어 단어도 여러 번 소리 내서 읽으면 잘 외워져요. 노래 가사는 한 번만 들어도 기억나는데, 그림은 잘 기억 안 나요.

은혜처럼 '들으면 이해가 된다.'라고 느끼는 사람이 청각적 학습자입니다.

(1) 청각적 학습자의 특징
읽을 때 머릿속으로 소리 내어 읽거나 중얼거리는 습관
음악이나 리듬이 있는 환경에서 집중이 잘 됨
'들어 보니 이해가 됩니다'라는 표현을 자주 사용
토론이나 설명을 들을 때 이해도가 높아짐

(2) 청각적 학습자를 위한 개념 기반 독서법

1단계: 소리 내어 읽기
중요한 부분은 실제로 소리 내어 읽어 보세요. 조용한 환경에서는 작은 소리로 혼자 있을 때는 큰 소리로 읽으면서 귀로 들어오는 정보를 뇌가 처리할 수 있도록 해 주세요.

2단계: 내적 대화법
읽으면서 저자와 대화하는 것처럼 마음속으로 질문하고 답해 보세요. '왜 이렇게 생각하는 거지?', '내 경험과는 어떻게, 다르지?' 등의 내적 대화를 활발히 진행하세요.

3단계: 리듬과 운율 활용
핵심 내용을 리듬감 있게 정리해 보세요. 마치 랩(rap)이나 시처럼 운율을 맞춰서 중요한 개념들을 외우면 기억력이 뚜렷하게 향상됩니다.

4단계: 요약 녹음법

읽은 내용을 자기의 말로 요약해서 녹음해 보세요. 나중에 이를 들으면서 복습하면 청각적 학습자에게는 매우 효과적인 학습법이 됩니다.

3. 운동 감각적 학습자: 체험과 행동을 통한 독서

운동 감각적 학습자는 몸의 움직임과 촉각적 경험을 통해 가장 효과적으로 학습합니다. 운동감각적 학습자의 뇌에서는 운동피질과 인지 중추가 특별히 밀접하게 연결되어 있습니다. 그래서 신체적 활동이 학습과 기억에 큰 영향을 미치지요. 이런 친구들은 '직접 해 봐야 알겠어.' '손으로 만져 봐야 이해가 돼.'라고 말하는 경우가 많습니다.

(1) 운동 감각적 학습자의 특징

가만히 앉아서 읽기보다는 움직이면서 읽는 것을 선호
손으로 만지거나 직접 해볼 수 있는 활동을 좋아함
'감이 온다.', '손에 익는다.'라는 표현을 자주 사용
실습이나 체험 학습에서 뛰어난 성과를 보임

(2) 운동 감각적 학습자를 위한 개념 기반 독서법

1단계: 움직임과 함께 읽기

책을 읽을 때 완전히 정적인 자세보다는 적당한 움직임을 허용하세요. 발가락을 움직이거나 펜을 돌리거나 가벼운 스트레칭을 하면서 읽는 것이 집중력 향상에 도움이 됩니다.

2단계: 손으로 쓰며 정리하기

중요한 내용은 반드시 손으로 직접 써보세요. 타이핑이 아닌 손 글씨로 써야 운동 감각적 학습자의 뇌가 정보를 더 깊이 처리할 수 있습니다.

3단계: 역할극과 시뮬레이션

책의 내용을 실제 상황으로 가정하고 역할극을 해 보거나 구체적인 행동으로 표현해 보세요. 예를 들어 역사책을 읽을 때는 그 시대 인물이 되어 보는 것입니다.

4단계: 실물과 모형의 활용

가능하다면 책 내용과 관련된 실물이나 모형을 직접 만져 보고 조작해 보세요. 이런 촉각적 경험이 추상적 개념의 이해를 상당히 도와줍니다.

4. 복합적 학습자: 다중 감각 통합 독서법

실제로는 많은 사람들이 한 가지 스타일만 선호하기보다는 여러 스타일을 복합적으로 활용합니다. 여러 감각을 동시에 활용하면 기억력과 이해력이 훨씬 향상됩니다. 2장에서 배운 것처럼, 뇌의 서로 다른 영역들이 동시에 활성화되면서 더욱 강력한 신경 네트워크를 형성하기 때문이지요. 마치 여러 갈래의 실을 꼬아서 만든 밧줄이 한 가닥 실보다 훨씬 튼튼한 것과 같습니다.

복합적 학습자를 위한 통합 독서법

1단계: 감각 조합 실험

같은 내용을 서로 다른 감각을 활용해서 반복 학습해 보세요. 먼저 시각적으로 정리하고 다음에는 소리 내어 읽고 마지막에는 손으로 써보는 방식입니다.

2단계: 순환적 접근법

하나의 주제를 여러 번에 걸쳐 다른 방식으로 접근해 보세요. 첫 번째는 개념 지도로 두 번째는 토론으로 세 번째는 실습(운동감각)으로 학습하는 것입니다.

3단계: 상황별 스타일 전환

내용의 특성이나 상황에 따라 적절한 학습 스타일을 선택해서 활용해 보세요. 복잡한 구조는 시각적으로, 암기할 내용은 청각적으로, 실용적 기술은 운동 감각적으로 접근하는 것입니다.

5. 학습 스타일 진단 도구

다음 질문들을 통해 자신의 주요 학습 성향을 파악해 보세요.

시각적 학습자 성향
설명을 들을 때 머릿속으로 그림을 그려 가며 이해한다.
색상이 다양한 책이나 자료를 더 좋아한다.
지도나 도표를 보면 길을 쉽게 찾는다.
사람의 얼굴을 잘 기억하는 편이다.
정리 정돈이 잘 되어 있을 때 집중이 잘 된다.

청각적 학습자 성향
음악이나 소리에 민감하게 반응한다.
전화 통화로도 복잡한 내용을 잘 이해한다.
운율이나 리듬감 있는 내용을 잘 기억한다.
토론이나 대화를 통해 생각이 정리된다.
조용한 환경보다 적당한 소음이 있을 때 집중이 잘 된다.

운동 감각적 학습자 성향
가만히 앉아 있기보다 움직이면서 생각하는 것을 좋아한다.
직접 해 보면서 배우는 것을 선호한다.
손으로 만지거나 조작할 수 있는 것에 관심이 많다.
체험 활동이나 실습으로 더 잘 이해한다.
감정이나 분위기에 민감하게 반응한다.

6. 실습: 개인별 학습 스타일 진단 및 맞춤 전략 적용

지금 여러분이 읽고 계신 이 텍스트를 가지고 각 학습 스타일별 전략을 실제로 적용해 보세요.

(1) 시각적 접근 실습

이 장의 내용을 마인드맵으로 그려 보세요. 중앙에 '학습 성향별 독서법'을 쓰고, 네 개의 가지로 각 유형을 나누어 그려 보십시오.

(2) 청각적 접근 실습

방금 읽은 부분 중 한 단락을 선택해서 소리 내어 읽어 보세요. 그리고 그 내용을 마치 친구에게 설명해 주듯이 자신의 말로 요약해 보세요.

(3) 운동 감각적 접근 실습

포스트잇 세 장에 '시각적', '청각적', '운동 감각적'이라고 써서 책상 위에 놓고, 각각에 해당하는 특성들을 적어 보세요. 손으로 직접 움직이면서 분류해 보시기 바랍니다.

성격 유형별 독서법: 심리적 특성을 반영한 접근

같은 책을 읽어도 어떤 사람은 혼자 조용히 집중해서 읽는 것을 좋아하고, 어떤 사람은 다른 사람들과 함께 토론하면서 읽는 것을 더 즐긴다는 사실을 알고 있나요? 또 어떤 사람은 세세한 부분까지 꼼꼼히 분석하면서 읽고, 어떤 사람은 전체적인 흐름과 직감에 의존해서 읽는 것 말이죠.

이런 차이는 단순한 습관의 문제가 아닙니다. 최근 뇌과학 연구에 따르면, 개인의 성격과 기질이 뇌의 신경 네트워크 구조와 활동 유형에 직접적인 영향을 미친다고 합니다. 마치 각자의 지문이 다르듯이 우리의 성격적 특성도 색다르고 고유한 뇌 활동 유형을 만들어 내는 것입니다. 따라서 자신의 성격적 특성을 이해하고 이에 맞는 독서법을 적용한다면, 훨씬 더 자연스럽고 효과적인 학습이 가능해집니다.

1. 내향적 성격: 깊이 있는 성찰적 독서법

내향적 성격의 사람들은 마치 깊은 우물처럼, 외부의 자극보다는 내면의 깊은 사고와 성찰을 통해 에너지를 얻고 통찰을 발견합니다. 내향적인 사람들의 뇌는 외부 자극보다 내부 처리 과정에 더 많은 자원을 할당합니다.

은혜의 경우: '저는 도서관에서 혼자 조용히 책 읽을 때 제일 집중이 잘 돼요. 독서 모임에서 토론하는 건 좀 피곤해요.'

은혜처럼 혼자 있는 시간에 에너지를 충전하는 사람이 내향적 성격입니다.

(1) 핵심 특성

조용하고 방해받지 않는 환경에서 최고의 집중력 발휘

깊이 있는 사고와 성찰을 통한 이해 선호

충분한 시간을 갖고 천천히 음미하며 읽는 스타일

개인적 의미와 연결점을 찾아가는 과정 중시

(2) 맞춤 독서 전략

깊이 읽기 실천

빨리 많은 책을 읽으려 하지 말고, 한 권을 깊이 있게 읽어 보세요. 한 문장, 한 단락을 읽고 나서 잠시 멈춰서 그 의미를 곰곰이 생각해 보는 시간을 가져 보기를 바랍니다.

성찰 일기 작성

독서 과정에서 떠오르는 생각들을 일기 형태로 기록해 보세요. '이 부분을 읽으면서 나는 왜 이런 생각이 들었을까?', '이것이 내 삶과 어떤 연관이 있을까?'와 같은 개인적 성찰을 글로 남겨보는 것입니다.

조용한 독서 환경 조성

혼자만의 조용한 공간에서 읽는 것이 가장 효과적입니다. 도서관의 조용한 자리나 집의 개인 공간처럼 외부 자극이 최소화된 환경을 만들어 보세요.

반복 읽기 활용

중요하다고 생각되는 부분은 여러 번 반복해서 읽어 보세요. 읽을 때마다 새로운 의미와 통찰을 발견할 수 있을 것입니다.

2. 외향적 성격: 사회적 상호작용을 통한 독서법

외향적 성격의 사람들은 마치 활발한 광장처럼, 다른 사람들과의 상호작용과 외부 자극을 통해 에너지를 얻고 새로운 아이디어를 발전시킵니다. 저명한 뇌과학자들의 연구에 의하면 외향적인 사람들의 뇌는 사회적 상호작용과 외부 자극에 더 활발하게 반응한다고 합니다.

(1) 핵심 특성

다른 사람들과의 토론과 대화를 통한 이해 선호

외부 자극과 변화가 있는 환경에서 활력 증가

즉각적인 피드백과 반응을 통한 학습 효과 극대화

사회적 맥락에서 지식의 의미 발견

(2) 맞춤 독서 전략

독서 토론 그룹 참여

가족, 친구, 동료들과 함께 책을 읽고 토론하는 모임을 만들어 보세요. 다른 사람의 관점을 듣고 자신의 생각을 표현하는 과정에서 더 깊은 이해에 도달할 수 있습니다.

독서 모임 활용

SNS나 독서 플랫폼에서 읽은 내용에 대한 감상을 공유하고, 다른 사람들의 의견을 읽어 보세요. 이런 사회적 상호작용이 외향적 성격에는 큰 자극과 동기가 됩니다.

소리 내어 읽기

혼자 읽을 때도 중요한 부분은 소리 내어 읽어 보세요. 외향적 성격의 분들에게는 내적 음성보다 실제 음성이 더 효과적인 경우가 많습니다.

다양한 환경에서 읽기

카페, 공원, 도서관 등 다양한 장소에서 읽어 보세요. 변화하는 환경과 주변 사람들의 존재가 오히려 집중력을 높여 줄 수 있습니다.

3. 분석적 성격: 논리적 구조 중심의 독서법

분석적 성격의 분들은 마치 정밀한 현미경처럼, 논리적 구조와 세부적인 근거를 통해 정보를 이해하고 판단합니다. 분석적 사고를 선호하는 사람들의 뇌에서는 전전두피질의 논리적 추론 담당 영역이 특히 활발하게 작동합니다. 2장에서 배운 것처럼, 전전두피질은 논리적 사고와 판단을 담당하지요.

(1) 핵심 특성

논리적 순서와 체계적 구조를 통한 이해 선호

근거와 증거를 중시하는 비판적 사고

세부 사항과 정확성에 대한 높은 관심

인과관계와 원리 파악을 통한 학습

(2) 맞춤 독서 전략

구조 분석 읽기

책을 읽기 전에 목차를 자세히 살펴보고 전체 구조를 파악해 보세요. 각 장과 절이 어떤 논리적 흐름으로 연결되어 있는지 이해한 후에 본문을 읽기 시작하는 것이 효과적입니다.

근거 중심 읽기

저자가 제시하는 주장이나 결론에 대해 어떤 근거와 증거가 제시되는지 주의 깊게 살펴보세요. '이 주장의 근거는 무엇인가?', '이 결론이 타당한가?'와 같은 비판적 질문을 계속 던져 보기를 바랍니다.

논리 흐름 정리

읽은 내용을 논리적 순서대로 정리해 보세요. '첫 번째로,', '그 결과로,', '따라서,'와 같은 논리적 연결어를 사용해서 내용을 재구성해 보는 것입니다.

반박과 대안 생각하기

저자의 주장에 대해 가능한 반박이나 대안은 없는지 생각해 보세요. 이런 비판적 사고 과정이 분석적 성격의 학습 효과를 크게 높여 줍니다.

4. 직관적 성격: 창의적 연결 중심의 독서법

직관적 성격의 사람들은 마치 예술가의 영감처럼 직감과 통찰, 창의적 연결을 통해 정보를 이해하고 새로운 의미를 창조합니다. 직관적 사고를 선호하는 사람들의 뇌에서는 창의성과 통합적 사고를 담당하는 영역들이 특히 활발하게 상호작용합니다. 7장에서 배운 '창의적 연결'이 자연스럽게 일어나는 타입이지요.

(1) 핵심 특성

전체적인 그림과 큰 흐름을 먼저 파악하려는 경향
서로 다른 아이디어 간의 창의적 연결 능력
직감과 느낌을 통한 이해와 판단
새로운 관점과 가능성에 대한 높은 관심

(2) 맞춤 독서 전략

직감 따라 읽기

목차를 보고 가장 흥미로운 부분부터 읽어 보세요. 반드시 순서대로 읽을 필요는 없습니다. 직감이 이끄는 대로 관심 있는 부분을 먼저 읽고 나중에 전체적으로 연결해 보는 것도 좋은 방법입니다.

연상과 유추 활용

읽은 내용을 다른 분야나 경험과 연결해 보세요. '이것이 음악으로 치면,', '이것이 요리와 비슷한 점이,'와 같은 방식으로 창의적 연결을 시도해 보십시오.

<table>
<tr><td colspan="2" align="center">**연상**</td></tr>
<tr><td colspan="2">연상(連想): 연상은 어떤 것을 생각할 때 관련된 다른 것이 떠오르는 것, 직접적인 논리 없이 자동으로 연쇄 반응처럼 떠오른다.</td></tr>
<tr><td colspan="2">사례 1: 학교 → '친구', '선생님', '시험', '운동장', '급식'</td></tr>
<tr><td colspan="2">사례 2: 겨울 → '눈', '썰매', '크리스마스', '군밤', '엄지장갑'</td></tr>
<tr><td colspan="2" align="center">**유추**</td></tr>
<tr><td colspan="2">유추(類推): 유추는 두 가지가 비슷한 점을 바탕으로 새로운 결론을 내리는 것 즉, 논리적으로 생각하면서 '아, 이것도 그렇겠네'라고 비교해서 판단하는 것이다.</td></tr>
<tr><td colspan="2">사례 1: 연어는 아가미로 숨을 쉰다 → 참치도 아가미로 숨을 쉰다.</td></tr>
<tr><td colspan="2">사례 2: 영수는 내년에 중학생이 된다 → 친구 수미도 중학생이 되겠지?</td></tr>
</table>

5. 키워드 중심 읽기

세세한 내용보다는 핵심 키워드와 중요한 개념들을 중심으로 읽어 보세요. 이런 키워드들이 머릿속에서 어떤 유형이나 의미를 만들어 내는지를 관찰하는 것입니다.

6. 미래 적용 상상하기

읽은 내용이 미래에 어떻게 발전하거나 적용될 수 있을지 상상해 보세요. '만약 이 아이디어를 다른 분야에 적용한다면?', '10년 후에는 어떻게 변화했을까?'와 같은 상상력을 발휘해 보십시오.

7. 성격 기반 독서 전략 적용 안내

(1) 내향형을 위한 최적 환경

조용하고 개인적인 공간

충분한 시간적 여유

외부 방해 요소 최소화

개인적 성찰을 위한 여백

(2) 외향형을 위한 최적 환경

사람들이 있는 활기찬 공간

토론과 대화 기회 제공

다양한 자극과 변화

즉각적 피드백 시스템

(3) 분석형을 위한 최적 접근

체계적이고 논리적인 구조

명확한 근거와 증거 제시

단계별 학습 구조

비판적 사고 훈련 기회

(4) 직관형을 위한 최적 접근

유연하고 창의적인 구조

다양한 관점과 가능성 탐색

자유로운 연상과 상상 허용

전체적 흐름과 큰 그림 중시

8. 실습: 성격 유형별 독서 스타일 찾기

다음 간단한 실습으로 자신의 성격 유형에 맞는 독서 스타일을 확인해 보세요.

(1) 1단계: 성격 유형 확인

에너지를 어디서 얻나요? (혼자 있을 때: 사람들과 있을 때)

정보를 어떻게 처리하나요? (논리적 분석: 직감적 통찰)

(2) 2단계: 맞춤 전략 적용

지금 읽고 있는 이 텍스트에 자신의 성격 유형에 맞는 전략을 적용해 보세요.

(3) 3단계: 효과 확인

어떤 방식이 더 편안하고 효과적인지 비교해 보세요.

목적별 맞춤 독서법:
읽기 목표에 따른 독서 전략

같은 사람이라도 왜 책을 읽느냐에 따라 완전히 다른 접근법이 필요합니다. 마치 같은 요리 재료로도 목적에 따라 볶음, 찜, 구이 등 다른 조리법을 사용하는 것처럼 말이지요. 뇌과학자들의 연구에 따르면 우리 뇌는 읽기의 목적을 인식하는 순간부터 그에 맞는 처리 방식으로 전환된다고 합니다. 학습을 위한 읽기와 즐거움을 위한 읽기를 할 때 활성화되는 뇌 영역이 상당히 다릅니다. 마치 같은 요리 재료로도 목적에 따라 볶음, 찜, 구이 등 다른 조리법을 사용하는 것처럼, 독서도 목적에 따라 다른 접근법이 필요한 것이지요.

1. 학습 목적: 지식 습득과 이해 중심의 독서

학습을 목적으로 하는 독서는 마치 건축가가 견고한 건물을 짓는 것과 같습니다.

준서의 학습 독서: 사회 시험 대비로 교과서 읽을 때는 형광펜으로 중요한 부분 표시하고, 읽은 후에 핵심 내용을 노트에 정리해요. 그냥 읽기만 하면 금방 잊어버리거든요. 준서처럼 정확한 이해와 장기기억을 목표로 하는 것이 학습 목적 독서입니다.

(1) 핵심 특성
정확한 이해와 장기기억을 목표로 함
체계적이고 순차적인 학습 과정 중시
새로운 지식과 기존 지식의 연결 강화
평가와 검증을 통한 학습 효과 확인

(2) 맞춤 독서 전략

사전 준비 단계: 책을 읽기 전에 해당 주제에 대한 자신의 기존 지식을 점검해 보세요. '내가 이 주제에 대해 알고 있는 것은 무엇인가?', '궁금한 점은 무엇인가?'를 미리 정리해 보는 것입니다.

구조화된 읽기: 각 장을 읽기 전에 학습 목표를 설정하고 읽은 후에는 핵심 내용을 요약해 보세요. '이 장에서 꼭 알아야 할 3가지는 무엇인가?'와 같은 질문을 스스로에게 던져 보십시오.

능동적 질문하기: 읽는 과정에서 지속적으로 질문을 만들어 보세요. '왜 이런 일이 일어났을까?', '다른 경우에도 적용될까?', '예외는 없을까?'와 같은 질문들이 깊이 있는 학습을 도와줍니다.

복습과 정리: 일정 기간이 지난 후에 읽은 내용을 다시 떠올려 보고 핵심 내용을 정리해 보세요. 망각곡선을 고려해서 주기적으로 복습하는 것이 장기기억에 매우 효과적입니다.

2. 업무 목적: 실용적 적용과 문제 해결 중심의 독서

업무를 목적으로 하는 독서는 마치 숙련된 도구 제작자가 특정 작업을 위한 최적의 도구를 만드는 것과 같습니다. 즉시 적용이 가능한 실용적 지식과 구체적인 해결책을 찾아가는 과정입니다.

(1) 핵심 특성
즉시 적용이 가능한 실용적 지식 추구
구체적 문제 해결에 초점
효율성과 실효성 중시
ROI(Return On Investment: 투자 대비 효과) 고려

(2) 맞춤 독서 전략

목적 중심 선별 읽기: 전체를 다 읽으려 하지 말고 자신의 업무에 직접 관련된 부분만 선별해서 읽어 보세요. 목차를 활용해서 필요한 부분을 빠르게 찾아가는 기량(技倆)을 개발하는 것이 중요합니다.

즉시 적용 계획: 읽은 내용을 바로 업무에 어떻게 적용할 수 있을지 구체적으로 계획해 보세요. '내일부터 할 수 있는 것', '이번 주 안에 시도해 볼 것', '장기적으로 준비할 것'으로 나누어 정리해 보세요.

점검표 만들기: 실행이 가능한 항목들을 점검표 형태로 정리해 보세요. 이렇게 하면 읽은 내용을 실제 행동으로 옮기는 것이 훨씬 쉬워집니다.

동료와 공유: 유용한 내용은 동료들과 공유하세요. 다른 사람에게 설명하는 과정에서 자신의 이해도도 더욱 깊어지고 실제 적용에 대한 다양한 아이디어도 얻을 수 있습니다.

3. 취미 목적: 즐거움과 몰입 중심의 독서

취미를 목적으로 하는 독서는 마치 아름다운 음악에 몸을 맡기고 감상하는 것과 같습니다. 즐거움과 감동, 몰입의 경험을 통해 삶의 풍요로움을 더해 가는 과정입니다.

(1) 핵심 특성
즐거움과 감동이 최우선 목표
자유로운 속도와 방식으로 읽기
감정적 몰입과 상상력 활용
개인적 취향과 선호 중시

(2) 맞춤 독서 전략

자유로운 읽기: 정해진 규칙이나 목표에 얽매이지 말고 마음이 가는 대로 자유롭게 읽어 보세요. 재미없는 부분은 건너뛰어도 되고 좋은 부분은 천천히 음미해도 됩니다.

감정 중심 읽기: 읽는 과정에서 느끼는 감정을 소중히 여기세요. 기쁨, 슬픔, 놀라움, 감동 등의 감정들이 바로 취미 독서의 핵심 가치입니다.

상상력 발휘: 책 속 장면을 머릿속으로 그려 보고 등장인물이 되어 보기도 하고 이야기의 다른 전개를 상상해 보세요. 이런 상상력이 독서의 재미를 배가해 줍니다.

개인적 의미 찾기: 책의 내용을 자신의 삶과 연결해서 개인적 의미를 찾아보세요. '이 주인공과 나의 공통점은?', '이 상황에서 나라면?'과 같은 개인적 연결이 독서를 더욱 풍부하게 만듭니다.

4. 자기 계발 목적: 성장과 변화 중심의 독서

자기 계발을 목적으로 하는 독서는 마치 정원사가 식물을 가꾸는 것과 같습니다. 현재의 자신을 더 나은 모습으로 성장시켜 나가는 지속적인 과정입니다.

(1) 핵심 특성
개인적 성장과 변화가 목표
자기 성찰과 내적 동기 중시
점진적이고 지속적인 발전 추구
실생활에서의 변화 확인

(2) 맞춤 독서 전략
성찰 중심 읽기: 읽은 내용을 자신의 현재 상황과 비교하며 성찰해 보세요. '나는 지금

어떤 상태인가?', '어떤 부분을 변화시키고 싶은가?'와 같은 자기 성찰적 질문을 던져 보세요.

실행 계획 수립: 읽은 내용 중에서 실제로 실행할 수 있는 것들을 구체적으로 계획해 보세요. 작은 것부터 시작해서 점진적으로 확대해 나가는 것이 효과적입니다.

진전 상황 점검: 정기적으로 자신의 변화와 성장을 점검해 보세요. 독서를 통해 얻은 통찰이 실제 삶에 어떤 변화를, 가져왔는지 기록해 보는 것도 좋습니다.

지속적 학습: 한 권의 책으로 끝내지 말고, 관련된 다른 책들도 계속 읽어나가세요. 자기 계발은 일회성이 아닌 평생에 걸친 여정이기 때문입니다.

5. 목적별 독서 계획 양식(template)

(1) 학습 목적 양식
학습 목표: _______________________________

사전 지식 점검: _______________________________

핵심 질문 3가지: _______________________________

복습 계획: _______________________________

(2) 업무 목적 양식
해결하고 싶은 문제: _______________________________

필요한 정보 영역: _______________________________

즉시 적용이 가능한 것: _______________________________

장기 적용 계획: _______________________________

(3) 취미 목적 양식
기대하는 즐거움: _______________________________

　　　선호하는 읽기 방식: _____________________

　　　감정적 몰입 포인트: _____________________

　　　개인적 연결 고리: _____________________

(4) 자기 계발 목적 양식

　　　성장하고 싶은 영역: _____________________

　　　현재 상태 점검: _____________________

　　　구체적 실행 계획: _____________________

　　　진전 확인 방법: _____________________

6. 실습: 목적별 독서 전략 설계하기

지금 여러분이 가장 최근에 읽으려고 계획 중인 책 한 권을 떠올려 보세요. 그 책을 읽는 주된 목적이 무엇인지 파악하고 위에서 제시한 해당 목적에 맞는 전략들을 실제로 적용해 보기 바랍니다. 만약 여러 목적이 혼재되어 있다면 주된 목적을 중심으로 하되 다른 목적의 전략들도 부분적으로 활용해 보세요. 예를 들어 업무 목적이 주된 목적이지만 즐거움도 중요하다면 업무 목적 전략을 기본으로 하면서 즐거움을 위한 자유로운 읽기도 일부 포함시키는 것입니다.

환경별 적응 전략:
상황에 따른 유연한 독서

현실적으로 우리는 항상 이상적인 독서 환경에서만 책을 읽을 수는 없습니다. 때로는 조용한 도서관에서 때로는 시끄러운 지하철에서 때로는 짧은 틈새 시간에 때로는 여유로운 주말에 책을 읽게 됩니다. 최근 뇌과학 연구에 따르면, 우리 뇌는 놀랍도록 뛰어난 적응 능력이 있어서 다양한 환경에서도 효과적으로 학습할 수 있습니다. 2장에서 배운 신경가소성 덕분이지요. 중요한 것은 각 환경의 특성을 이해하고 그에 맞는 독서 전략을 사용하는 것입니다. 마치 숙련된 연주자가 어떤 무대에서든 최선의 연주를 해내는 것처럼 환경별 적응 전략을 익히면 어디서든 효과적인 독서가 가능해집니다.

1. 집중 환경: 최적 조건에서의 깊이 있는 독서

집중 환경은 마치 완벽하게 조율된 연주 홀과 같습니다. 모든 조건이 최적화되어 있어 가장 깊이 있고 집중적인 독서가 가능한 환경입니다.

(1) 환경 특성
조용하고 방해받지 않는 공간
충분한 시간적 여유
적절한 조명과 온도
필요한 도구들이 준비된 상태

(2) 최적화 전략

완전 몰입 독서: 이런 환경에서는 가장 어렵고 중요한 내용을 읽어 보세요. 복잡한 이론서나 깊이 있는 성찰이 필요한 책들을 이때 읽는 것이 효과적입니다.

정밀 분석 읽기: 한 문장 한 단락을 꼼꼼히 분석하면서 읽어 보세요. 저자의 논리 구조를 파악하고 핵심 개념 간의 관계를 정확히 이해하는 데 집중하세요.

체계적 정리: 읽으면서 동시에 노트 정리, 마인드맵 작성, 개념도 그리기 등을 병행해 보세요. 집중 환경에서는 이런 부가적인 활동들도 충분히 할 수 있습니다.

2. 제약 환경: 시간과 공간의 제약 속에서의 효율적 독서

제약 환경은 마치 한정된 재료로 맛있는 요리를 만들어야 하는 상황과 같습니다. 주어진 조건은 제한적이지만 효율적인 전략을 사용하면 충분히 의미 있는 독서가 가능합니다.

(1) 환경 특성

짧은 시간(통근 시간, 대기시간 등)
불완전한 집중 환경(소음, 움직임 등)
제한된 도구(책만 가지고 있는 상황)
예측하기 어려운 중단 가능성

(2) 적응 전략

핵심 중심 읽기: 시간이 제한되어 있으니 가장 중요한 부분만 선별해서 읽어 보세요. 각 장의 첫 번째와 마지막 문단, 소제목, 강조된 부분 등을 중심으로 읽는 것이 효과적입니다.

청크 단위 읽기: 내용을 작은 단위로 나누어서 읽어 보세요. 한 번에 완성할 수 있는 작은 단위로 나누면 중간에 중단되더라도 완성된 느낌을 느끼게 됩니다.

즐겨찾기 활용: 중단될 때마다 '지금까지 읽은 내용의 핵심은 무엇인가?'를 빠르게 정리해 보세요. 이렇게 하면 다음에 이어서 읽을 때 연결하기가 쉬워집니다.

3. 디지털 환경: 온라인과 멀티미디어 환경에서의 독서

디지털 환경은 마치 첨단 기술이 집약된 스마트 팩토리(smart factory: 지능형 공장)와 같습니다.

은혜의 디지털 독서: '태블릿으로 책 읽을 때는 모르는 단어를 바로 검색할 수 있어서 좋아요. 그런데 카톡 알림이 자꾸 와서 집중이 안 될 때도 있어요.'
디지털 환경은 편리하지만, 방해 요소도 많습니다. 9장에서 이 부분을 더 자세히 다룰 예정입니다.

(1) 환경 특성
하이퍼링크와 멀티미디어 요소
검색과 참조 기능의 즉시 활용 가능
다양한 방해 요소(알림, 다른 앱 등)
눈의 피로와 집중력 분산 가능성

(2) 활용 전략

하이퍼 리딩 기법: 링크나 참조 자료를 적극적으로 활용해 보세요. 다만 너무 깊이 들어가지 말고, 현재 읽고 있는 주제와 직접 관련된 것만 선별적으로 참조하세요.

멀티모달(multi modal) 학습: 텍스트뿐만 아니라 이미지, 동영상, 오디오 등 다양한 형태의 콘텐츠를 조합해서 활용해 보세요. 이는 디지털 환경의 큰 장점 중 하나입니다.

디지털 노트 활용: 하이라이트(highlight: 강조 표시), 메모, 태그 기능 등을 적극적으로 사용해 보세요. 나중에 검색하고 정리하기가 훨씬 편리해집니다.

집중 상태 설정: 알림을 끄고, 다른 앱을 차단하는 등 집중할 수 있는 환경을 만들어 보세요. 디지털 환경의 산만함을 최소화하는 것이 중요합니다.

4. 사회적 환경: 그룹 활동과 토론을 통한 독서

사회적 환경은 마치 다양한 악기들이 어우러지는 오케스트라와 같습니다. 혼자서는 얻을 수 없는 다양한 관점과 통찰을 다른 사람들과의 상호작용을 통해 얻을 수 있는 환경입니다.

(1) 환경 특성

다른 사람들과의 상호작용
다양한 관점과 해석의 공유
즉석 토론과 질의응답 가능
사회적 동기와 책임감 증가

(2) 협력 전략

역할 분담 읽기: 그룹 내에서 각자 다른 부분을 담당해서 읽고 나중에 공유하는 방식을 시도해 보세요. 이렇게 하면 더 많은 내용을 효율적으로 활용할 수 있습니다.

관점 다양화: 같은 내용을 읽더라도 각자 다른 관점에서 접근해 보세요. 한 사람은 비판적 관점에서, 다른 사람은 창의적 관점에서 읽어 보는 것입니다.

질문 중심 토론: 읽은 내용에 대해 서로 질문을 만들어서 토론해 보세요. '이 부분에서 가장 중요한 점은 무엇이라고 생각하세요?'와 같은 열린 질문이 효과가 있습니다.

<table>
<tr><td colspan="1" align="center">환경별 독서 적응 전략 안내</td></tr>
</table>

집중 환경 점검
충분한 시간을 확보했나요?
방해 요소를 제거했나요?
필요한 도구들을 준비했나요?
가장 어려운 내용을 선택했나요?
제약 환경 점검
핵심 내용을 파악했나요?
작은 단위로 나누어 읽었나요?
중단 시 요약을 했나요?
다음 연결 지점을 표시했나요?
디지털 환경 점검
방해 요소를 차단했나요?
멀티미디어를 활용했나요?
디지털 도구를 사용했나요?
눈의 피로를 관리했나요?
사회적 환경 점검
역할을 분담했나요?
다양한 관점을 고려했나요?
질문을 준비했나요?
적극적으로 참여했나요?

5. 실습: 다양한 환경에서의 독서 적응 연습

이번 주 동안 의도적으로 다양한 환경에서 독서를 시도해 보세요.

월요일: 집중 환경에서 어려운 책 읽기

화요일: 통근 시간에 제약 환경 독서

수요일: 디지털 기기로 멀티미디어 독서

목요일: 가족이나 친구와 함께 사회적 독서

금요일: 자신에게 가장 효과적이었던 환경에서 종합 정리

각 환경에서의 경험을 비교해 보고 어떤 환경이 어떤 종류의 독서에 가장 적합한지 파악해 보세요.

수준별 발전 지침: 단계적 성장을 위한 맞춤 계획

독서 실력도 마치 운동 능력이나 악기 연주 실력처럼 단계적으로 발전해 나가는 것입니다. 기술 습득과 전문성 발달에는 명확한 단계와 특성이 있습니다. 3장에서 배운 의도적 연습(Deliberate Practice)을 기억하시나요? 현재 수준에 맞는 적절한 도전이 성장의 핵심입니다. 중요한 것은 자신의 현재 수준을 정확히 파악하고, 다음 단계로 나아가기 위한 구체적인 계획을 세우는 것입니다. 마치 등산을 할 때 현재 위치를 확인하고 다음 목표지점을 설정하는 것처럼요. 수준별로 특성과 과제가 다르므로 자신에게 맞는 발전 전략을 선택해서 적용하는 것이 가장 효과적입니다.

1. 초급자: 기초 습관 형성과 흥미 유발 중심

초급자는 마치 새로운 언어를 배우기 시작하는 사람과 같습니다.

1장에서의 준서

준서(처음): '책 읽는 게 너무 힘들어요. 한 페이지 읽으면 앞에서 뭘 읽었는지 기억이 안 나요.' 아직 독서가 자연스럽지 않지만, 올바른 기초를 다지면 놀라운 성장이 가능한 단계입니다.

(1) 수준 특성

독서에 대한 부담감이나 어려움을 느끼는 경우가 많음

집중력이 오래 지속되지 않는 경향

책 선택이나 읽는 방법에 대한 확신 부족

독서의 즐거움을 아직 충분히 경험하지 못함

(2) 발전 전략

습관 형성 우선: 양보다는 꾸준함에 집중해 보세요. 하루 15분이라도 매일 같은 시간에 읽는 습관을 만드는 것이 중요합니다. 마치 매일 양치질을 하는 것처럼 독서를 일상의 일부로 만들어 보세요.

쉽고 재미있는 책 선택: 처음에는 자신의 관심사와 직접 관련된 쉬운 책부터 시작해 보세요. 소설, 에세이, 자기계발서 중에서 술술 읽히는 것들로 독서의 즐거움을 먼저 경험하는 것이 중요합니다.

작은 성공 경험 누적: 얇은 책을 완독하거나, 한 장을 끝까지 읽어 내는 등 작은 성공 경험을 차곡차곡 쌓아 가 보세요. 이런 성취감이 독서에 대한 자신감을 키워 줍니다.

읽는 환경 최적화: 독서하기 좋은 환경을 만들어 보세요. 편안한 의자, 좋은 조명, 조용한 공간 등 물리적 환경을 개선하면 독서가 훨씬 편해집니다.

2. 중급자: 기법 숙련과 적용 범위 확대 중심

중급자는 마치 기본기를 익힌 운동선수와 같습니다.

7장을 마친 준서와 은혜

준서: '이제 책 읽는 게 예전보다 훨씬 편해졌어요. 의미 하나치로 읽으니까, 이해도 빨라졌고요.'

은혜: '저도요! 그런데 아직 어려운 책은 힘들어요. 더 잘 읽고 싶어요.'

독서에 대한 기본적인 자신감은 있지만, 더 효과적이고 다양한 방법을 익혀 실력을 향상해야 하는 단계입니다.

(1) 수준 특성

독서 습관이 어느 정도 자리 잡힌 상태

특정 분야나 장르에 대한 선호가 뚜렷함

더 깊이 있고 효과적인 독서법에 대한 욕구

읽은 내용을 실생활에 적용하고 싶은 의지

(2) 발전 전략

독서법 기술 향상: 2부에서 배운 개념 기반 독서법의 다양한 기법들을 체계적으로 연습해 보세요. 스키밍, 스캐닝, 정밀 읽기 등을 상황에 맞게 활용하는 능력을 기르는 것이 중요합니다.

장르의 다양화: 평소 읽지 않던 새로운 장르에 도전해 보세요. 소설만 읽던 분은 인문학서를, 실용서만 읽던 분은 문학작품을 시도해 보는 것입니다. 이렇게 하면 독서의 폭과 깊이가 동시에 늘어납니다.

능동적 독서 실천: 단순히 읽는 것에서 벗어나 질문하고, 비판하고, 연결하는 능동적 독서를 실천해 보세요. 저자와 대화하듯이 읽는 습관을 기르는 것이 중요합니다.

독서 공동체 참여: 독서 모임이나 온라인 커뮤니티에 참여해서 다른 사람들과 독서 경험을 나누어 보세요. 이는 새로운 관점을 얻고 동기를 유지하는 데 큰 도움이 됩니다.

3. 고급자: 창의적 활용과 독창적 발전 중심

고급자는 마치 숙련된 예술가와 같습니다. 기본기는 충분히 갖추어져 있으므로, 이제는 자신만의 독창적인 스타일을 개발하고 창의적으로 활용하는 단계입니다.

(1) 수준 특성

다양한 독서법을 자유자재로 활용할 수 있음

폭넓은 분야의 책을 읽을 수 있는 능력

읽은 내용을 창의적으로 연결하고 응용하는 능력

독서를 통한 깊은 사고와 통찰력 발휘

(2) 발전 전략

통합적 독서: 서로 다른 분야의 책들을 연결해서 읽어 보세요. 예를 들어 경영학과 심리학, 과학과 철학을 연결해서 새로운 통찰을 얻는 것입니다. 이런 융합적 사고가 창의성을 크게 향상합니다.

비판적 독서 심화: 저자의 주장을 무조건 받아들이지 말고 다양한 관점에서 비판적으로 검토해 보세요. 논리의 허점을 찾거나 다른 가능성을 탐색하는 등 고차원적 사고를 연습하세요.

창의적 적용: 읽은 내용을 예상치 못한 새로운 영역에 적용해 보세요. 책에서 얻은 아이디어를 자신의 업무나 취미 인간관계 등에 창의적으로 활용하는 방법을 찾아보는 것입니다.

지식의 창조: 단순히 지식을 습득하는 것을 넘어서 새로운 지식을 창조해 보세요. 블로그 글쓰기, 독후감 작성, 강의나 발표 등을 통해 자신만의 관점과 해석을 만들어 보세요.

4. 전문가: 지식 창조와 전수 중심

전문가는 마치 스승과 같은 존재입니다. 독서를 통해 얻은 지혜와 통찰을 다른 사람들에게 전수하고, 새로운 지식을 창조해 나가는 단계입니다.

(1) 수준 특성

독서가 삶의 핵심적인 부분이 된 상태

특정 분야에서 깊은 전문성을 보유

독서를 통한 지식 창조와 혁신 능력

다른 사람들에게 독서의 가치를 전파하고자 하는 의지

(2) 발전 전략

전문 분야 심화: 자신의 전문 분야에서 최신 연구와 동향을 지속적으로 파악하고, 깊이 있는 독서를 통해 전문성을 더욱 발전시켜 나가세요.

멘토링 활동: 독서 초보자들을 도와주는 멘토링 활동에 참여해 보세요. 다른 사람을 가르치는 과정에서 자신의 이해도 더욱 깊어지고 새로운 관점을 얻을 수 있습니다.

지식 콘텐츠 창작: 책 논평, 독서 가이드, 관련 강의 등 독서와 관련된 콘텐츠를 직접 창작해 보세요. 이는 지식을 체계화하고 다른 사람들과 공유하는 의미 있는 활동입니다.

연구와 탐구: 단순히 기존 지식을 습득하는 것을 넘어서 새로운 연구 주제를 찾고 탐구해 보세요. 독서를 통해 얻은 통찰력을 바탕으로 새로운 발견이나 이론을 만들어 보는 것입니다.

수준별 성장 지침 및 점검 요소
초급자 → 중급자로 가는 점검 요소
한 달에 책 2권 이상 꾸준히 읽을 수 있나요?
읽은 내용을 다른 사람에게 간단히 설명할 수 있나요?
다양한 장르의 책에 관심을, 갖고 있나요?
독서를 통해 새로운 것을 배우는 즐거움을 느끼나요?

중급자 → 고급자로 가는 점검 요소
책의 핵심 내용을 빠르게 파악할 수 있나요?
저자의 주장에 대해 비판적으로 생각할 수 있나요?
읽은 내용을 실생활에 적극적으로 적용하고 있나요?
서로 다른 책의 내용을 연결해서 생각할 수 있나요?
고급자 → 전문가로 가는 점검 요소
특정 분야에서 깊은 전문성을 인정받고 있나요?
독서를 통해 새로운 아이디어를 창출할 수 있나요?
다른 사람들에게 독서 조언을 해줄 수 있나요?
독서가 자신의 인생과 일에 핵심적인 역할을 하고 있나요?

5. 실습: 개인별 현재 수준 진단 및 발전 계획 수립

다음 단계를 통해 자신의 현재 독서 수준을 정확히 진단하고 다음 단계로 발전하기 위한 구체적인 계획을 세워 보세요.

(1) 1단계: 현재 수준 진단

최근 6개월간 읽은 책의 수와 종류는?

독서를 통해 가장 큰 변화나 성장은?

독서할 때 가장 어려운 점은?

독서에 대한 자신감의 수준은? (1~10점)

(2) 2단계: 목표 수준 설정

1년 후 도달하고 싶은 독서 수준은?

그 수준에 도달했을 때 기대되는 변화는?

가장 집중적으로 개발하고 싶은 능력은?

(3) 3단계: 구체적 실행 계획

다음 3개월간의 구체적 독서 목표는?

어떤 새로운 독서법을 시도해 볼 것인가?

발전 상황을 어떻게 점검할 것인가?

6. 통합 실습: 나만의 독서법 완성 계획

지금까지 여러분은 연령별, 학습 스타일별, 성격 유형별, 목적별, 환경별, 수준별로 다양한 맞춤형 독서 전략들을 살펴보셨습니다. 이제 이 모든 것들을 통합해서 여러분만의 완전히 개인화된 독서법을 완성할 차례입니다.

마치 숙련된 요리사가 다양한 재료들을 조합해서 자신만의 특별한 요리를 만들어 내는 것처럼 여러분도 지금까지 배운 모든 요소를 자신의 특성에 맞게 조합해서 세상에서 하나뿐인 독서법을 만들어 보세요.

(1) 개인 맞춤 계획 1: 종합 진단 및 프로파일 작성

먼저 자신에 대한 종합적인 진단을 통해 개인별 독서 프로파일을 완성해 보겠습니다. 이는 마치 건강검진을 통해 자신의 몸 상태를 정확히 파악하는 것과 같습니다.

연령별 특성 분석: 현재 자신의 연령대에서 나타나는 인지적 특성들을 정리해 보세요. 동시에 다른 연령대의 특성 중에서도 자신에게 유용한 것들이 있는지 확인해 보세요.

진단 질문

현재 나의 뇌는 어떤 종류의 정보 처리에 가장 특화되어 있는가?

다른 연령대의 전략 중 나에게도 효과적일 것 같은 것은?

학습 스타일 프로파일: 시각적, 청각적, 운동 감각적 학습 스타일 중 자신의 주된 스타일과 보조적 스타일을 명확히 파악해 보세요.

진단 결과 예시

주된 스타일: 시각적(70%)

보조 스타일: 운동 감각적(20%), 청각적(10%)

활용 전략: 마인드맵과 색깔 코딩을 기본으로 하되 중요한 내용은 손으로 메모하기

성격 유형 분석: 내향/외향, 분석/직관의 조합으로 자신의 성격적 특성을 파악하고 이에 맞는 독서 환경과 방법을 정리해 보세요.

성격 명세 작성

에너지 충전 방식: 내향적(조용한 혼자만의 시간 선호)

정보 처리 방식: 분석적(논리적 구조와 근거 중시)

최적 독서 방식: 깊이 있는 성찰적 읽기 + 체계적 분석

목적별 독서 유형: 자신이 주로 어떤 목적으로 독서를, 하는지 그리고 목적별로 어떤 비중을 두고 있는지 분석해 보세요.

목적별 비중 예시

학습 목적: 40%(업무 관련 전문 서적)

자기 계발 목적: 30%(성장과 변화를 위한 독서)

취미 목적: 20%(소설, 에세이 등)

업무 목적: 10%(즉시 적용이 가능한 실용서)

환경별 독서 현황: 평소 어떤 환경에서 독서를 주로 하는지 그리고 각 환경에서의 효과는 어떤지 분석해 보세요.

현재 독서 수준 평가: 앞서 제시한 수준별 점검 요소를 바탕으로 자신의 현재 위치를 정확히 파악해 보세요.

개인별 독서 명세서 완성

위의 분석 결과를 종합해서 다음과 같은 형태로 자신만의 독서 명세서를 완성해 보세요.

[이름]님의 개인별 독서 명세

- 기본 정보

  연령대: ___________________

  주요 학습 방식: _______________

  성격 유형: _______________

  현재 독서 수준: _______________

- 독서 목적 및 비중

  1순위: _______________ (___%)

  2순위: _______________ (___%)

  3순위: _______________ (___%)

- 선호 환경

  최적 환경: _______________

  자주 이용하는 환경: ___________

  개선이 필요한 환경: ___________

- 강점과 약점

  독서 관련 강점: _______________

  개선하고 싶은 약점: ___________

  활용이 가능한 잠재력: _________

(2) 개인 맞춤 계획 2: 맞춤형 독서 방식 설계

이제 자신의 독서 유형 명세를 바탕으로 구체적인 독서 방식을 설계해 보겠습니다. 이는 마치 자신만의 맞춤형 운동 프로그램을 만드는 것과 같습니다.

일상 독서 습관 설계

평일 습관(예시)

아침(7:00~7:30): 가벼운 에세이나 자기계발서(30분)

방법: 시각적 학습 스타일 활용, 핵심 내용 마인드맵 작성

환경: 조용한 집중 환경에서 깊이 읽기

통근 시간(8:00~9:00): 오디오북이나 팟캐스트(1시간)

방법: 청각적 요소 보완, 제약 환경 적응 전략 활용

목적: 업무 관련 최신 동향 파악

저녁(21:00~22:00): 취미 독서(1시간)

방법: 자유로운 읽기, 감정 중심 접근

환경: 편안한 개인 공간에서 여유롭게

주말 습관

토요일 오전: 깊이 있는 전문 서적 읽기(2~3시간)

일요일 오후: 독서 모임 참여 또는 가족과 함께 읽기

상황별 대응 전략

시간이 부족할 때

핵심 내용만 선별해서 읽는 스키밍 기법 활용

10분 단위의 마이크로 리딩(Micro Reading)[1] 실시

오디오북으로 전환해서 이동시간 활용

집중이 안 될 때

환경을 바꿔서 카페나 도서관으로 이동

운동 감각적 요소 추가(서서 읽기, 메모하며 읽기)

읽기 쉬운 장르로 임시 전환

동기가 떨어질 때

독서 목적을 다시 명확히 설정

작은 목표부터 설정해서 성취감 회복

다른 독서가들과 경험 공유

---

1) 마이크로 리딩(Micro Reading)은 '아주 짧은 시간' 안에 집중해 독서하는 방법을 의미한다. 이는 일상생활 속 자투리 시간을 활용해 흥미로운 주제에 대해 짧게 읽고 학습 기회로 전환하는 것을 목표로 한다.

지속적 개선을 위한 피드백 시스템

주간 점검(매주 일요일)

이번 주 독서량과 질은 어떠했는가?

계획 대비 실행률은 몇 %인가?

어떤 부분에서 어려움을 겪었는가?

다음 주에 개선할 점은 무엇인가?

월간 평가(매월 마지막 주)

이번 달의 독서 성과와 성장은?

독서 프로파일에 변화가 있었는가?

독서 시스템의 효과성은 어떠한가?

다음 달의 독서 목표와 계획은?

(3) 개인 맞춤 계획 3: 실전 적용 및 최적화

이제 설계한 시스템을 실제로 적용하고 최적화해 나가는 단계입니다. 이는 마치 새로 만든 요리법으로 실제 요리를 해 보면서 맛을 조정해 나가는 것과 같습니다.

2주간의 집중 실행 계획

1주 차: 시스템 초기 적용

설계한 독서 루틴(routine)을 그대로 실행해 보기

매일 간단한 독서 일지 작성하기

어려운 점이나 예상과 다른 점 기록하기

즉석에서 작은 조정 항목들을 시도해 보기

2주 차: 개선 및 최적화

1주 차 경험을 바탕으로 시스템 조정하기

더 효과적인 방법들 실험해 보기

새로운 아이디어나 기법들 적용해 보기

최종 버전의 개인별 독서법 확정하기

실행 과정에서의 조정과 개선

예상되는 조정 요소들

시간 배분의 현실적 조정

환경적 제약 사항에 대한 대안 마련

개인 특성에 더 맞는 세부 기법 발견

예상하지 못했던 새로운 선호나 유형 발견

개선 방법

작은 실험을 지속적으로 시도하기

효과가 높은 것은 강화하고, 효과가 낮은 것은 수정하기

다른 사람들의 사례나 조언도 참고하기

완벽을 추구하기보다는 지속 가능성을 중시하기

최종 개인별 독서법 완성

2주간의 실행과 조정을 거쳐 최종적으로 완성된 여러분만의 독서법을 다음과 같은 형태로 정리해 보세요

[이름]님의 완성된 개인별 독서법

핵심 원칙

일상 습관

평일: _______________________________

주말: _______________________________

특별한 상황: _______________________

주요 전략 및 기법

학습 방식 활용법: __________________

목적별 접근법: _____________________

환경 적응법: _______________________

지속적 개선 방법

정기 점검 주기: _______________________

개선 기준: _______________________

동기 유지 방법: _______________________

7. 지속적 발전을 위한 안내 및 9장 연결

여러분은 이제 자신만의 독서법을 완성했습니다. 그러나 여기서 끝이 아닙니다. 마치 살아 있는 생명체가 계속 성장하고 변화하듯이 여러분의 독서법도 지속적으로 발전하고 진화해야 합니다.

(1) 개인별 독서법의 지속적 업데이트 방법

정기적 재평가 시스템: 6개월마다 한 번씩은 자신의 독서 방식을 다시 점검해 보세요. 나이가 들면 관심사가 바뀌고 환경이 변화하면서 최적의 독서법도 함께 변화할 수 있습니다.

새로운 기법 탐구: 독서법은 고정된 것이 아닙니다. 새로운 연구 결과나 혁신적인 기법들이 지속적으로 나오고 있으니 열린 마음으로 새로운 시도를 해 보세요.

실험 정신 유지: 완성된 시스템에 안주하지 말고 계속해서 작은 실험을 시도해 보세요. '이번 달에는 이런 방법을 한번 시도해 볼까?'하는 호기심과 실험 정신이 독서법을 더욱 발전시켜 줍니다.

(2) 변화하는 상황에 대한 적응 전략

생애주기 변화에 대응: 취업, 결혼, 이사, 승진 등 인생의 큰 변화들이 있을 때마다 독서법도 그것에 맞게 조정해야 합니다. 예상이 가능한 변화들에 대해서는 대안 계획을 준비해 두는 것도 좋습니다.

기술 발전 활용: 새로운 디지털 기술이나 도구들이 나올 때마다 이를 독서에 어떻게 활용할 수 있을지 고민해 보세요. 그러나 기술은 수단일 뿐이라는 것을 잊지 마세요.

건강 상태 고려: 나이가 들면서 시력이나 집중력에 변화가 생길 수 있습니다. 이런 신체적 변화에도 유연하게 대응할 수 있는 독서법을 미리 준비해 두세요.

(3) 타인과의 경험 공유 및 상호 학습

독서 공동체 참여: 비슷한 관심사를 가진 사람들과 함께 독서 모임을 만들거나 참여해 보세요. 다른 사람들의 독서법을 관찰하고 배우는 것은 자신의 방법을 더욱 풍부하게 만들어줍니다.

멘토링 관계 구축: 자신보다 뛰어난 독서가를 멘토로 모시거나 독서 초보자들을 도와주는 멘토가 되어 보세요. 가르치고 배우는 과정에서 새로운 통찰을 얻을 수 있습니다.

온라인 이음마당(platform)[2] 활용: 독서 관련 온라인 커뮤니티나 SNS를 통해 전 세계의 독서가들과 경험을 나누어 보세요. 다양한 문화권의 독서 방식을 접할 수 있는 좋은 기회입니다.

(4) 9장 디지털 시대 독서법으로의 자연스러운 연결

여러분이 지금까지 완성한 개인별 맞춤 독서법은 3부 심화 편의 첫 번째 완성 단계입니다. 그러나 현대를 살아가는 우리에게는 또 다른 중요한 도전이 기다리고 있습니다.

바로 디지털 시대의 독서 환경입니다. 스마트폰, 태블릿, 전자책, 오디오북, 팟캐스트, 유튜브, 온라인 강의, 우리 주변에는 전에 없던 새로운 형태의 독서 매체들이 넘쳐나고 있습니다. 이런 환경에서는 기존의 독서법만으로는 충분하지 않습니다.

여러분이 8장에서 완성한 개인별 독서법이라는 견고한 기초 위에 이제 디지털 시대에

---

2) 이음마당: 여러 요소나 주체가 서로 연결되고 소통하는 마당, 즉 소통의 공간을 뜻한다. 새로운 매체를 통해 사람과 정보가 연결되는 특성을 잘 나타내는 말이다.

특화된 새로운 전략들을 더해야 할 시점입니다.

(5) 9장에서 다룰 핵심 주제들

디지털 독서의 특성과 도전: 종이책과는 완전히 다른 디지털 독서의 특성을 이해하고 그에 따른 새로운 접근법을 배우게 됩니다.

멀티미디어 시대의 독서법: 텍스트, 이미지, 음성, 영상이 결합한 새로운 형태의 콘텐츠를 효과적으로 학습하는 방법을 익히게 됩니다.

정보 과부하 시대의 선별법: 무한히 쏟아지는 정보 속에서 정말 가치 있는 것들만 선별해 내는 고급 기법들을 습득하게 됩니다.

디지털과 아날로그의 조화: 디지털의 장점은 살리면서도 기존 독서의 깊이를 잃지 않는 균형 잡힌 접근법을 완성하게 됩니다.

여러분이 8장에서 '나는 어떤 사람인가?'를 발견했다면 9장에서는 '나는 이 디지털 세상에서 어떻게 읽을 것인가?'에 대한 답을 찾게 될 것입니다.

개인적 최적화에서 환경적 적응으로, 내적 완성에서 외적 도전으로의 자연스러운 발전이 바로 9장에서 펼쳐질 새로운 여정입니다.

준서와 은혜의 다음 도전

준서: '나만의 독서법을 찾았으니까, 이제 스마트폰으로 책 읽을 때도 잘할 수 있을 것 같아.'

은혜: '인터넷에서 정보 찾을 때도 이 방법들을 적용할 수 있을까?'

9장에서 이 질문들에 대한 답을 찾아보겠습니다.

8. 마무리하며

8장을 통해 여러분은 단순히 '책을 잘 읽는 사람'을 넘어서 '자신만의 독서법을 가진 진정한 독서가'가 되었습니다. 연령, 학습 스타일, 성격, 목적, 환경, 수준이라는 6가지 핵심 요소를 모두 고려한 완전히 개인화된 독서 방식을 갖춘 것입니다.

이제 여러분의 독서는 더 이상 우연에 맡겨진 활동이 아닙니다. 과학적 근거와 개인적 특성이 완벽하게 조화된 여러분만의 정교한 시스템을 통해 이루어지는 의도적이고 체계적인 성장의 과정입니다. 그러나 기억하세요. 시스템이 아무리 좋아도 실행하지 않으면 아무 의미가 없습니다. 지금 당장 오늘부터 여러분이 완성한 개인별 독서법을 실제로 적용해 보시기 바랍니다. 그리고 9장에서 만날 디지털 시대의 새로운 도전을 위해 준비하세요.

| 참고 문헌 |

1. 뇌과학 및 신경가소성

- Doidge, N. (2007). The Brain That Changes Itself. Viking. (노먼 도이지 저, 김미선 옮김, 『기적을 부르는 뇌』, 지호, 2008)

2. 신경가소성의 원리와 사례

- Wolf, M. (2007). Proust and the Squid: The Story and Science of the Reading Brain. Harper. (매리언 울프 저, 이희수 옮김, 『책 읽는 뇌』, 살림, 2009)(독서와 뇌 발달의 관계)

3. 학습 스타일

- Fleming, N. D., & Mills, C. (1992). Not Another Inventory, Rather a Catalyst for Reflection. To Improve the Academy, 11, 137-155. (학습 스타일 모델(시각적, 청각적, 운동감각적))

4. 전문성 발달

- Ericsson, K. A., & Pool, R. (2016). Peak: Secrets from the New Science of Expertise. Houghton Mifflin Harcourt. (앤더스 에릭슨, 로버트 풀 저, 강혜정 옮김, 『1만 시간의 재발견』, 비즈니스북스, 2016)

5. 의도적 연습 이론

- Dreyfus, H. L., & Dreyfus, S. E. (1986). Mind over Machine: The Power of Human Intuition and Expertise in the Era of the Computer. Free Press. (기술 습득 단계 모델 (초보자 → 전문가))

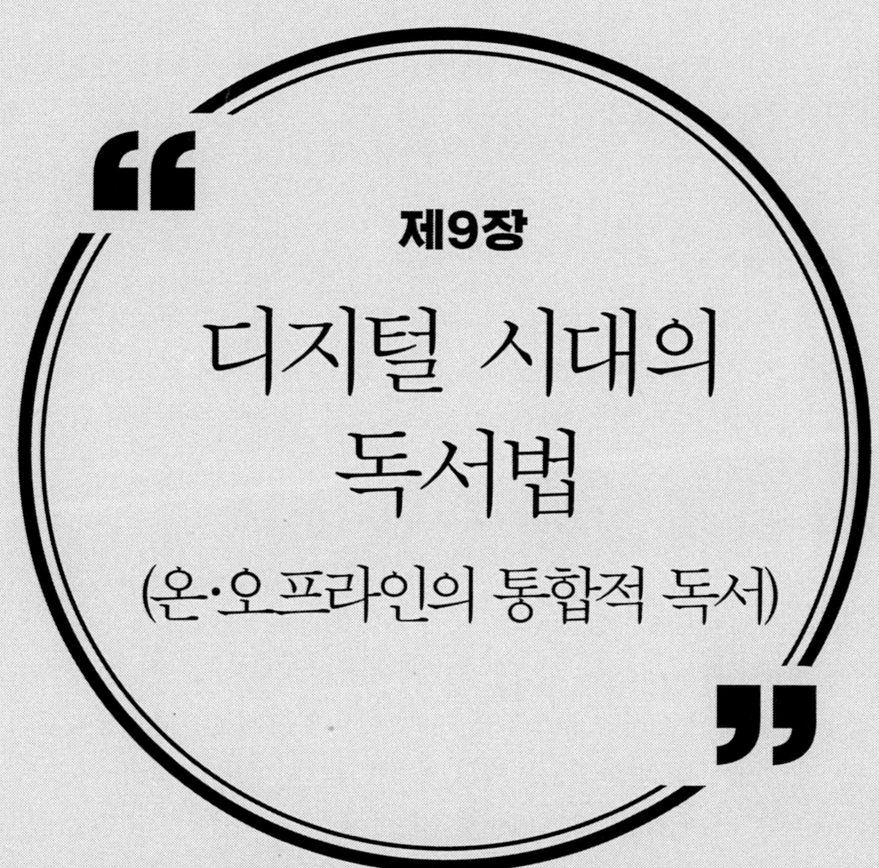
제9장

디지털 시대의
독서법

(온·오프라인의 통합적 독서)

8장에서 우리는 자신만의 독서 DNA를 발견하고 개인별 맞춤형 독서법을 완성했습니다. 마치 자신만의 독서 나침반을 갖게 된 것처럼 어떤 책을 만나더라도 자신 있게 접근할 수 있는 힘을 키웠습니다.

준서와 은혜의 새로운 고민

준서: '선생님, 저 요즘 종이책으로 공부할 때는 집중이 잘 되는데, 태블릿으로 인강 들을 때는 자꾸 딴 데로 빠져요. 유튜브 추천 영상이 계속 떠서요.'

은혜: '저도요! 검색하다가 링크 클릭하고, 또 클릭하고, 나중에 보면 원래 뭘 찾으려고 했는지 까먹어요.'

준서: '개념 기반 독서법을 스마트폰에서도 쓸 수 있는 건가요?'

이것이 바로 9장에서 다룰 핵심 질문입니다. 우리가 살고 있는 현실을 한번 생각해 보세요. 하루 중 얼마나 많은 시간을 스마트폰 화면과 컴퓨터 모니터 앞에서 보내고 있나요? 아침에 눈을 뜨자마자 확인하는 뉴스 알림, 지하철에서 읽는 웹툰, 점심시간에 훑어보는 블로그 포스팅, 저녁에 시청하는 유튜브 강의, 이처럼 낯선 단어들이 가득한 이 모든 것들이 사실은 '독서'의 영역에 속합니다. 그렇다면 의문이 생깁니다. 8장에서 완성한 개인별 맞춤 독서법을 이런 디지털 환경에서도 똑같이 적용할 수 있을까요? 종이책에서 발휘했던 그 놀라운 이해력과 기억력을 스마트폰 화면에서도 똑같이 경험할 수 있을까요?

1. 디지털 시대, 독서의 새로운 도전과 기회

현대인의 독서 환경은 그 어느 때보다 복잡하고 다양해졌습니다. 우리의 뇌는 디지털 환경에서 정보를 처리할 때 전통적인 종이책 읽기와는 다른 패턴을 보입니다.

2장에서 배운 전전두피질(뇌의 사령탑)을 기억하시나요? 하이퍼링크가 가득한 웹페이지에서는 전전두피질이 '이 링크를 클릭할까, 말까?'를 끊임없이 판단해야 합니다. 그 결과 주의력이 여러 방향으로 분산되기 쉽지요.

또한 짧은 SNS 글들은 우리의 사고를 파편화시키는 경향이 있습니다. 마치 퍼즐 조각만 계속 받고 전체 그림을 맞출 시간이 없는 것과 같습니다. 멀티미디어 콘텐츠는 시각피질, 청각피질, 언어 중추를 동시에 자극해 때로는 혼란을 일으키기도 합니다.

그러나 이것을 단순히 '문제'로만 바라볼 수 없는 게 현실입니다. 디지털 환경은 동시에 엄청난 기회의 공간이기도 합니다. 검색 기능을 통해 즉시 관련 정보에 접근할 수 있고, 하이퍼링크를 따라가며 개념 간의 연결을 더 쉽게 발견할 수도 있습니다. 댓글과 공유 기능을 통해 다른 사람들의 해석과 관점을 실시간으로 접할 수도 있지요.

핵심은 디지털 환경의 특성을 이해하고 그에 맞는 전략을 개발하는 것입니다. 마치 다른 언어를 배우는 것처럼 디지털 독서에는 디지털만의 문법과 규칙이 있다고 봐야 하고, 그것에 적응해야만 합니다.

2. 전통과 혁신의 완벽한 융합

여기서 중요한 점은 디지털 독서법이 전통적 독서법을 대체하는 것이 아니라는 사실입니다. 오히려 두 방식이 서로를 보완하며 더욱 강력한 시너지를 만들어 낼 수 있습니다. 종이책에서 기른 깊이 있는 사고력은 디지털 환경에서 정보를 선별하고 판단하는 데 큰 도움이 됩니다. 반대로 디지털 환경에서 기른 빠른 정보 처리 능력과 연결적 사고는 종이책을 더욱 풍성하게 읽는 데 보탬이 될 수 있습니다.

'하이브리드(hybrid) 독서'란 종이책과 전자책을 함께 활용하는 독서 방식입니다. 이런 방식은 뇌의 다양한 영역을 균형 있게 활성화해서 인지 능력 전반을 향상해 줍니다. 2장에서 배운 신경가소성을 기억하시나요? 뇌는 다양한 자극을 받을수록 더 풍부한 신경 연결을 형성합니다. 마치 양손을 고루 사용하는 것이 뇌 발달에 도움이 되는 것처럼, 아날로그와 디지털을 모두 활용하는 독서는 우리의 사고 능력을 한층 더 발전시켜 줍니다.

준서의 깨달음: '아, 그러니까 종이책만 고집하거나 디지털만 쓰는 게 아니라, 둘 다 잘 활용하는 게 중요한 거군요.'

이번 장을 마친 후 우리는 다음과 같은 능력을 갖추게 됩니다.

학습 목표

1. **하이퍼링크 시대의 집중 독서**: 산만해지기 쉬운 온라인 환경에서도 핵심 개념을 놓치지 않고 깊이 있게 읽는 능력을 기릅니다. 웹페이지의 복잡한 구조 속에서도 저자의 핵심 메시지를 정확히 파악할 수 있게 됩니다.

2. **멀티미디어 통합 독서**: 텍스트, 이미지, 영상이 함께 제시되는 현대적 콘텐츠에서 각 요소를 효과적으로 통합해 이해하는 능력을 개발합니다. 정보의 형태가 어떻든 핵심 개념을 놓치지 않게 됩니다.

3. **디지털 정보 분류 전문가**: SNS와 같은 파편화된 정보 환경에서도 의미 있는 통찰을 발견하고 흩어진 정보들을 하나의 일관된 지식 체계로 엮어 내는 능력을 기릅니다.

4. **온·오프라인 독서 동반 상승효과 창조**: 종이책과 전자책 오프라인 독서와 온라인 학습을 효과적으로 조합해 학습 효과를 극대화하는 개인만의 하이브리드 방식을 구축합니다.

5. **미래 지향적 학습자**: 새로운 디지털 도구와 플랫폼이 등장하더라도 유연하게 적응하며, 변화하는 환경에서도 일관되게 깊이 있는 독서를 유지할 수 있는 원리와 방법을 체득합니다.

3. 9장으로 가는 설렘 가득한 여정

은혜의 경험: '어제 환경에 대한 기사를 읽기 시작했는데요, '지구 온난화' 링크를 클릭했더니 '빙하 감소' 페이지가 나왔고, 거기서 '북극곰' 링크를 클릭했더니 동물 다큐멘터리 영상이 나왔어요. 한 시간 후에 정신 차려보니 원래 뭘 찾으려고 했는지 까먹었어요.'

온라인에서 글을 읽다 보면 은혜처럼 디지털 정글에서 길을 잃고 헤매는 경험을 하게 됩니다. 왜 이런 일이 일어날까요?

2장에서 배운 편도체와 보상 회로를 기억하시나요? 우리의 뇌는 새로운 정보에 노출되면 본능적으로 호기심을 느끼도록 설계되어 있습니다. 특히 하이퍼링크처럼 '클릭 한 번으로 새로운 세상이 열린다.'라는 신호를 받으면, 뇌의 보상 중추(측좌핵)가 활성화되어 도파민이 분비됩니다.

도파민은 '어서 클릭해! 재미있는 게 있을 거야!'라고 속삭이는 신경전달물질입니다. 이것이 바로 우리가 링크를 무심코 클릭하게 되는 뇌과학적 이유입니다.

준서의 질문: '그럼 링크를 아예 클릭하면 안 되는 건가요?'

그렇지 않습니다! 하이퍼링크는 개념 간의 연결을 시각화하는 강력한 도구이기도 합니다. 문제는 이 도구를 어떻게 현명하게 사용하느냐에 달려 있습니다.

온라인 텍스트의 개념 기반 읽기:
하이퍼링크 시대의 집중법

온라인에서 글을 읽다 보면 흥미로운 기사를 읽기 시작했는데 중간에 나오는 링크(link)를 클릭(click)하고 또 그 페이지에서 다른 링크를 클릭하고 어느새 처음에 무엇을 읽고 있었는지도 까먹게 되는 경우를 흔하게 경험합니다. 마치 디지털 정글에서 길을 잃고 헤매는 것 같은 느낌이죠.

이런 현상이 일어나는 이유를 최근 뇌과학 연구에서 명확히 밝혀냈습니다. 우리의 뇌는 새로운 정보에 노출되면 본능적으로 호기심을 느끼도록 설계되어 있습니다. 특히 하이퍼링크처럼 '클릭 한 번으로 새로운 세상이 열린다.'라는 신호를 받으면 뇌의 보상 중추가 활성화되어 충동적인 행동을 유발합니다. 그러나 이것을 반드시 나쁘다고만 할 수 없습니다. 하이퍼링크는 개념 간의 연결을 시각화하는 강력한 도구이기도 합니다. 문제는 이 도구를 어떻게 현명하게 사용하느냐에 달려 있습니다.

1. 온라인 텍스트의 구조적 특성 이해하기

온라인 텍스트는 종이책과는 완전히 다른 구조로 되어 있습니다. 먼저 이 차이점을 이해해야만 효과적인 독서 전략을 세울 수 있지요.

비선형적 구조: 종이책이 처음부터 끝까지 순차적으로 읽히게 설계되어 있는, 반면 온라인 텍스트는 독자가 여러 경로로 정보에 접근할 수 있도록 만들어집니다. 이는 마치 도시의 도로망과 같아서 목적지에 도달하는 길이 여러 개가 있습니다.

주의 분산 요소들: 웹페이지에는 본문 외에도 광고, 댓글, 관련 기사 링크, 소셜 미디어

버튼 등 수많은 요소가 동시에 존재합니다. 이들은 끊임없이 우리의 주의를 흩뜨려 놓습니다.

멀티미디어 통합: 텍스트와 함께 이미지, 동영상, 인포그래픽 등이 함께 제시되어 정보의 밀도가 매우 높습니다.

(1) 하이퍼링크 환경에서의 주의 관리 전략

효과적인 온라인 독서를 위해서는 '의도적 주의 관리'가 필수적입니다. 7장에서 배운 메타인지를 기억하시나요? '내가 지금 무엇을 하고 있는지 스스로 관찰하는 능력'이었지요. 온라인에서는 메타인지가 특히 중요합니다.

은혜의 메타인지 적용: 아, 그러니까 링크를 클릭하기 전에 '잠깐, 이거 지금 꼭 필요한 건가?' 하고 스스로 물어보는 거군요.

맞습니다! 이것은 마치 운전할 때 목적지를 정하고 내비게이션을 설정하는 것과 같습니다. 목적지가 명확하면 중간에 흥미로운 샛길이 나와도 길을 잃지 않을 수 있습니다.

1단계: 읽기 목적 명확화(문제 중심)

Merrill 교수의 제1원리 중 '문제 중심'을 기억하시나요? 온라인 글을 읽기 시작하기 전에 스스로에게 물어보세요.

- ✔ 나는 왜 이 글을 읽고 있는가?(목적)
- ✔ 이 글에서 얻고 싶은 핵심 정보는 무엇인가?(목표)
- ✔ 읽은 후 어떤 행동을 할 것인가?(적용)

준서의 목적 설정 예시: 오늘은 '기후변화가 한반도에 미치는 영향'에 대해 알아볼 거야. 사회 수행평가 때문에 3가지 구체적 사례를 찾아야 해. 찾으면 바로 노트에 정리할 거야. 이런 질문들은 마치 독서의 GPS(Global Positioning System) 역할을 합니다. 목적지가 명확하면 중간에 흥미로운 샛길이 나와도 길을 잃지 않을 수 있습니다.

2단계: 스캔 읽기를 통한 전체 구조 파악

본격적인 읽기에 들어가기 전에 페이지 전체를 빠르게 훑어보세요. 제목, 소제목, 굵은 글씨, 이미지 캡션(그림 설명: image caption) 등을 중심으로 글의 전체적인 구조와 핵심 주제를 파악합니다. 이는 마치 지도를 보고 전체 경로를 확인하는 것과 같습니다.

3단계: 개념 중심의 선택적 클릭

하이퍼링크를 만날 때마다 즉시 클릭하는 대신 다음과 같은 판단을 해 보세요.

이 링크가 현재 읽고 있는 내용의 핵심 개념과 관련이 있는가?

지금 당장 확인해야 할 중요한 정보인가?

나중에 확인해도 되는 보조적 정보인가?

중요한 링크는 별도의 탭(tap)에서 열어 두고, 현재 글을 다 읽은 후에 체계적으로 탐색하는 것이 효과적입니다.

(2) 디지털 텍스트의 개념 구조 파악법

온라인 텍스트에서 개념 구조를 파악하는 것은 종이책보다 어려울 수 있지만 몇 가지 전략을 활용하면 오히려 더 풍부한 이해가 가능합니다.

핵심 개념 하이라이트(highlight) 기법: 대부분의 웹 브라우저와 디지털 도구들은 하이라이트 기능을 제공합니다. 읽으면서 핵심 개념이 나올 때마다 색깔별로 구분해서 표시해 보세요. 예를 들어 주요 개념은 노란색, 중요한 데이터는 파란색, 결론은 빨간색으로 구분하는 식입니다.

링크 맵핑(link mapping): 글에서 언급되는 하이퍼링크를 간단한 마인드맵 형태로 정리해 보세요. 이렇게 하면 저자가 어떤 개념들을 연결하려 하는지 한눈에 파악할 수 있습니다.

댓글과 반응 활용: 온라인 글의 댓글은 독자들의 다양한 관점을 보여 주는 보물창고입니다. 특히 건설적인 비판이나 추가 정보를 제공하는 댓글들은 본문의 이해를 더욱 깊게 해 줍니다.

2. 온라인 정보의 신뢰성 판단과 비판적 읽기

디지털 환경에서는 정보의 질이 천차만별입니다. 따라서 개념 기반 독서와 함께 정보의
신뢰성을 판단하는 능력이 필수적입니다.

출처 확인의 중요성: 글의 저자가 누구인지, 어떤 기관에서 발행했는지 언제 작성된 것인
지 반드시 확인하세요. 마치 음식을 먹기 전에 유통기한을 확인하는 것처럼 정보도 '신선
도'와 '정확도'를 점검해야 합니다.

교차 검증 전략: 중요한 정보일수록 여러 출처에서 확인해 보는 습관을 기르세요. 특히
수치나 사실 관련 정보는 최소 2~3개의 다른 정보원에서 검증해 보는 것이 안전합니다.

편향성 인식: 모든 글에는 작성자의 관점이 반영되어 있습니다. 이를 인정하고 가능하다
면 반대되는 시각의 글도 함께 읽어 보세요. 이는 마치 입체적인 시각으로 사물을 보는 것
과 같습니다.

3. 실습: 온라인 기사로 디지털 개념 기반 읽기 체험

지금 당장 관심이 가는 주제의 온라인 기사를 하나 선택해 보세요. 다음 단계를 따라
실습해 보겠습니다.

단계 1: 읽는 목적을 한 문장으로 명확히 적어 보세요.
예시)
준서: 인공지능이 미래 직업에 미치는 영향 3가지를 파악한다.
은혜: 플라스틱 줄이기 실천 방법 5가지를 찾아서 가족에게 소개한다.
나의 목적: _______________________________

단계 2: 3분간 스캔 읽기를 통해 전체 구조를 파악하고 핵심 키워드를 5개 뽑아 보세요.

5장에서 배운 스키밍(훑어 읽기)을 활용합니다. 제목, 소제목, 굵은 글씨, 이미지를 중심으로 빠르게 훑어보세요.

나의 핵심 키워드 5개)

① ______ ② ______ ③ ______ ④ ______ ⑤ ______

단계 3: 본격 읽기를 시작하면서 핵심 개념을 색깔별로 강조 표시해 보세요.
색깔 규칙 예시

- 노란색: 핵심 개념/정의
- 파란색: 구체적 사례/데이터
- 빨간색: 의문점/더 알아볼 것
- 초록색: 내 생활에 적용할 것

단계 4: 하이퍼링크가 나올 때마다 '지금 클릭할지, 나중에 클릭할지'를 의식적으로 판단해 보세요.
판단 기준)

지금 클릭: 이것을 모르면 본문 이해가 안 된다.

나중에 클릭: 흥미롭지만, 본문과 직접 관련은 없다.

클릭 안 함: 내 목적과 관련이 없다.

단계 5: 글을 다 읽은 후, 핵심 개념들을 자기의 말로 요약해 보세요.
3장에서 배운 정교화 전략을 활용합니다. 남에게 설명하듯이 자신의 말로 바꿔 보세요.

나의 요약 (3문장 이내)

이 과정을 몇 번 반복하면 온라인에서도 깊이 있는 읽기가 자연스럽게 몸에 배게 됩니다.

<table>
<tr><td colspan="1" align="center">핵심 도구: 온라인 독서 집중력 점검 리스트</td></tr>
<tr><td align="center">다음 점검 리스트를 활용해 자신의 온라인 독서 수준을 점검해 보세요.</td></tr>
<tr><td>1. 읽기 시작 전에 목적을 명확히 설정했는가?</td></tr>
<tr><td>2. 전체 구조를 파악한 후 본격적인 읽기를 시작했는가?</td></tr>
<tr><td>3. 하이퍼링크를 만날 때마다 의식적인 판단을 했는가?</td></tr>
<tr><td>4. 핵심 개념을 체계적으로 정리하며 읽었는가?</td></tr>
<tr><td>5. 정보의 출처와 신뢰성을 확인했는가?</td></tr>
<tr><td>6. 읽은 후 핵심 내용을 자기의 말로 요약할 수 있었는가?</td></tr>
<tr><td>이 점검 리스트에서 4개 이상이 해당하면 온라인 독서의 기초가 잘 갖춰진 것입니다. 모든 항목에 해당하면 하이퍼링크 시대의 독서 고수라고 할 수 있습니다.</td></tr>
</table>

- 준서의 경험: 어제 유튜브에서 세포 분열 강의를 봤는데요, 선생님 설명도 나오고, 애니메이션도 나오고, 자막도 나오고, 중간에 퀴즈도 나오고, 뭘 봐야 할지 모르겠어, 결국 아무것도 기억이 안 나요.
- 은혜: 저는 반대로 그림이랑 영상이 같이 나오면 더 잘 이해가 돼요. 근데 뭘 어떻게 봐야 하는지 방법을 모르겠어요.

현대의 정보는 더 이상 텍스트만으로 전달되지 않습니다. 유튜브 강의, 인스타그램, 뉴스 기사 등 여러 형태의 정보가 동시에 제시됩니다. 이런 환경에서 어떻게 효과적으로 학습할 수 있을까요?

뇌의 다중 감각 통합 원리

2장에서 배운 뇌의 구조를 떠올려 보세요. 우리의 뇌는 다중 감각 정보를 통합적으로 처리할 때 더욱 강력한 기억과 이해를 형성합니다.

시각피질: 이미지와 영상 처리

청각피질: 소리와 음성 처리

브로카 영역 + 베르니케 영역: 언어(텍스트와 말) 처리

해마: 이 모든 정보를 통합해 기억으로 저장

마치 오케스트라의 여러 악기가 조화를 이루어 아름다운 음악을 만들어 내는 것처럼 텍스트, 이미지, 소리가 함께할 때 우리의 뇌는 더욱 풍부하고 깊이 있는 이해를 구성해 줍니다. 그러나 이것이 항상 긍정적인 결과만 가져오는 것은 아닙니다. 때로는 너무 많은 정보가 동시에 들어와서 혼란을 일으키기도 하고 한 가지에만 집중하기 어려워지기도 합

니다. 핵심은 이런 멀티미디어 환경을 어떻게 전략적으로 활용하느냐에 있습니다.

1. 뇌의 다중 감각 통합 메커니즘 이해하기

우리의 뇌가 어떻게 다양한 형태의 정보를 처리하는지 이해하면 더 효과적인 멀티미디어 독서 전략을 세울 수 있습니다.

시각 정보 처리

뇌의 시각 피질은 텍스트와 이미지를 서로 다른 방식으로 처리합니다.

정보 유형	처리 방식	뇌 영역
텍스트	순차적, 분석적	주로 좌뇌(브로카+베르니케)
이미지	전체적, 직관적	주로 우뇌(시각피질)

8장에서 배운 시각적 학습자를 기억하시나요? 시각적 학습자는 이 두 정보가 융합될 때 특히 강력한 이해력을 발휘합니다.

- 은혜의 활용법: 저는 시각형이라서 유튜브 강의 볼 때 그림이나 도표가 나오면 그걸 먼저 보고, 그다음에 설명을 들어요. 그러면 훨씬 잘 이해가 돼요.

청각 정보의 역할

동영상에서 나오는 음성이나 배경음악은 감정적 맥락을 제공하고 기억력을 향상시킵니다. 2장에서 배운 편도체를 기억하시나요? 편도체는 감정을 처리하는 영역인데, 감정과 함께 저장된 정보는 더 오래 기억됩니다. 적절한 배경음이나 음성 설명이 있으면 편도체가 활성화되어 '이건 중요해!'라는 신호를 보내고, 그 결과 기억이 더 잘 형성되는 것이지요.

- 준서의 발견: 그래서 제가 좋아하는 선생님 목소리로 설명해 주시는 강의가 더 잘 기억나는 거였군요!

운동감각의 활용: 대화형 콘텐츠에서 클릭, 스크롤, 드래그 등의 동작은 뇌의 운동피질을 활성화해서 학습 효과를 증진합니다.

(1) 텍스트와 이미지의 효과적 연결 전략

텍스트와 이미지가 함께 제시될 때 이들 사이의 관계를 파악하는 것이 핵심입니다.

이미지 우선 스캔: 글을 읽기 전에 먼저 이미지들을 빠르게 훑어보세요. 이는 마치 책의 목차를 먼저 보는 것과 같은 효과를 줍니다. 이미지들은 글의 주요 개념과 구조에 대한 힌트를 제공합니다.

텍스트-이미지 매칭: 글을 읽으면서 각 문단이나 개념이 어떤 이미지와 연결되는지 의식적으로 확인해 보세요. 때로는 이미지가 텍스트를 보완하고, 때로는 텍스트가 이미지를 해석하는 열쇠가 됩니다.

시각적 개념 지도 만들기: 복잡한 개념들이 텍스트와 이미지로 함께 설명될 때, 이들을 연결하는 간단한 도식을 머릿속으로 그려 보세요. 예를 들어 경제 기사에서 그래프와 설명이 함께 나올 때 그래프의 변화와 텍스트의 인과관계를 화살표로 연결해 보는 식입니다.

(2) 동영상 콘텐츠의 전략적 활용법

유튜브 강의나 온라인 세미나 같은 영상 콘텐츠는 특별한 접근이 필요합니다.

배속 조절의 기술

영상의 속도를 상황에 따라 조절하세요. 이것은 7장에서 배운 '속도와 깊이의 균형'을 영상에 적용하는 것입니다.

상황	추천 배속	이유
소개/도입 부분	1.5~2배속	핵심 내용이 아님
익숙한 복습 내용	1.25~1.5배속	빠르게 확인만
핵심 개념 설명	1배속 (정상)	정확한 이해 필요
어려운 공식/이론	0.75~0.8배속	천천히 따라가기

준서의 배속 활용법: '수학 인터넷 강의를 들을 때, 개념 설명은 1배속으로, 문제 풀이 중 제가 아는 부분은 1.5배속으로, 어려운 부분은 0.75배속으로 들어요. 시간도 절약되고 이해도 잘 돼요.'

일시 정지 활용: 중요한 개념이 나올 때마다 영상을 멈추고 잠시 생각해 보는 시간을 가지세요. 방금 들은 내용을 자기의 말로 정리해 보거나 기존 지식과 어떻게 연결되는지 생각해 보세요.

자막과 음성의 이중 활용: 가능하다면 자막을 켜두고 시청하세요. 시각과 청각을 동시에 활용하면 이해도와 기억력이 현저히 향상됩니다. 특히 어려운 전문 용어나 외국어가 나올 때 자막은 큰 도움이 됩니다.

적어 두기와 화상 파일 보존: 중요한 슬라이드나 도표가 나올 때는 스크린숏(screenshot)[1] 을 찍어 두고 동시에 간단한 메모를 작성하세요. 나중에 복습할 때 영상을 다시 찾아보지 않아도 핵심 내용을 확인할 수 있습니다.

(3) 시각화 데이터 읽기

현대 정보 사회에서 데이터 시각화는 필수적인 소통 도구가 되었습니다. 복잡한 통계나 트렌드(trend)를 한눈에 파악할 수 있게 해 주는 인포그래픽(시각화 데이터)을 효과적으로 읽는 능력이 중요합니다.

데이터의 맥락 파악

그래프나 차트를 볼 때 먼저 제목과 축의 의미를 정확히 파악하세요.

- 은혜의 인포그래픽 읽기 실수: 뉴스에서 '청소년 스마트폰 사용 시간이 3배 증가'라는 그래프를 봤는데, 나중에 보니까 2010년 대비 2020년이더라고요. 10년 동안 3배면, 그렇게 충격적인 건 아니었어요.

---

[1] 현재의 디스플레이 화면의 화상을 그대로 파일로 보존하는 것

처음에 제목만 보고 '엄청 많이 늘었네'라고 했는데, 이처럼 무엇을 측정한 것인지, 언제의 데이터인지, 어떤 단위로 표현된 것인지 확인하는 것이 첫 단계입니다.

인포그래픽 읽기 점검 질문

✔ 제목: 무엇에 관한 데이터인가?

✔ 출처: 누가 만든 자료인가?(신뢰할 수 있는가?)

✔ 기간: 언제부터 언제까지의 데이터인가?

✔ 단위: 숫자의 단위는 무엇인가?(%, 명, 원 등)

✔ 비교 기준: 무엇과 비교한 것인가?

유형과 추세 인식: 숫자의 세부 사항에 매몰되지 말고 전체적인 유형과 변화 양상을 먼저 파악하세요. 상승 추세인지 하락 추세인지 주기적 변화가 있는지 등을 큰 그림에서 보는 것이 중요합니다.

예외와 특이점 주목: 일반적인 유형에서 벗어나는 구간이나 급격한 변화가 있는 지점에 특별히 주목하세요. 이런 부분에는 보통 중요한 의미나 원인이 숨어 있습니다.

텍스트와의 연결: 인포그래픽 주변의 설명 텍스트를 반드시 함께 읽으세요. 시각적 데이터는 '무엇'을 보여 주고, 텍스트는 '왜'와 '어떻게'를 설명하는 경우가 많습니다.

2. 실습: 멀티미디어 콘텐츠로 통합 독서 연습

실제로 멀티미디어 통합 독서를 체험해 보겠습니다. 우리가 관심 있는 분야의 유튜브 교육 영상을 하나 선택해 주세요.

(1) 단계 1: 사전 준비

영상 제목과 썸네일(thumbnail)[2]을 보고 어떤 내용일지 예상해 보세요

---

2)   페이지 전체의 배치를 검토할 수 있게 페이지 전체를 작게 줄여 화면에 띄운 것.

학습 목표를 간단히 설정하세요.(예: '마케팅 퍼널(marketing funnel)[3]의 단계별 특징 이해 하기')

(2) 단계 2: 1차 시청(전체 파악)

정상 속도로 전체를 한 번 시청하면서 큰 흐름을 파악하세요.

중간에 메모하려고 하지 말고, 전체적인 구조와 핵심 메시지에 집중하세요.

(3) 단계 3: 2차 시청(상세 분석)

이번에는 적절히 일시 정지하면서 세부 내용을 분석하세요.

중요한 슬라이드나 그래프가 나올 때 스크린숏을 찍어 두세요.

핵심 개념이 나올 때마다 간단히 메모하세요.

(4) 단계 4: 통합 정리

시각적 자료(스크린숏)와 텍스트 메모를 연결해 전체 내용을 정리하세요.

가능하다면 배운 내용을 간단한 마인드맵이나 도식으로 그려 보세요.

(5) 핵심 도구: 멀티미디어 정보 통합 안내

멀티미디어 독서의 효과를 극대화하기 위한 실용적 안내입니다.

준비 단계

학습 환경 최적화(적절한 화면 크기, 조명, 소음 차단)

필요한 도구 준비(메모장, 스크린숏 기능, 하이라이터 등)

학습 목표 명확화

시청/읽기 단계

각 미디어 형태의 역할 파악(텍스트=설명, 이미지=예시, 영상=과정)

---

[3] 고객은 특정 브랜드나 상품에 대해 인지-고려-호감-구매-충성 등의 단계를 거치는 데, 단계를 거듭할수록 깔때기처럼 입구가 점점 좁아진다는 이론.

정보 간 연결 고리 찾기
핵심 개념을 여러 형태로 확인

정리 단계
다양한 형태의 정보를 통합해 요약
시각적 자료와 텍스트 정보의 일관성 확인
학습한 내용을 다른 사람에게 설명할 수 있는지 점검

SNS와 짧은 텍스트의 개념화: 파편화된 정보의 구조화

준서와 은혜의 SNS 경험

- 준서: 저 인스타를 하루에 몇 시간씩 해요. 스크롤 내리면서 사진 보고, 짧은 글을 읽고, 그런데 나중에 뭘 봤는지 하나도 기억 안 나요.
- 은혜: 저는 X(구 트위터)에서 뉴스 보는데, 다들 의견이 달라서 뭐가 맞는지 모르겠어요. 280자로 어떻게 복잡한 문제를 설명할 수 있죠?

X(구 트위터)의 280자 제한, 인스타그램의 간결한 캡션, 페이스북의 짧은 포스팅들, 현대인들은 하루에 수백 개의 짧은 텍스트를 접합니다. 이런 파편화된 정보들은 마치 바닷가에 흩어진 조개껍질 같습니다.

파편화된 정보의 뇌과학적 문제

문제는 이런 정보들이 너무 빠르게 흘러가고 맥락 없이 제시되어 깊이 있게 생각할 기회를 주지 않는다는 점입니다. 2장에서 배운 작업기억(Working Memory)을 기억하시나요? 작업기억은 '뇌의 작업대'로, 한번에 처리할 수 있는 정보의 양에 한계가 있습니다. SNS의 파편적 정보들이 쏟아지면 작업기억이 과부하에 걸려서 정보는 많이 봤는데 기억나는 건 없는 상태가 됩니다.

또한 3장에서 배운 장기기억 형성을 위해서는 정보를 기존 지식과 연결해야 하는데, SNS의 빠른 스크롤은 이 연결 작업을 할 시간을 주지 않습니다. 그러나 절망할 필요는 없습니다. 적절한 전략을 사용하면 이런 짧은 텍스트들에서도 의미 있는 통찰을 얻을 수 있고 오히려 다양한 관점을 빠르게 접할 수 있는 장점을 뽑아내어 적절하게 활용할 수 있습니다.

1. SNS(social networking service) 텍스트의 특성과 도전

SNS 플랫폼(platform)별로 텍스트의 특성이 다르므로 각각에 맞는 읽기 전략이 필요합니다.

X(구 트위터)의 특성: 극도로 압축된 정보, 실시간성, 유행성이 특징입니다. 140~280자라는 제한 때문에 모든 단어가 의미를 가지며, 함축적 표현이 많이 사용됩니다. 마치 하이쿠(haiku)[4]처럼 짧지만 깊은 의미를 담으려는 특성이 있습니다.

인스타그램의 특성: 이미지가 주가 되고 텍스트가 보조적 역할을 합니다. 감정적 표현과 해시태그(hashtag)[5]를 통한 분류가 특징이며, 개인적 경험과 감성을 중시합니다.

페이스북의 특성: 상대적으로 긴 형태의 포스팅(posting)[6]이 가능하며 댓글을 통한 토론과 상호작용이 활발합니다. 개인적 의견과 경험 공유에 중점을 둡니다.

링크드인(Linked-in[7])의 특성: 전문적 내용과 업계 동향에 특화되어 있으며 비즈니스 맥락에서의 통찰과 조언이 주를 이룹니다.

(1) 짧은 정보에서 의미 있는 개념 추출하기

파편화된 정보에서 가치를 찾아내는 것은 마치 광부가 사금을 채취하는 것과 같습니다. 많은 모래 속에서 진짜 금을 골라내는 안목이 필요합니다.

핵심 키워드 식별: 짧은 텍스트에서는 모든 단어가 중요합니다. 그러나 그중에서도 핵심이 되는 개념어를 빠르게 식별해야 합니다. 명사보다는 동사와 형용사에 주목하면 작성자

---

4) 5·7·5의 3구(句), 17자(字)로 된 일본 특유의 짧은 시(詩). 특정한 달, 계절의 자연에 대한 시인의 인상을 묘사한 서정시다.
5) 주로 소셜 미디어 플랫폼에서 사용되는 메타데이터 태그의 한 종류로, 특정 단어나 구절 앞에 우물 정자(#)를 붙여 만든다. 예를 들어, #일상, #여행 등처럼.
6) 블로그, 웹사이트, 소셜 미디어 등에 글이나 이미지, 영상 등 콘텐츠를 올리는 행위를 말한다. 예를 들어, '블로그에 새로운 글을 포스팅했어.'
7) 2002년 리드 호프먼이 창업했으며, 현재 200개국 1억 명 이상이 가입한 세계 최대 SNS 업체다.

의 의도와 감정을 더 잘 파악할 수 있습니다.

맥락 재구성: SNS 포스팅은 대부분 어떤 사건이나 상황에 대한 반응입니다. 포스팅만 보고는 알 수 없는 배경 맥락을 추론하거나 추가로 검색해 보는 것이 필요합니다.

시간의 흐름 고려: SNS는 실시간성이 강하므로, 언제 작성된 글인지가 매우 중요합니다. 같은 내용이라도 작성 시점에 따라 의미가 완전히 달라질 수 있습니다.

작성자의 관점 파악: 짧은 텍스트일수록 작성자의 주관적 관점이 강하게 드러납니다. 이를 객관적 사실과 구분해서 읽는 능력이 중요합니다.

(2) 댓글과 반응을 통한 다층적 의미 파악

SNS의 진정한 가치는 때로 원글보다 댓글에서 발견됩니다. 댓글은 다양한 관점과 추가 정보를 제공하는 보물창고입니다.

댓글의 유형 분석: 댓글들의 전반적인 반응을 파악해 보세요. 대부분이 동의하는지 반대하는지 아니면 의견이 나뉘는지 확인하면 그 주제의 논란성과 혼잡성을 알 수 있습니다.

건설적 댓글 선별: 모든 댓글이 가치 있는 것은 아닙니다. 추가적인 정보를 제공하거나, 다른 관점을 제시하거나, 건설적인 비판을 하는 댓글들을 선별해서 읽으세요.

댓글 연결 읽기: 댓글 간의 대화를 쫓아가며 읽으면, 하나의 주제에 대한 다면적 이해가 가능합니다. 마치 여러 사람이 참여하는 토론을 듣는 것과 같은 효과를 얻을 수 있습니다.

(3) 정보 과부하 상황에서의 선별적 읽기

SNS를 하다 보면 정보의 홍수에 빠지기 쉽습니다. 2장에서 배운 것처럼, 인간의 뇌는 한 번에 처리할 수 있는 정보의 양에 한계가 있습니다. 작업기억은 약 4~7개의 정보 덩어리만 동시에 처리할 수 있지요. 7장에서 배운 '집중력 지속과 몰입 상태 만들기'를 기억하시나요? SNS 환경은 몰입과 정반대입니다. 그래서 의식적인 선별이 필수적입니다.

- 은혜의 선별 전략: 저는 이제 인스타에서 '환경 보호'랑 '독서' 관련 계정만 팔로우해요. 그리고 스크롤 하다가 제 관심사 아닌 건 바로 넘겨요. 타이머 맞춰 놓고 15분만 하고요.

중요도로 여과하기: 모든 포스팅을 똑같이 읽으려 하지 마세요. 자신의 관심사, 학습 목표, 현재 필요와 관련성이 높은 내용에만 우선순위를 두세요.

시간제한 설정: SNS 읽기에 할애할 시간을 미리 정해두고 그 시간 내에서만 활동하세요. 무제한으로 스크롤(scroll)을 하다 보면 시간만 낭비하고 깊이 있는 학습은 이루어지지 않습니다.

저장과 나중에 읽기: 흥미로운 내용이지만 지금 당장 깊이 읽을 시간이 없다면, 북마크나 저장 기능을 활용하세요. 나중에 시간이 나면 체계적으로 읽는 것이 더 효과적입니다.

주제별 그룹화: 비슷한 주제의 포스팅들을 모아서 한 번에 읽으면, 개별적으로 읽을 때보다 더 깊은 이해와 통찰을 얻을 수 있습니다.

2. 실습: SNS 피드로 개념 추출 연습

실제 SNS 피드를 활용한 연습을 해 보겠습니다.

(1) 단계 1: 관심 주제 설정
현재 자신이 관심을 가지고 있는 주제를 하나 선택하세요.(예: 환경 문제, 기술 트렌드, 건강 정보 등).

(2) 단계 2: 플랫폼별 수집
해당 주제와 관련된 포스팅을 여러 SNS 플랫폼에서 5~10개씩 수집해 보세요.

(3) 단계 3: 핵심 개념 추출

짧은 텍스트에서는 모든 단어가 중요합니다. 5장에서 배운 의미 하나치 읽기를 적용하면, 짧은 글에서도 핵심을 빠르게 파악할 수 있습니다.

준서의 키워드 식별 연습

SNS 게시물 예시)

오늘 드디어 3개월간 준비한 프로젝트 발표 성공. 팀원들 덕분에 극복할 수 있었어요. 실패를 두려워하지 마세요.

준서의 분석

핵심 명사: 프로젝트, 발표, 팀원, 실패

핵심 동사: 성공하다, 극복하다, 두려워하다

핵심 감정: 성취감, 감사, 격려

핵심 메시지: 실패를 두려워하지 말고 도전하라.

- 준서: 아, 동사랑 형용사를 보면 글쓴이가 뭘 말하고 싶은지 더 잘 보이네요.

(4) 단계 4: 유형 찾기

수집한 포스팅들을 분석해서 공통된 관점이나 상반된 의견을 찾아보세요.

(5) 단계 5: 통합 정리

파편화된 정보들을 하나의 일관된 관점이나 지식으로 통합해 보세요.

핵심 도구: SNS 정보 여과 및 개념화 도구
효과적인 SNS 읽기를 위한 실용적 점검 리스트입니다.
읽기 전 준비
명확한 목적 설정(정보 수집, 트렌드 파악, 엔터테인먼트 등)
시간제한 설정
플랫폼별 특성 인지
읽기 중 실행
핵심 키워드 즉시 식별
작성자의 관점과 객관적 사실 구분
댓글의 추가 정보 활용
중요한 내용은 저장 또는 메모
읽기 후 정리
수집한 정보의 유형 분석
상반된 의견들의 근거 비교
개인적 관점과 학습 목표에 연결
필요시 추가 검증 및 심화 학습

E-book과 디지털 독서 기기 활용법: 전자책의 개념 기반 접근 - 디지털 네이티브 시대의 독서 경험

전자책은 이제 단순히 종이책의 디지털 버전이 아닙니다. 검색, 하이라이트, 메모, 사전 기능 등 종이책에서는 불가능했던 다양한 기능들이 독서 경험을 완전히 새롭게 만들어 가고 있습니다. 마치 자동차가 단순히 말을 대신하는 교통수단이 아니라 완전히 새로운 이동의 패러다임을 만들어낸 것처럼 전자책도 독서의 새로운 가능성을 열어 가고 있습니다.

종이책과 전자책: 뇌는 어떻게 다르게 반응할까?

디지털 기기에서의 읽기는 종이책 읽기와 다른 뇌 활동 패턴을 보입니다.

구분	종이책 읽기	전자책 읽기
활성화 영역	깊이 있는 집중 영역 (전전두피질 집중 모드)	탐색과 연결 영역 (주의 전환 네트워크)
장점	몰입, 깊이 있는 사고	빠른 검색, 정보 연결
단점	검색 불가, 휴대 불편	주의 분산 가능성

- 은혜의 질문: 그럼, 전자책이 나쁜 건가요?
- 준서의 깨달음: 아, 깊이 읽을 땐 종이책, 정보 찾을 땐 전자책을 쓰면 되겠네요.

그렇지 않습니다. 이것은 좋고 나쁨의 문제가 아닙니다. 중요한 것은 각각의 특성을 이해하고, 목적에 맞게 활용하는 전략을 개발하는 것입니다.

1. E-book 리더와 태블릿의 특성 이해

디지털 독서 기기는 크게 E-ink[8] 디스플레이를 사용하는 전용 리더(킨들, 크레마 등)와 LCD/OLED 디스플레이를 사용하는 태블릿(tablet)[9]으로 구분됩니다. 각각의 특성을 이해하면 더 효과적인 독서가 가능합니다.

E-ink 리더의 장점: 눈의 피로가 적고, 직사광선 아래서도 잘 보이며 배터리 지속 시간이 길어 장시간 독서에 적합합니다. 종이책과 유사한 읽기 경험을 제공해서 깊이 있는 독서와 집중에 도움이 됩니다.

태블릿의 장점: 컬러 디스플레이로 이미지가 풍부한 책이나 대화형 콘텐츠에 적합하며 멀티태스킹이 가능해서 독서와 동시에 메모나 검색을 할 수 있습니다.

기기별 최적화 전략: 소설이나 에세이같은 텍스트 중심의 책은 E-ink 리더에서 도표나 그림이 많은 전문 서적이나 잡지는 태블릿에서 읽는 것이 효과적입니다.

(1) 디지털 하이라이트와 메모 활용 전략

전자책의 독특한 기능 중 하나는 하이라이트와 메모 기능입니다. 이를 체계적으로 활용하면 종이책에서는 불가능했던 수준의 정리와 복습이 가능합니다.

색깔별 하이라이트 시스템

8장에서 자신의 학습 스타일을 파악했다면, 이제 그에 맞는 하이라이트 시스템을 만들어보세요.

---

8) E-ink(전자 잉크)는 실제 종이에 인쇄된 활자처럼 보이는 디스플레이 기술이다. 전원을 끈 상태에서도 화면이 유지되며, 종이책과 비슷한 질감을 제공해 눈의 피로를 덜어주는 것이 가장 큰 특징이다. 주로 전자책 리더기에 사용된다.
9) 스마트폰과 노트북의 중간 형태를 가진 휴대용 컴퓨팅 장치. 터치스크린을 이용한 직관적인 사용이 가장 큰 특징 태블릿은 모바일 운영체제를 기반으로 하지만, PC 급 화면 크기를 제공해 다양한 용도로 활용된다. 특히 무선 인터넷 접속과 SNS 이용에 적합하며, 반응형 웹 디자인의 등장에도 결정적인 역할을 했다.

은혜의 하이라이트 시스템 (시각형 학습자)

색깔	의미	예시
노란색	핵심 개념/정의	신경가소성이란 뇌가 경험에 따라 변화하는 능력이다
파란색	인상 깊은 문장	배움에는 끝이 없다
빨간색	의문점/더 알아볼 것	이게 정말 모든 사람에게 적용될까?
초록색	내 생활에 적용할 것	매일 15분 독서 습관 만들기

은혜: '저는 색깔별로 구분하니까 나중에 복습할 때 한눈에 들어와요.'

준서의 하이라이트 시스템 (운동감각형 학습자)

준서: 저는 하이라이트 대신 직접 메모를 쓰는 게 더 기억에 남아요. 그래서 하이라이트는 최소한으로 하고, 대신 메모를 많이 달아요.

계층적 메모 시스템: 메모도 용도에 따라 구분해 작성하세요.

요약 메모: 해당 부분의 핵심 내용을 한 줄로 정리

연결 메모: 다른 책이나 경험과의 연관성 기록

질문 메모: 의문점이나, 더 알아보고 싶은 내용

아이디어 메모: 읽으면서 떠오른 새로운 생각이나 적용 방안

메모의 일관성 유지: 메모를 작성할 때는 나중에 검색하고 찾기 쉽도록 일관된 형식을 사용하세요. 예를 들어 '개념', '질문', '적용' 같은 태그를 사용하면 나중에 분류하기가 훨씬 수월합니다.

(2) 검색 기능을 활용한 개념 연결 강화

전자책의 검색 기능은 개념 기반 독서에 있어 혁신적인 도구입니다. 종이책에서는 불가능했던 방식으로 정보를 연결하고 유형을 발견할 수 있습니다.

키워드 추적

책을 읽으면서 중요한 개념이 나올 때마다 검색 기능을 사용해 그 단어가 책 전체에서

어떻게 사용되는지 확인해 보세요. Merrill 교수의 제1원리 중 '활성화'를 기억하시나요? 새로운 지식은 기존 지식과 연결될 때 더 잘 기억됩니다. 검색 기능은 이 연결을 도와주는 강력한 도구입니다.

준서의 키워드 추적 실습: 준서가 이 워크북에서 '전전두피질'을 검색한 결과

2장: 처음 소개 - '뇌의 사령탑' 비유

5장: 의미 하나치 읽기에서 활성화

7장: 메타인지와 연결

8장: 성격 유형별로 다른 활성화 패턴

9장: 디지털 환경에서의 역할

- 준서: 와, 전전두피질이 거의 모든 장에서 나오네요.

그만큼 중요한 개념이구나. 이렇게 한 개념이 책 전체에서 어떻게 발전하고 연결되는지 추적하면, 저자의 핵심 메시지를 더 깊이 이해할 수 있습니다.

개념 진화 추적: 한 권의 책 내에서 특정 개념이 어떻게 소개되고, 발전되고, 결론에 이르는지 검색을 통해 추적해 보세요. 마치 그 개념의 여행 경로를 따라가는 것과 같은 경험을 할 수 있습니다.

교차 참조: 여러 책을 동시에 읽고 있다면, 공통된 개념이나 키워드를 검색해서 서로 다른 저자들이 같은 주제를 어떻게 다루는지 비교해 보세요.

(3) 오디오북과 텍스트의 결합 활용법

최근에는 같은 책을 텍스트와 오디오로 동시에 제공하는 서비스들이 늘어나고 있습니다. 이 두 형태를 효과적으로 결합하면 학습 효과를 극대화할 수 있습니다.

상황별 적용: 집중해서 읽을 수 있는 환경에서는 텍스트를 이동 중이나 운동할 때는 오디오를 활용하세요. 같은 내용을 다른 방식으로 접하면 기억에 더 오래 남습니다.

속도 조절 전략: 오디오북의 재생 속도를 내용의 난이도에 따라 조절하세요. 익숙한 내용은 1.5~2배속으로 어려운 개념은 0.8~1배속으로 듣는 것이 효과적입니다.

동시 활용: 가능하다면 오디오를 들으면서 동시에 텍스트를 따라 읽어 보세요. 시각과 청각을 동시에 활용하면 집중력과 이해도가 현저히 향상됩니다.

복습 전략: 처음에는 오디오로 전체적인 흐름을 파악하고 두 번째는 텍스트로 세부 내용을 정리하는 방식으로 단계적 학습을 해 보세요.

2. 실습: E-book으로 디지털 독서 최적화 연습

E-book으로 디지털 독서 최적화 연습
실제 전자책을 활용한 최적화 연습을 해 보겠습니다.
1단계: 기기 설정 최적화
화면 밝기를 주변 조명에 맞게 조절
글자 크기와 줄 간격을 읽기 편하게 설정
페이지 넘김 방식 선택(탭, 스와이프 등)
2단계: 하이라이트 시스템 구축
자신만의 색깔별 하이라이트 규칙 정하기
메모 작성 규칙 설정
태그 시스템 구축
3단계: 실제 독서 실습
선택한 책으로 30분간 읽기
하이라이트와 메모 기능 적극 활용
중요한 개념은 검색으로 전체 맥락 확인

4단계: 복습 및 정리
하이라이트한 내용들을 모아서 전체 요약 작성
메모들을 주제별로 분류
다음 독서 세션을 위한 개선점 도출

핵심 도구: 디지털 독서 환경 설정 가이드
최적의 디지털 독서 환경을 만들기 위한 점검 리스트입니다.
하드웨어 설정
적절한 화면 밝기(주변 조명의 80% 수준)
편안한 글자 크기(너무 크지도 작지도 않게)
적당한 줄 간격(1.2-1.5배)
페이지 넘김 설정: 최적화
소프트웨어 활용
하이라이트 색깔 규칙 설정
메모 작성 견본 준비
동기화 설정 확인
백업 시스템 구축
독서 환경
방해 요소 최소화(알림 끄기 등)
편안한 자세와 조명
필요한 도구 준비(메모장, 펜 등)
집중할 수 있는 시간대 선택

온라인 학습과 연구: 디지털 환경에서의 깊이 있는 학습

- 은혜의 온라인 학습 고민: 인터넷에 정보가 너무 많아요. 검색하면 수만 개가 나오는데, 뭐가 맞는 건지 모르겠어요. 위키피디아는 믿어도 되나요? 유튜브 강의는요?

인터넷은 인류 역사상 가장 거대한 도서관입니다. 그러나 이 도서관은 일반적인 도서관과는 다릅니다. 책들이 체계적으로 분류되어 있지도 않고, 사서가 도움을 주지도 않으며, 심지어는 잘못된 정보가 섞여 있기도 합니다.

온라인 학습의 핵심: 연결과 맥락

온라인 학습 환경에서는 정보의 '연결성'과 '맥락화' 능력이 학습 효과를 좌우하는 핵심 요소입니다. 3장에서 배운 스키마(Schema)를 기억하나요? 스키마는 기존 지식의 틀입니다. 온라인에서 쏟아지는 정보들을 기존 스키마와 연결하지 못하면, 정보는 그냥 흘러가 버립니다. 반대로, 스키마와 잘 연결하면 파편적 정보가 체계적 지식으로 변환됩니다.

- 준서의 깨달음: 아, 그러니까 그냥 많이 검색하는 게 중요한 게 아니라, 검색한 내용을 제가 이미 알고 있는 것과 연결하는 게 중요한 거군요.

단순히 많은 정보를 접하는 것이 아니라 그 정보들을 어떻게 연결하고 구조화하느냐가 진정한 지식과 지혜로의 접근 여부를 결정합니다.

1. 온라인 강의와 온라인 공개강좌(MOOC)[10]에서의 개념 기반 학습

Coursera, Udemy 같은 플랫폼의 온라인 강의들은 전 세계 최고 수준의 교육을 누구나 접할 수 있게 해 줍니다. 그러나 이런 강의를 효과적으로 활용하려면 체계적인 접근이 필요합니다.

강의 전 준비 단계: 온라인 강의 5단계 학습법 (Merrill 원리 적용) Merrill 교수의 제1원리를 온라인 강의에 적용해 봅시다.

단계	Merrill 원리	적용 방법
1	문제 중심	강의 전: '이 강의로 무슨 문제를 해결할 것인가?' 설정
2	활성화	강의 전: 기존 지식 떠올리기, 사전 질문 만들기
3	시연	강의 중: 예시와 사례에 집중하며 시청
4	적용	강의 후: 배운 내용을 직접 실습하거나 문제 풀기
5	통합	강의 후: 기존 지식과 연결, 다른 사람에게 설명

은혜의 온라인 강의 학습 예시

강의: 기후변화의 원인과 해결책(30분 유튜브 강의)

문제 설정: 환경 수행평가에서 기후변화 해결책 3가지를 제안해야 해.

활성화: 내가 아는 건, 온실가스, 이산화탄소, 빙하 녹는 것 정도

시연 집중: 강의 중 구체적 사례(어떤 나라가 뭘 하고 있는지)에 표시

적용: 강의 후 '우리 학교에서 할 수 있는 것' 3가지 아이디어 작성

통합: 친구에게 5분 설명 + 이전에 배운 생태계 지식과 연결

- 은혜: 이렇게 단계별로 하니까 강의 하나를 제대로 소화하는 느낌이에요.

---

10) 온라인 공개강좌(Massive Open Online Course).

능동적 시청 전략: 강의를 단순히 수동적으로 보지 마세요. 중요한 개념이 나올 때마다 일시 정지하고 방금 들은 내용을 자기의 말로 정리해 보세요. '만약 누군가에게 이 내용을 설명한다면 어떻게 말할까?'라고 스스로 질문해 보는 것도 좋은 방법입니다.

개념 연결 노트: 강의를 들으면서 새로운 개념이 나올 때마다 기존에 알고 있던 지식과 어떻게 연결되는지 메모해 보세요. 이런 연결 고리들이 누적되면서 체계적인 지식 구조가 만들어집니다.

실습과 적용: 이론적 내용만 배우고, 끝내지 마세요. 배운 내용을 실제 상황에 적용해 볼 기회를 찾아보세요. 프로그래밍(programing)을 배웠다면 작은 계획을 만들어 보고 마케팅(marketing)을 배웠다면 실제 사례를 분석해 보는 식으로 말입니다.

2. 디지털 자료 검색과 정보 수집 전략

온라인에서 양질의 정보를 찾아내는 것은 하나의 기술입니다. 구글 검색에 의존하는 것을 넘어서, 더 체계적이고 전략적인 접근이 필요합니다.

검색 키워드 최적화: 단순한 키워드보다는 구체적이고 전문적인 용어를 사용하세요. 예를 들어 '운동'보다는 '유산소 운동 효과', '심장 건강'처럼 구체적으로 검색하면 더 정확한 정보를 얻을 수 있습니다.

다양한 소스 활용: 구글만 사용하지 말고 다양한 검색 엔진과 데이터베이스(database)를 활용하세요. 학술 정보는 구글 스칼라(Google Scholar)에서 통계 자료는 정부 기관 사이트에서 실시간 트렌드는 소셜 미디어에서 찾는 식으로 목적에 맞는 플랫폼을 선택하세요.

정보의 신뢰성 검증

7장에서 배운 비판적 사고를 온라인 정보에 적용해 봅시다. 정보의 신뢰성을 판단하는 CRAAP 테스트를 활용하세요.

기준	영어	질문
최신성	Currency	언제 작성/수정되었나?(3년 이내?)
관련성	Relevance	내 목적에 맞는 정보인가?
출처	Authority	누가 썼나? 전문가인가?
정확성	Accuracy	다른 자료와 일치하는가? 출처가 있나?
목적	Purpose	왜 이 글을 썼나?(정보 제공? 광고? 설득?)

준서의 CRAAP 테스트 적용

검색 결과: 청소년 수면 부족이 학습에 미치는 영향

준서의 판단:

최신성: 2023년 작성 ✔

관련성: 내가 알고 싶은 내용 ✔

출처: 작성자가 누군지 안 나와 있음 ✘

정확성: 구체적 연구 인용 없음 ✘

목적: 수면제 광고 링크가 있음 ✘

- 준서: 이 글은 믿을 수 없겠다. 다른 자료를 찾아봐야겠어요.

정보 수집 체계화: 흩어진 정보들을 체계적으로 정리하는 시스템을 만드세요. 주제별 폴더 구조를 만들고 자료마다 출처와 요약 개인적 의견을 함께 기록해 두면 나중에 활용하기가 훨씬 쉽습니다.

3. 온라인 토론과 협업을 통한 개념 확장

온라인 학습의 큰 장점 중 하나는 전 세계 사람들과 실시간으로 소통하고 협업할 수 있다는 점입니다. 이를 효과적으로 활용하면 혼자서는 도달할 수 없는 깊이의 이해에 도달할 수 있습니다.

온라인 토론 참여 전략: 토론에 참여할 때는 단순히 자신의 의견만 표현하지 마세요. 다른 참여자들의 관점을 진정으로 이해하려 노력하고 건설적인 질문을 통해 논의를 더 깊은 차원으로 이끌어가세요.

다양성의 가치 인정: 온라인 공간에서는 다양한 배경과 경험을 가진 사람들을 만날 수 있습니다. 이런 다양성을 학습의 기회로 활용하세요. 자신과 다른 관점을 가진 사람들의 의견에서 새로운 통찰을 발견할 수 있습니다.

지식 공유의 효과: 배운 내용을 다른 사람들과 공유해 보세요. 블로그에 정리해서 올리거나 온라인 학습 모임에서 발표하거나, 소셜 미디어에 요약해서 공유하는 것만으로도 자신의 이해가 훨씬 명확해집니다.

4. 클라우드(cloud)[11] 기반 개념 관리 방식 구축

현대의 학습은 여러 기기와 플랫폼을 넘나들며 이루어집니다. 따라서 어디서든 접근할 수 있는 통합적인 지식 관리 방식이 필요합니다.

통합 노트 체계[12]: 노션(Notion), 옵시디언(Obsidian), 로엄 리서치(Roam Research 같은 도구들을 활용해서 모든 학습 내용을 하나의 시스템에서 관리하세요. 이런 도구들은 단순한 기록을 넘어서 개념 간의 연결을 시각화하고 관리할 수 있게 해 줍니다.

태그와 카테고리(category) 시스템: 정보를 저장할 때는 일관된 태그와 카테고리 시스템을 사용하세요. 나중에 검색하고 찾을 때 훨씬 효율적입니다. 예를 들어, #개념, #사례, #질문, #아이디어 같은 태그를 활용하면 정보의 성격에 따라 빠르게 분류할 수 있습니다.

---

11) 　구글에서 운영하는 온라인 저장 서비스.
12) 　'메모/노트 관리 도구' 또는 '지식 관리 도구(PKM: Personal Knowledge Management): 모두 생각과 정보를 디지털로 저장하는 도구다.

정기적 복습 시스템: 클라우드에 저장된 정보들을 정기적으로 복습하는 시스템을 만드세요. 단순히 저장만 하고 끝나는 것이 아니라, 주기적으로 다시 보면서 새로운 연결점을 발견하고 지식을 업데이트하는 것이 중요합니다.

5. 실습: 온라인 강의로 디지털 학습법 체험

실제 온라인 강의를 활용한 학습법을 체험해 보겠습니다.

(1) 1단계: 강의 선택과 사전 준비

관심 있는 분야의 무료 온라인 강의를 하나 선택하세요.
해당 분야의 기본 개념들을 미리 검색해서 정리해 두세요.
학습 목표를 구체적으로 설정하세요.

(2) 2단계: 능동적 시청

강의를 들으면서 핵심 개념이 나올 때마다 메모하세요.
이해가 안 되는 부분은 즉시 추가 검색을 해 보세요.
배운 내용을 실생활 경험과 연결해 보세요.

(3) 3단계: 심화 학습

강의에서 언급된 참고 자료들을 찾아서 읽어 보세요.
관련 온라인 커뮤니티나 포럼에서 추가 정보를 찾아보세요.
배운 내용에 대해 질문이나 의견을 온라인에 공유해 보세요.

(4) 4단계: 통합 정리

배운 내용을 자신만의 방식으로 정리하세요.
다른 지식과의 연결점을 찾아서 기록하세요.
실제 적용할 수 있는 방안을 구체적으로 계획해 보세요.

핵심 도구: 디지털 학습 관리 시스템
효과적인 온라인 학습을 위한 점검 리스트입니다.
학습 전 준비
명확한 학습 목표 설정
기초 지식 사전 정리
학습 환경 최적화(방해 요소 제거)
필요한 도구 및 플랫폼 준비
학습 중 실행
능동적 참여(메모, 질문, 토론)
개념 간 연결 고리 찾기
실제 적용 사례 생각해 보기
이해 안 되는 부분 즉시 해결
학습 후 정리
핵심 내용 요약 정리
다른 지식과의 연결점 기록
실천 계획 구체화
정기적 복습 일정 수립

디지털 디톡스와 균형 잡힌 독서: 온·오프라인의 조화로운 통합

우리는 디지털 정보의 홍수 속에 살고 있습니다. 하루 종일 스마트폰 알림이 울리고, 이메일이 쌓이고 SNS 피드가 업데이트됩니다. 이런 환경에서는 때로 뇌가 과부하 상태에 빠지기 쉽습니다. 마치 컴퓨터가 너무 많은 프로그램을 동시에 실행할 때 느려지는 것처럼 우리의 뇌도 너무 많은 정보를 한꺼번에 처리하려 하면 효율이 떨어집니다.

최근 뇌과학 연구에서는 지속적인 디지털 자극이 뇌의, 주의 조절 능력과 깊이 있는 사고 능력에 영향을 줄 수 있다는 결과가 나오고 있습니다. 그러나 이것이 디지털 기술을 완전히 피해야 한다는 의미는 아닙니다. 오히려 적절한 균형과 의식적인 관리를 통해 디지털의 장점은 취하면서도 그 부작용은 최소화할 필요가 있습니다.

디지털 과부하와 뇌의 변화

지속적인 디지털 자극은 뇌의 주의 조절 능력과 깊이 있는 사고 능력에 영향을 줄 수 있습니다. 2장에서 배운 신경가소성을 기억하시나요? 뇌는 자주 사용하는 회로가 강화되고, 사용하지 않는 회로는 약해집니다.

자주 하는 행동	강화되는 뇌 회로	약해질 수 있는 능력
빠른 스크롤, 멀티태스킹	주의 전환 회로	깊이 있는 집중
짧은 글 읽기	빠른 정보 처리	긴 글 독해력
즉각적 알림 반응	자극 반응 회로	자기 조절, 인내심

- 준서의 자가 진단: 저 요즘 책 읽을 때 5분만 지나면 스마트폰 확인하고 싶어져요.

예전엔 안 그랬는데, 이것이 바로 뇌가 '빠른 자극'에 익숙해진 신호입니다. 그러나 걱정하지 마세요. 신경가소성은 양방향으로 작용합니다. 의식적인 훈련을 통해 다시 깊이 있는 집중력을 회복할 수 있습니다.

1. 디지털 과부하의 신호 인식하기

먼저 자신이 디지털 과부하 상태에 있는지 확인해 보세요. 다음과 같은 증상들이 나타난다면 디지털 디톡스(digital detox)[13]가 필요할 수 있습니다.

집중력 관련 신호: 한 가지 일에 10분 이상 집중하기 어렵다, 책을 읽다가 자꾸 스마트폰을 확인하고 싶어진다, 긴 글을 읽는 것이 예전보다 힘들어졌다.

정보 처리 관련 신호: 새로운 정보를 접해도 금방 잊어버린다, 여러 정보를 종합해서 판단하는 게 어렵다, 깊이 있게 생각하기보다는 빠르게 결론을 내리려 한다.

감정적 신호: 인터넷에 연결되지 않으면 불안하다, SNS를 확인하지 않으면 뭔가 놓치는 것 같은 느낌이 든다, 디지털 기기 사용 후 피로감이나, 공허함을 느낀다.

이런 신호들을 무시하지 마세요. 몸이 아플 때 휴식이 필요하듯 뇌도 과부하 상태일 때는 적절한 휴식과 회복이 필요합니다.

(1) 효과적인 디지털 디톡스 전략

디지털 디톡스는 완전히 디지털 기기를 끊는 것이 아니라 의식적이고 건강한 사용 유형을 만드는 것입니다.

---

13)   스마트폰이나 컴퓨터 같은 디지털 기기에 중독된 상태에서 벗어나는 일.

단계적 접근: 4주 디지털 디톡스 프로그램

갑자기 모든 디지털 기기를 끊으려 하면 실패하기 쉽습니다. 단계적으로 접근하세요.

주차	목표	실천 방법
1주	인식하기	하루 스마트폰 사용 시간 기록, 어떤 앱을 가장 많이 쓰는지 파악
2주	경계 만들기	식사 시간 + 잠들기 전 30분 = 스마트폰 없는 시간
3주	대안 활동	스마트폰 대신 종이책 읽기, 산책, 대화 등으로 채우기
4주	습관화	하루 1시간 이상 디지털 프리타임 유지

은혜의 디지털 디톡스 도전기

1주 차 은혜: 제가 하루에 인스타만 2시간 넘게 하고 있었어요. 충격,

2주 차 은혜: 밥 먹을 때 스마트폰 안 보니까 음식 맛을 더 느끼게 됐어요.

3주 차 은혜: 잠들기 전에 스마트폰 대신 책 읽으니까 잠도 더 잘 와요.

4주 차 은혜: 이제 스마트폰 없이도 30분은 거뜬해요! 집중력도 좋아진 것 같아요.

알림 관리: 스마트폰의 알림 설정을 점검해 보세요. 정말 필요한 알림만 남기고 나머지는 끄세요. 특히 SNS나 게임 앱의 알림은 대부분 불필요하고 주의를 흩뜨립니다.

물리적 분리: 집중해서 읽거나 공부할 때는 스마트폰을 다른 방에 두거나 서랍에 넣어두세요. 시야에서 사라지는 것만으로도 집중력이 상당히 향상됩니다.

대안 활동 준비: 디지털 기기를 사용하지 않는 시간에 할 수 있는 활동들을 미리 준비해두세요. 종이책 읽기, 산책, 명상, 그림 그리기 등 아날로그(analog)적인 활동들이 뇌의 휴식과 회복에 도움이 됩니다.

(2) 종이책과 전자책의 상호 보완적 활용

종이책과 전자책은 서로를 대체하는 관계가 아니라 상호 보완하는 관계입니다. 각각의 장점을 이해하고 목적에 맞게 활용하면 독서 효과를 극대화할 수 있습니다.

깊이 있는 읽기에는 종이책: 철학서, 문학작품, 복잡한 이론서 등 깊이 있는 사고와 반복적인 읽기가 필요한 책들은 종이책으로 읽는 것이 효과적입니다. 종이의 촉감과 페이지 넘기는 물리적 행위가 집중력과 기억력을 향상시킵니다.

정보 수집과 검색에는 전자책: 참고서, 설명서, 최신 정보가 담긴 책들은 전자책으로 읽으면서 검색과 하이라이트 기능을 적극 활용하세요. 필요한 정보를 빠르게 찾고 정리하는 데 유리합니다.

이동 중에는 전자책, 집에서는 종이책: 상황에 따라 매체를 선택하는 것도 좋은 전략입니다. 지하철이나 카페에서는 가벼운 전자책을, 집의 편안한 소파에서는 종이책을 읽는 식으로 말입니다.

같은 책을 두 형태로: 정말 중요한 책이라면 종이책과 전자책을 모두 구비하는 것도 고려해 보세요. 처음에는 전자책으로 빠르게 읽고, 두 번째는 종이책으로 깊이 있게 읽는 방식을 활용할 수 있습니다.

(3) 온라인과 오프라인 독서의 시너지(synergy) 창출

온라인과 오프라인 독서를 연결하면 1+1이 3이 되는 시너지 효과를 경험할 수 있습니다.

온-오프라인 연결 전략

구체적 방법

전략 1: 종이책 → 온라인 (깊이 더하기)

종이책을 읽다가 다음 상황이 생기면 온라인을 활용하세요.

상황	온라인 활용법
모르는 단어/개념	검색으로 즉시 확인
저자가 언급한 다른 책/연구	검색해서 추가 정보 확인
'정말일까?' 의문	다른 출처에서 교차 검증
'더 알고 싶다.'	관련 유튜브 강의나 기사 검색

준서의 실천 예시: 이 워크북에서 '메타인지'라는 단어가 나왔을 때, 유튜브에서 '메타인지란'을 검색해서 3분짜리 설명 영상을 봤어요. 책 내용이 더 잘 이해됐어요.

전략 2: 온라인 → 종이책 (체계 세우기)
온라인에서 흥미로운 정보를 발견하면 관련 종이책을 찾아보세요.

온라인 발견	종이책 연결
SNS에서 본 명언	그 저자의 책 찾아 읽기
유튜브 강의	강사가 추천한 책 읽기
뉴스 기사	그 주제의 전문 서적 찾기

은혜의 실천 예시: 인스타에서 '미니멀리즘'에 대한 글을 봤는데 흥미로워서, 도서관에서 미니멀리즘 관련 책을 빌려 읽었어요. SNS 글보다 훨씬 체계적으로 이해할 수 있었어요.

온라인에서 오프라인으로: 온라인에서 흥미로운 글이나 아이디어를 발견하면 관련 종이책을 찾아서 더 체계적으로 공부해 보세요. 파편적인 정보를, 체계적인 지식으로 발전시킬 수 있습니다.

독서 커뮤니티 활용: 온라인 독서 모임이나 북클럽에 참여해 오프라인에서 읽은 책에 대해, 토론해 보세요. 다른 사람들의 관점을 통해 새로운 해석과 통찰을 얻을 수 있습니다.

생애주기 고려: 직업과 생활양식을 고려해 현실적인 계획을 세우세요. IT 관련 직종에서 일한다면 완전한 디지털 디톡스는 어렵겠지만, 업무 외 시간만이라도 의식적으로 관리할 수 있습니다.

점진적 개선: 한 번에 완벽한 균형을 찾으려 하지 마세요. 작은 변화부터 시작해 점차 자신에게 맞는 유형을 만들어 가세요.

(4) 개인별 디지털-아날로그 균형점 찾기

다음 단계를 통해 자신만의 균형점을 찾아보세요.

자기 관찰과 실험: 일주일 정도 자신의 디지털 기기 사용 유형을 관찰해 보세요. 언제 가장 집중이 잘 되는지 어떤 상황에서 산만해지는지 파악한 후 다양한 방법을 실험해 보세요.

2. 실습: 개인별 디지털-아날로그 균형점 찾기

다음 단계를 통해 자신만의 균형점을 찾아보세요.

(1) 1단계: 현재 상태 진단

하루 디지털 기기 사용 시간 측정

집중력과 피로도 수준 체크

독서 만족도와 효과 평가

(2) 2단계: 실험 계획 수립

디지털 자유 시간대 설정

종이책과 전자책 사용 비율 조정

알림 설정 최적화

(3) 3단계: 1주일 실험

계획대로 실행하면서 변화 관찰

집중력, 피로도, 만족도 변화 기록

어려운 점과 개선점 파악

(4) 4단계: 조정 및 발전

실험 결과를 바탕으로 계획 수정

효과적인 방법은 지속하고 문제점은 개선

장기적인 습관으로 정착시키기

<table>
<tr><td colspan="1">핵심 도구: 디지털 독서 균형 관리 점검 리스트</td></tr>
<tr><td>건강한 디지털 독서 습관을 위한 종합 점검 리스트입니다.</td></tr>
<tr><td>디지털 환경 관리</td></tr>
<tr><td>불필요한 알림 차단</td></tr>
<tr><td>집중 독서 시간대 스마트폰 분리</td></tr>
<tr><td>디지털 기기 사용 시간 의식적 관리</td></tr>
<tr><td>눈 건강을 위한 적절한 휴식</td></tr>
<tr><td>매체 선택 전략</td></tr>
<tr><td>내용과 목적에 따른 매체 선택</td></tr>
<tr><td>종이책과 전자책의 장점 적극 활용</td></tr>
<tr><td>상황에 맞는 유연한 매체 전환</td></tr>
<tr><td>깊이 있는 독서를 위한 아날로그 시간 확보</td></tr>
<tr><td>통합적 접근</td></tr>
<tr><td>온라인과 오프라인 정보의 상호 보완</td></tr>
<tr><td>디지털 도구를 활용한 학습 효과 극대화</td></tr>
<tr><td>개인 성향에 맞는 균형점 지속 개발</td></tr>
<tr><td>정기적인 자기 점검과 조정</td></tr>
</table>

3. 통합 실습: 디지털 시대 독서법 완성 계획

이제 8장에서 배운 모든 전략을 통합해서 우리만의 디지털 시대 독서 방식을 완성해 보겠습니다. 다음 세 가지 계획을 통해 이론을 실전에 적용하고 진정한 디지털 독서 마스터로 거듭나세요.

(1) 디지털 독서법 완성 계획 1: 하이브리드[14] 독서 방식 구축

목표: 온라인과 오프라인을 넘나드는 개인 맞춤형 통합 독서 시스템 완성

---

14) 특정 매체에 얽매이지 않고 자신의 필요와 상황에 맞춰 최적의 독서 방식을 선택하는 것이다. 예를 들어, 이동 중에는 오디오북을 듣거나 태블릿으로 전자책을 읽고, 집에서는 종이책을 펼쳐 보는 등을 의미한다.

단계 1: 개인 독서 DNA 분석 검토

7장에서 발견한 자신의 독서 특성을 다시 한번 점검해 보세요. 시각형인지, 청각형인지, 순차형인지, 직관형인지, 어떤 환경에서 가장 집중이 잘 되는지 등을 명확히 정리하세요.

단계 2: 디지털 도구 매핑(mapping)

8장에서 파악한 자신의 독서 DNA에 맞는 디지털 도구들을 선별해 매핑해 보세요.

학습 유형	추천 디지털 도구	활용 예시
시각형	마인드맵 앱, 인포그래픽, 노션	개념을 시각적으로 정리
청각형	오디오북, 팟캐스트, TTS 기능	이동 중 귀로 학습
운동감각형	태블릿 필기 앱, 대화형 학습 앱	직접 쓰고 조작하며 학습
순차형	체계적 노트 앱, 단계별 강의	순서대로 정리하며 학습
직관형	연결 기능 노트 앱, 하이퍼링크 탐색	자유롭게 연결하며 학습

준서의 디지털 도구 매핑(운동감각형 + 외향형)

태블릿 필기 앱(직접 쓰기)

유튜브 댓글 토론(다른 사람과 소통)

온라인 스터디 그룹(함께 공부)

퀴즈 앱 (직접 풀어보기)

은혜의 디지털 도구 매핑(시각형 + 내향형)

마인드맵 앱(시각적 정리)

전자책 하이라이트(색깔별 정리)

혼자 정리하는 노션 페이지

인포그래픽 저장 폴더

단계 3: 통합 학습흐름도(work-flow) 설계

하루 일과 중 독서와 학습이, 일어나는 모든 순간을 파악하고 각 상황에 최적화된 시스템을 설계하세요.

　출퇴근 시간: 오디오북 + 팟캐스트

　점심시간: 짧은 온라인 아티클 + SNS 큐레이션

　저녁 시간: 종이책 깊이 읽기 + 디지털 메모

　주말: 온라인 강의 + 실습 계획

단계 4: 1주일 테스트 및 최적화

설계한 시스템을 실제로 1주일간 적용해 보고 효과적인 부분과 개선이 필요한 부분을 찾아 조정하세요.

(2) 디지털 독서법 완성 계획 2: 실시간 정보 분석 및 개념화

목표: 쏟아지는 디지털 정보를 의미 있는 지식으로 변환하는 시스템 구축

단계 1: 정보 소스 정리 및 최적화

현재 자신이 정보를 얻는 모든 디지털 채널을 나열하고 각각의 가치와 필요성을 평가해 보세요.

　유지할 소스: 정확하고 깊이 있는 정보 제공

　개선할 소스: 좋은 정보가 있지만 잡음이 많음

　제거할 소스: 시간 낭비가 되거나 질 낮은 정보

단계 2: 3단계 필터링 시스템 구축

　1차 필터: 관련성(내 관심사 및 목표와 얼마나 관련이 있는가?)

　2차 필터: 신뢰성(정보의 출처와 정확성은 검증되었는가?)

　3차 필터: 실용성(실제로 활용하거나 적용할 수 있는가?)

단계 3: 개념화 체계 확립

　수집: 1차 필터를 통과한 정보를 임시 저장소에 모음

　분류: 주제별, 유형별로 체계적 분류

　연결: 기존 지식과의 연결점 찾기

통합: 개념적 틀 안에서 통합적 이해

적용: 실생활이나 업무에 적용할 방안 도출

단계 4: 주간 정리 습관 만들기

매주 일정한 시간을 정해서 일주일간 수집한 정보를 정리하고 개념화하는 시간을 가지세요. 이를 통해 파편적 정보가 체계적 지식으로 변환됩니다.

(3) 디지털 독서법 완성 계획 3: 디지털 원주민(digital native)을 위한 독서 혁신

목표: 미래 지향적 독서 능력 개발 및 차세대 독서 패러다임(paradigm)[15] 체험

단계 1: AI 도구 활용 독서법 실험

최신 AI 도구들을 활용해서 독서 효율을 높이는 방법을 실험해 보세요.

요약 AI를 활용한 사전 개요 파악

번역 AI를 통한 다국어 자료 활용

대화형 AI와의 토론을 통한 이해 심화

단계 2: 대화형 학습 콘텐츠 제작

배운 내용을 다른 사람들과 공유할 수 있는 대화형 콘텐츠를 만들어 보세요.

블로그 포스팅 + 인포그래픽

짧은 교육 영상 제작

소셜 미디어용 요약 콘텐츠

단계 3: 크로스 플랫폼 학습 네트워크 구축

다양한 플랫폼을 넘나들며 학습하고 소통할 수 있는 개인 네트워크를 구축해 보세요.

전문 분야별 온라인 커뮤니티 참여

크로스 플랫폼 토론 및 협업 계획

멘토-멘티 관계를 통한 지식 공유

---

15)　세계관이나, 신념 체계, 또는 특정 시대를 지배하는 시각이나 관점, 사고의 틀 등을 의미한다.

단계 4: 미래 독서 트렌드 예측 및 대비

현재의 기술 발전 방향을 토대로 미래의 독서 환경을 예측하고 그에 대비한 능력을 미리 개발해 보세요.

VR/AR [16]환경에서의 몰입형 학습 체험

음성 인터페이스를 활용한 핸즈프리(handsfree) 학습[17]

실시간 협업 독서 및 토론 시스템 활용

계획 통합 평가 및 지속 발전

통합 평가 점검 리스트
새로운 계획을 완료한 후, 다음 기준으로 자신의 발전을 평가해 보세요.
효율성 측면
같은 시간에 더 많은 양질의 정보를 처리할 수 있게 되었는가?
디지털과 아날로그 매체를 상황에 맞게 적절히 선택하는가?
정보 과부하 없이 체계적으로 지식을 관리하고 있는가?
깊이 측면
파편적 정보를 체계적 지식으로 통합하는 능력이 향상되었는가?
디지털 환경에서도 깊이 있는 사고와 성찰이 가능한가?
표면적 이해를 넘어 본질적 통찰에 도달하고 있는가?
적응성 측면
새로운 디지털 도구나 플랫폼에 빠르게 적응할 수 있는가?
변화하는 정보 환경에서도 일관된 학습 품질을 유지하는가?

---

16) 가상현실(VR)과 증강현실(AR)은 디지털 기술의 발전을 통해 현실과 가상 세계를 넘나들며 사용자에게 새로운 경험을 제공하는 기술이다. VR 및 AR 환경은 시공간 데이터 시각화의 중요성이 강조되며, 기존 기법의 한계를 극복하기 위한 새로운 방법론들을 꾸준히 탐색하고 있다.

17) 핸즈프리 학습은 말 그대로 손을 사용하지 않고 학습할 수 있는 방식을 의미한다. 이를 통해 학습자는 다른 활동을 하면서도 동시에 학습에 몰입할 수 있다. 주로 오디오 기반으로 진행되는 경우가 많으며, 언어 학습 앱이나 플래시 카드 앱 등에서 많이 활용된다. 예를 들어, 스피킹 연습이나 실전 대화에서 핸즈프리 방식을 설정하면 다음 단계로 넘어가기 버튼을 누르지 않고도 자동으로 진행되어 시간 제약 없이 자유롭게 학습할 수 있다. 또한, 질문이 자동으로 순환되거나 텍스트 기반 질문도 소리 내어 읽어주는 방식으로 제공되어 마치 휴대용 학습 친구가 있는 것처럼 느껴지게 한다.

미래의 기술 발전에 대해 열린 자세를 가지고 있는가?
통합성 측면
온라인과 오프라인 독서 경험이 조화롭게 연결되는가?
다양한 플랫폼에서 얻은 지식이 하나의 체계로 통합되는가?
개인의 독서 목표와 디지털 도구 활용이 일치하는가?
지속성 측면
디지털 피로감 없이 장기간 학습을 유지할 수 있는가?
기술 변화에 흔들리지 않는 안정적인 독서 유형을 유지하고 있는가?
개인 성장과 함께 시스템도 함께 발전하고 있는가?

4. 계획 완성 후 다음 단계

새로운 계획을 성공적으로 완료한 여러분은 이제 진정한 '디지털 독서 마스터'가 되었습니다. 그러나 여기서 멈추지 마세요. 이제 이 능력을 평생에 걸쳐 지속하고 자동화시킬 차례입니다.

지속적 개선 시스템: 매달 한 번씩 자신의 디지털 독서 시스템을 점검하고 개선점을 찾아 업데이트하는 습관을 만드세요. 기술은 계속 발전하고, 개인의 필요도 변화하기 때문입니다.

공동체 참여: 같은 목표를 가진 사람들과 네트워크를 형성해 지속적으로 새로운 방법과 도구를 공유하고 배우세요. 혼자서는 한계가 있지만, 함께하면 무한한 가능성이 열립니다.

다음 세대 교육: 자신이 습득한 디지털 독서법을 가족이나 동료들에게 나누어 주세요. 가르치는 과정에서 자신의 이해가 더욱 깊어지고, 동시에 더 나은 독서 문화를 만들어 갈 수 있습니다.

5. 미래 독서 트렌드 및 10장 연결: AI시대에도 변하지 않는 독서의 본질

기술이 아무리 발전해도 독서의 근본 목적은 변하지 않습니다. 정보를 지식으로, 지식을 지혜로 발전시키는 것. 이것이 바로 인간만이 가질 수 있는 고유한 능력입니다.

AI 시대, 왜 독서가 더 중요해질까?

인공지능이 빠른 속도로 발전하고 있습니다. 그러나 인간의 창의성, 감정적 이해, 맥락적 판단력은 여전히 대체 불가능한 영역입니다.

AI가 잘하는 것	인간만이 잘하는 것
정보 검색과 정리	의미 해석과 가치 판단
패턴 인식	창의적 연결과 통찰
데이터 분석	감정적 공감과 이해
빠른 답변 생성	윤리적 판단과 책임

깊이 있는 독서를 통해 길러지는 이런 능력들은 AI 시대에 오히려 더욱 중요해질 것입니다. AI가 정보를 제공하더라도, 그 정보를 해석하고, 판단하고, 가치 있게 활용하는 것은 여전히 인간의 몫이기 때문입니다.

준서와 은혜의 미래 다짐

준서: 'AI가 대신 검색해 줘도, 그걸 어떻게 활용할지는 제가 결정하는 거군요.'
은혜: '그러니까 독서를 통해 생각하는 힘을 기르는 게 더 중요해지는 거네요.'

따라서 기술의 발전을 두려워하기보다는 기술을 도구로 활용하면서도 인간 고유의 사고 능력을 더욱 발전시키는 것이 중요합니다. 9장에서 배운 디지털 독서법들은 바로 이런 목적을 위한 전략들입니다.

(1) 기술 발전과 함께 진화하는 독서법

독서법도 시대에 따라 진화해 왔습니다. 구텐베르크의 인쇄술이 등장했을 때 라디오와 텔레비전이 나왔을 때 그리고 인터넷이 보편화되었을 때마다 사람들은 '독서의 종말'을 우려했지만 실제로는 독서가 더욱 다양하고 풍부한 형태로 발전해 왔습니다.

가상현실과 증강현실의 활용: 머지않아 VR(Virtual Reality)과 AR(Augmented Reality) 기술을 활용한 몰입형 독서 경험이 일반화될 것입니다. 역사책을 읽으면서 직접 그 시대로 들어가 보거나, 과학 개념을 3차원으로 시각화해서 이해하는 것이 가능해질 것입니다.

음성 인터페이스(interface)[18]의 확산: 스마트 스피커나 음성 AI와의 대화를 통한 학습이 더욱 자연스러워질 것입니다. 책을 읽으면서 모르는 부분은 즉시 음성으로 질문하고 답변을 받을 수 있게 됩니다.

개인화된 학습 알고리즘(algorithm)[19]: AI가 개인의 학습 유형과 선호도를 분석해서 최적화된 독서 경로와 콘텐츠를 추천해 주는 시스템이 개발될 것입니다.

실시간 협업 독서: 전 세계 사람들과 실시간으로 같은 책을 읽으며 토론하고 의견을 나누는 소셜 리딩(social reading)[20]이 더욱 활성화될 것입니다.

(2) 디지털 원주민 세대를 위한 조언

태어날 때부터 디지털 환경에 노출된 세대들에게는 특별한 조언이 필요합니다.

아날로그 경험의 중요성: 디지털에 익숙할수록 아날로그적 경험의 가치를 더욱 소중히 여기세요. 종이책의 촉감, 연필로 메모하는 느낌 조용한 도서관의 분위기 등은 디지털로는 대체할 수 없는 독특한 학습 효과를 제공합니다.

---

18) 서로 다른 두 시스템이나 사용자 사이를 연결해 상호작용을 가능하게 하는 접점이나 규칙.
19) 어떤 문제를 해결하기 위해 어떻게 해야 하는지 명확하게 정의하고, 이를 수행하는 방법을 구체적으로 기술한 절차나 방법론
20) 책을 읽기 전이나 후에 책을 둘러싼 정보를 독자와 독자, 저자와 독자 간의 커뮤니케이션을 통해 상호 간의 정보 교류가 이루어지는 읽기를 말한다.

깊이 있는 사고의 의식적 훈련: 빠른 정보 처리에 익숙한 만큼, 의식적으로 느리고 깊이 있는 사고를 훈련하세요. 한 문단을 읽고 5분간 그에 대해 생각해 보는 시간을 갖거나 하루에 30분은 오직 한 가지 주제에만 집중하는 연습을 해 보세요.

비판적 사고의 중요성: 정보가 넘쳐나는 환경에서는 무엇이 진실이고 가치 있는 정보인지 판단하는 능력이 더욱 중요합니다. 모든 정보를 무조건 수용하지 말고 항상 '왜?', '정말일까?', '다른 관점은 없을까?'라고 질문하는 습관을 기르세요.

인간적 연결의 추구: 디지털 소통에 익숙하더라도 면대면 토론과 대화의 가치를 잊지 마세요. 책을 읽고 가족이나 친구들과 직접 만나서 이야기를 나누는 경험은 온라인 토론으로는 얻을 수 없는 깊이와 감동을 줍니다.

(3) 10장으로의 자연스러운 연결: 평생 독서 습관으로

9장에서 여러분은 디지털 시대에 맞는 독서 능력을 완성했습니다. 이제 마지막 단계가 남았습니다. 바로 이 모든 능력을 평생에 걸쳐 지속할 수 있는 습관으로 만드는 것입니다.

환경 적응에서 평생 실천으로: 8장에서 개인별 맞춤화를 완성하고 9장에서 디지털 환경에 성공적으로 적응한 여러분은 이제 어떤 상황에서도 흔들리지 않는 독서의 고수가 되었습니다. 10장에서는 이런 능력을 일회성 기술이 아닌 평생의 습관으로 만드는 방법을 배우게 됩니다.

기술과 인간의 조화로운 미래: 9장에서 경험한 디지털과 아날로그의 조화는 미래 독서의 모델이 될 것입니다. 10장에서는 이런 균형 잡힌 접근법을 어떻게 평생에 걸쳐 유지하고 발전시킬 것인지에 대한 구체적인 지침을 제시합니다.

변화하는 세상, 변하지 않는 원칙: 기술은 계속 변할 것이지만, 깊이 있게 읽고, 비판적으로 사고하고, 창의적으로 연결하는 능력은 영원히 가치 로운[21] 것입니다. 9장에서는 이런 불변의 원칙들을 어떻게 평생의 반려자로 삼을 것인지를 다루게 됩니다.

---

21) '가치로운'은 표준 국어사전에는 없는 말이다. 그러나 문맥상 독자가 쉽게 이해할 수 있는 표현이라서 굳이 사용한다. (저자)

1장에서 시작한 독서 혁명의 여정이 10장에서 완성됩니다. 개념 기반 독서법의 이론을 익히고(1~3장), 실전에 적용해 보고(4~7장) 개인에게 맞춰 최적화하고(8장) 현대적 환경에 적응시킨(9장) 여러분은 이제 독서의 진정한 마스터가 되었습니다.

10장에서는 이 모든 것을 하나로 통합해 평생에 걸쳐 성장하고 발전할 수 있는 독서 시스템을 완성하게 됩니다.

준서와 은혜의 9장 소감

준서: 디지털이 나쁜 게 아니라, 어떻게 쓰느냐가 중요한 거였군요. 이제 유튜브 볼 때도 목적을 정하고 볼 거예요.

은혜: 종이책이랑 전자책을 상황에 맞게 쓰면 되는 거였어요. 둘 다 장점이 있으니까요.

준서: 그런데 이렇게 배운 걸 평생 계속하려면 어떻게 해야 해요?

은혜: 맞아요, 습관으로 만드는 방법이 궁금해요.

바로 그 질문의 답이 10장 '평생 독서 습관 만들기'에 있습니다. 여러분의 인생을 변화시킬 마지막 퍼즐 조각을 맞춰보세요! 스마트폰 화면에서도 태블릿에서도 종이책에서도 심지어 미래에 등장할 새로운 기술에서도 여러분은 흔들리지 않을 것입니다. 왜냐하면 여러분은 단순히 기술 사용법을 배운 것이 아니라, 변하지 않는 독서의 본질과 원리를 체득했기 때문입니다. 마지막 10장은 평생 독서 습관의 완성이라는 감동적인 피날레가 여러분을 기다리고 있습니다.

6. 계획 통합 평가 및 지속 발전

새로운 계획을 완료한 후, 다음 기준으로 자신의 발전을 평가해 보세요.

효율성 측면

같은 시간에 더 많은 양질의 정보를 처리할 수 있게 되었는가?
디지털과 아날로그 매체를 상황에 맞게 적절히 선택하는가?

| 참고 문헌 |

1. 디지털 환경과 뇌

Carr, N. (2010). The Shallows: What the Internet Is Doing to Our Brains. W. W. Norton & Company. (니콜라스 카 저, 최지향 옮김, 『생각하지 않는 사람들』, 청림출판, 2011)

2. 인터넷이 뇌의 정보 처리 방식에 미치는 영향

Wolf, M. (2018). Reader, Come Home: The Reading Brain in a Digital World. Harper. (매리언 울프 저, 전병근 옮김, 『다시, 책으로』, 어크로스, 2019)(디지털 시대 독서의 뇌과학적 분석)

3. 교수설계 원리

Merrill, M. D. (2002). First principles of instruction. Educational Technology Research and Development, 50(3), 43-59. (효과적 학습의 제1원리(문제 중심, 활성화, 시연, 적용, 통합))

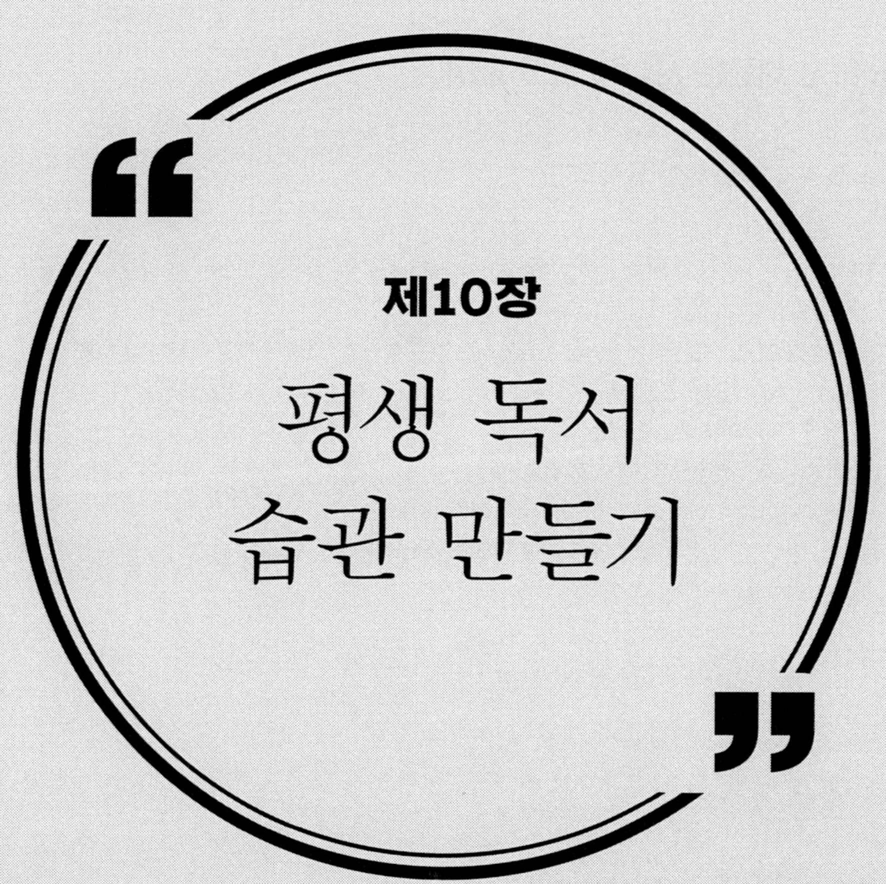

제10장
평생 독서
습관 만들기

끝이 아닌 새로운 시작의 문을 열며

준서와 은혜의 성장 여정 돌아보기

- 준서: 선생님, 1장에서 제가 뭐라고 했는지 기억나세요? '책 읽어도 기억이 안 나요, 시간 낭비 같아요'라고 했잖아요.
- 은혜: 저도요. '읽어도 무슨 말인지 모르겠어요'라고 했었죠. 그때는 정말 독서가 싫었어요.
- 준서: 그런데 지금은, 와, 진짜 많이 달라졌어요. 이제는 어떤 책을 읽어도 핵심을 파악할 수 있고, 제 말로 설명할 수도 있어요.
- 은혜: 저는 스마트폰으로 글 읽을 때도 집중할 수 있게 됐어요. 예전에는 링크만 보면 바로 클릭했는데, 이제는 '이거 지금 필요한가?'를 먼저 생각해요.
- 준서: 그런데 선생님, 이렇게 배운 것을 평생 계속하려면 어떻게 해야 해요? 다시 예전으로 돌아가면 어쩌죠?

바로 그 질문의 답이 이번 10장에 있습니다. 1장에서 '왜 다르게 읽어야 할까?'라는 질문으로 시작했던 여러분의 모습과 지금의 모습을 비교해 보세요. 얼마나 많은 변화와 성장이 있었는지 스스로 놀랄 것입니다.

여러분은 이제 다음과 같은 능력을 갖추게 되었습니다:

장	배운 핵심 내용	습득한 능력
1장	왜 다르게 읽어야 하는가	독서의 새로운 관점
2장	뇌과학이 밝힌 독서의 비밀	전전두피질, 해마, 신경가소성 이해
3장	개념 기반 독서법 4 원리	주의집중, 의미 하나치, 효과적 학습법, 자동화
4장	개념의 이해와 적용	개념 연결과 통합 능력
5장	의미 하나치 읽기	효율적 정보 처리
6장	텍스트 유형별 맞춤법	어떤 글이든 자신 있게 읽기
7장	독서 효과 극대화	메타인지, 창의적 연결
8장	개인별 맞춤형 접근	나만의 독서 스타일
9장	디지털 시대 독서법	온-오프라인 통합 독서

• 은혜의 정리: 와, 이렇게 정리해 보니까 정말 많이 배웠네요.

뇌가 어떻게 작동하는지도 알고, 자신의 학습 유형도 알고, 디지털에 집중하는 법도 알고, 그러나 이 모든 것은 단계에 불과합니다. 지금부터는 여러분이 쌓아온 모든 독서 능력을 평생에 걸친 지속 가능한 습관으로 정착시킬 차례입니다. 독서 효과를 극대화하는 전략을 익혔고 개인에게 맞는 맞춤형 접근법을 찾았으며 디지털 시대에도 흔들리지 않는 독서 능력을 갖추게 되었습니다.

그러나 이 모든 것은 완성을 위한 단계였지요. 지금부터는 여러분이 쌓아온 모든 독서 능력을 평생에 걸친 지속 가능한 습관으로 정착시키고 독서를 통한 무한한 성장의 여정을 시작할 차례입니다.

10장에서는 여러분과 함께 다음과 같은 의미 있는 목표들을 달성해 나갈 것입니다.

1. 독서 정체성 확립하기
독서를 취미가 아닌 삶의 방식으로 받아들이며 '나는 독서하는 사람이다'라는 확고한 정체성을 형성합니다.

2. 생애 주기별 독서 종합계획 설계하기
20대부터 60대 이후까지 인생의 각 단계에서 의미 있는 독서 목표를 세우고 평생에 걸친 성장 계획을 만듭니다.

3. 변화하는 세상에 적응하는 독서 환경 구축하기
기술과 사회의 변화에 흔들리지 않으면서도 새로운 기회를 포착할 수 있는 유연한 독서 환경을 조성합니다.

4. 독서를 통한 지식 창조 시스템 구축하기
단순히 읽는 것에서 벗어나 독서 경험을 바탕으로 새로운 지식과 가치를 창출하는 능력을 기릅니다.

5. 독서 문화 전파의 리더 되기
혼자만의 성장에 그치지 않고 주변 사람들과 함께 성장하며 더 나은 독서 문화를 만들어 가는 역할을 담당합니다.

이 여정의 끝에서 여러분은 단순한 독서 기술의 소유자가 아닌 독서를 통해 평생에 걸쳐 성장하고 공동체에 봉사하는 진정한 독서인으로 거듭나게 될 것입니다.

독서 정체성 확립: 나는 독서하는 사람이다

정체성은 뇌를 바꾼다

2장에서 배운 신경가소성을 기억하시나요? 뇌는 반복되는 생각과 행동에 따라 실제로 변화합니다. 이것은 정체성에도 똑같이 적용됩니다. '나는 독서하는 사람이다.'라고 진정으로 받아들이는 순간, 여러분의 뇌는 이 정체성에 맞는 행동과 선택을 자연스럽게 하도록 신경 회로를 재구성하기 시작합니다.

정체성	뇌의 변화	행동 변화
나는 독서하는 사람이다.	독서 관련 신경 회로 강화	자연스럽게 책을 찾게 됨
나는 독서 안 하는 사람이다.	독서 회피 회로 강화	책을 피하게 됨

- 준서의 깨달음: 아, 그러니까 '나는 책 안 읽는 사람이야!'라고 생각하면 진짜로 뇌가 그렇게 바뀌는 거예요?

맞습니다. 그래서 정체성을 바꾸는 것이 습관을 바꾸는 것보다 더 강력합니다. 지금까지 여러분은 '독서를 배우는 사람'이었다면, 이제는 '독서를 하는 사람'으로 정체성을 전환할 때입니다. 이것은 마치 운전을 배우던 초보자가 어느 순간 자연스럽게 '운전자'가 되는 것과 같습니다. 더 이상 '독서법을 배워야 하는 사람'이 아니라 '독서로 살아가는 사람'이 되는 것입니다.

1. 독서하는 정체성이 삶에 미치는 긍정적 영향

독서하는 정체성을 확립한 사람들에게는 놀라운 변화가 일어납니다. 우선 의사결정 과정에서 자연스럽게 '독서인이라면 어떤 선택을 할까?'라는 질문을 떠올리게 됩니다. 시간 관리에서도 독서 시간이 선택사항이 아닌 필수 요소로 인식되며 주변 환경을 독서에 유리하게 조성하려는 본능적 노력이 나타납니다.

독서 정체성이 가져오는 변화

독서 정체성을 가진 사람들은 다음과 같은 능력의 향상을 경험합니다.

능력	관련 뇌 영역 (2장 복습)	변화
정보 처리 능력	전전두피질 (뇌의 사령탑)	복잡한 정보를 체계적으로 분석
비판적 사고력	전전두피질 + 측두엽	논리적 판단과 평가
창의적 문제 해결	전두엽 + 다양한 영역 연결	7장의 창의적 연결 능력
기억력	해마 (기억의 저장고)	읽은 내용의 장기 보존

이는 독서가 단순한 활동을 넘어 사고방식 자체를 바꾸기 때문입니다.

- 은혜의 경험: 저도 느껴요! 예전에는 문제가 생기면 '어떡하지?' 했는데, 이제는 '이거 어떤 책에서 읽었던 것 같은데,' 하고 떠올라요.

또한 독서하는 정체성은 스트레스 관리에도 탁월한 효과를 보입니다. 어려운 상황에 직면했을 때 '책에서 읽은 지혜'를 자연스럽게 떠올리게 되고, 독서를 통해 얻은 다양한 관점으로 문제를 바라볼 수 있게 됩니다.

2. 주변 환경과 인간관계에서의 독서인 역할

독서하는 정체성을 갖게 되면, 자연스럽게 주변 사람들에게도 긍정적 영향을 미치게 됩니다. 가족과의 대화에서 더 깊이 있는 주제들을 나누게 되고 직장에서는 폭넓은 지식과 통찰력으로 동료들에게 도움이 되는 존재로 인식됩니다. 특히 자녀가 있는 부모라면 독서하는 모습 자체가 아이들에게 가장 강력한 교육이 됩니다.

2장에서 배운 거울 뉴런을 기억하시나요? 아이들의 뇌는 부모의 행동을 관찰하면서 자동으로 그 행동을 '따라 하려는' 신경 회로를 활성화합니다. 부모가 책 읽는 모습을 보여 주면, 아이의 뇌는 자연스럽게 '책 읽기 = 어른이 하는 중요한 일'로 인식하게 됩니다.

- 준서의 다짐: 나중에 제가 부모가 되면, 아이한테 '책 읽어'라고 잔소리하는 것보다 제가 먼저 책 읽는 모습을 보여 줘야겠어요.

3. 독서 공동체 형성과 독서 문화 확산

진정한 독서인은 혼자만의 성장에 그치지 않습니다. 자연스럽게 비슷한 가치관을 가진 사람들과 연결되며 독서 모임이나 북클럽 같은 공동체를 만들게 됩니다. 이러한 공동체는 개인의 독서 경험을 더욱 풍부하게 만들어 줄 뿐만 아니라 사회 전체의 독서 문화 향상에도 기여합니다. 온라인이든 오프라인이든, 독서에 대한 열정을 나누는 것은 마치 하나의 촛불이 수많은 다른 촛불을 밝히는 것과 같습니다. 여러분이 독서 경험과 통찰을 나누는 것만으로도 누군가에게는 인생을 바꾸는 계기가 될 수 있습니다.

4. 뇌과학 근거: 정체성 형성과 행동 변화의 신경 메커니즘

뇌과학으로 보는 정체성 형성

정체성 형성은 뇌의 전두엽과 측두엽 사이의 복잡한 상호작용을 통해 일어납니다. 2장에서 배운 뇌 구조를 복습해 봅시다.

뇌 영역	역할	정체성 형성에서의 기능
전전두피질	의사결정, 계획	'나는 어떤 사람인가?' 판단
측두엽	기억, 언어	과거 경험과 자기 이야기 저장
편도체	감정 처리	정체성에 대한 감정적 의미 부여

독서 정체성이 확립되면, 뇌는 이와 일치하는 정보를 먼저 처리하고 기억하며, 독서와 관련된 행동을 더 쉽고 자연스럽게 실행하도록 변화합니다. 3장에서 배운 '자동화(Embodiment)'를 기억하시나요? 정체성이 확립되면 독서가 마치 근육 기억처럼 의식적 노력 없이도 자동으로 작동하는 시스템이 됩니다.

- 은혜의 비유: 아, 마치 자전거 타는 것처럼요? 처음엔 의식적으로 페달을 밟아야 하는데, 나중엔 생각 안 해도 자동으로 되잖아요.

독서 정체성이 확립되면 뇌는 이와 일치하는 정보를 먼저 처리하고 기억하며 독서와 관련된 행동을 더 쉽고 자연스럽게 실행하도록 변화됩니다. 이는 마치 근육 기억과 같이 의식적인 노력 없이도 자동으로 작동하는 시스템이 만들어집니다.

5. 실습: 개인별 독서 정체성 선언문 작성

지금, 이 순간 여러분만의 독서 정체성 선언문을 작성해 보겠습니다. 이는 마치 결혼 서약과 같이 자신에게 하는 평생의 약속입니다. 이 선언문을 작성할 때는 진정성이 중요합니다. 거창한 표현보다는 진심에서 우러나오는 솔직한 다짐이 더 큰 힘을 발휘합니다.

준서와 은혜의 독서 정체성 선언문 예시

준서의 선언문
나는 호기심을 멈추지 않는 독서인입니다. 독서를 통해 세상을 이해하는 힘을 추구하며, 배운 것을 친구들과 나누는 방식으로 세상에 기여하겠습니다. 독서는 나에게 성장의 엔진이며, 나는 평생에 걸쳐 더 나은 사람이 되어가는 독서인으로 살아가겠습니다.

<table>
<tr><td colspan="2" align="center">은혜의 선언문</td></tr>
<tr><td colspan="2">나는 깊이 생각하는 독서인입니다. 독서를 통해 진정한 지혜를 추구하며, 조용히 모범을 보이는 방식으로 세상에 기여하겠습니다. 독서는 나에게 마음의 안식처이며, 나는 평생에 걸쳐 내면이 풍요로워지는 독서인으로 살아가겠습니다.</td></tr>
</table>

이제 여러분도 자신만의 선언문을 작성해 보세요.

나의 독서 정체성 선언문	
나는 ~~	하는 독서인입니다.
독서를 통해 ~~	을 추구하며,
~~	한 방식으로 세상에 기여하겠습니다.
독서는 나에게	~~ 이며,
나는 평생에 걸쳐	~~ 하는 독서인으로 살아가겠습니다.
서명:	일자:

핵심 도구: 독서 정체성 강화 점검리스트

매일 확인할 독서 정체성 강화 요소들

오늘 나의 선택들이 독서인다운 선택이었는가?

독서 시간을 자연스럽게 확보했는가?

일상 대화에서 독서 경험을 자연스럽게 활용했는가?

주변 환경을 독서에 유리하게 조성하려 노력했는가?

다른 사람들에게 좋은 독서 문화를 보여 주었는가?

점검리스트를 통해 매일 자신의 독서 정체성이 얼마나 확고해지고 있는지 확인해 보세요. 완벽할 필요는 없습니다. 중요한 것은 지속적인 성장과 변화입니다.

생애 주기별 독서 지침: 삶과 함께 성장하는 독서

인생의 단계마다 우리에게는 서로 다른 관심사와 필요 그리고 도전 과제들이 있습니다. 마찬가지로 독서도 인생의 각 시기에 맞는 목적과 방향이 있어야 합니다. 이는 마치 계절마다 다른 옷을 입는 것처럼 자연스럽고 그렇게 해야 할 필요가 있는 일입니다. 뇌는 나이에 따라 다른 강점을 지닙니다. 2장에서 배운 신경가소성은 평생 지속됩니다. 그러나 뇌의 강점은 연령에 따라 달라집니다.

연령대	뇌의 강점	최적의 독서 전략
10~20대	정보 흡수 속도, 기억력	폭넓은 탐험, 다양한 분야
30~40대	패턴 인식, 문제 해결	전문성 심화, 통합적 사고
50~60대	직관적 판단, 지혜	의미 추구, 경험 통합
70대 이상	어휘력, 결정체 지능	전수와 나눔, 성찰

- 준서의 질문: 저는 지금 10대인데, 그러면 지금이 뇌가 가장 빨리 배울 수 있는 시기인 거예요?

맞습니다! 그래서 지금 다양한 분야의 책을 읽어두면, 평생의 지적 기반이 됩니다.

- 은혜의 질문: 그러면 나이 들면 독서 능력이 떨어지는 건가요?

아닙니다! 능력이 '떨어지는' 게 아니라 '달라지는' 것입니다. 각 시기에 맞는 독서 전략을 사용하면 모든 연령대에서 최적의 효과를 얻을 수 있습니다.

1. 20대: 가능성을 탐험하는 독서 여정

20대는 인생의 방향을 설정하고 기초를 다지는 시기입니다. 이 시기의 독서는 마치 넓은 바다에서 보물섬을 찾는 탐험과 같습니다. 다양한 분야의 책을 읽으며 자신의 관심사와 재능을 발견하고 인생의 큰 그림을 그려나가는 준비가 필요합니다. 이 시기에는 고전 문학으로 깊이 있는 사고력을 기르고, 자기계발서로 성장 동력을 얻으며 전문 서적으로 경쟁력을 쌓아가세요. 실패를 두려워하지 말고 도전적인 책들도 과감하게 씨름해 보세요. 지금 이해하지 못한 책도 나중에 다시 만났을 때는 큰 깨달음을 줄 수도 있습니다.

20대의 뇌: 정보 흡수의 황금기

20대의 뇌는 새로운 정보를 흡수하는 능력이 절정에 달합니다. 2장에서 배운 해마(기억의 저장고)가 가장 활발하게 작동하는 시기이기도 합니다. 이 시기의 폭넓은 독서 경험은 평생에 걸쳐 깊은 사고의 기반이 되는 귀중한 자산입니다.

- 준서의 계획: 저는 아직 10대지만, 20대가 되면 더 다양한 분야의 책을 읽어 봐야겠어요. 지금은 관심 있는 것만 읽었는데,

20대 독서 점검리스트

고전 문학으로 깊이 있는 사고력 기르기

다양한 분야 탐험(과학, 역사, 철학, 예술 등)

도전적인 책도 과감하게 씨름하기

독서 노트 작성 습관 기르기

2. 30대: 전문성과 깊이를 쌓는 독서 전략

30대는 사회적 역할이 본격화되고 전문성을 구축해야 하는 시기입니다. 이때의 독서는 마치 장인이 기술을 연마하는 것과 같습니다. 자신의 전문 분야를 중심으로 깊이 있는 독서를 하면서도 관련 분야로 지식의 영역을 확장해 나가는 것이 중요합니다. 동시에 가정과

직장에서의 책임이 늘어나는 시기이므로 효율적인 독서 전략이 필요합니다. 짧은 시간 안에 핵심을 파악하는 능력을 기르고 실무에 직접 적용할 수 있는 실용적 지식을 먼저 습득하세요.

30대의 뇌: 패턴 인식의 달인

30대의 뇌는 패턴 인식과 문제 해결 능력에서 뛰어난 성과를 보입니다. 3장에서 배운 스키마(Schema)가 풍부해지면서, 새로운 정보를 기존 지식과 빠르게 연결할 수 있게 됩니다. 이 시기의 체계적인 독서는 전문가로서의 핵심 역량을 구축하는 데 결정적 역할을 합니다.

30대 독서 전략

상황	추천 전략	예시
바쁜 일상	5장 의미 하나치 읽기 활용	핵심만 빠르게 파악
전문성 심화	한 분야 집중 독서	관련 책 10권 연속 읽기
효율성 추구	9장 디지털 도구 활용	오디오북, 전자책 병행

3. 40대: 통합과 응용의 독서 철학

40대는 지금까지 쌓아온 경험과 지식을 통합하고, 더 큰 그림에서 세상을 바라보기 시작하는 시기입니다. 이때의 독서는 마치 훌륭한 요리사가 다양한 재료로 맛있는 요리를 만들어 내는 것과 같습니다. 이 시기에는 단편적 지식보다는 여러 분야를 연결하는 통섭적 독서가 중요합니다. 철학서나 역사서를 통해 깊이 있는 사고력을 기르고 리더십이나 소통에 관한 책으로 대인관계 능력을 향상하세요. 또한 후배들을 위한 멘토링 역할을 해내기 위한 교육이나 코칭 관련 서적도 도움이 됩니다.

40대의 뇌: 통합의 마스터

40대의 뇌는 양쪽 뇌 반구를 균형 있게 활용하는 능력이 최고조에 달합니다.

2장에서 배운 뇌의 구조를 복습하면,

좌뇌: 논리, 분석, 언어

우뇌: 직관, 창의성, 전체적 파악

40대는 이 둘을 통합해서 사용하는 능력이 가장 뛰어납니다. 그래서 통섭적 독서(여러 분야를 연결하는 독서)가 이 시기에 최적의 전략입니다. 7장에서 배운 창의적 연결을 가장 잘 활용할 수 있는 시기이기도 합니다.

4. 50대: 지혜와 의미를 추구하는 독서

50대는 인생의 의미와 가치에 대해 더 깊이 성찰하게 되는 시기입니다. 이때의 독서는 마치 산 정상에서 지나온 길과 앞으로 갈 길을 조망하는 것과 같습니다. 성공과 성취보다는 의미와 가치를 추구하는 책들이 큰 울림을 줄 것입니다. 영성이나 철학 관련 서적, 인생의 지혜를 담은 고전들, 그리고 사회에 이바지할 방법을 제시하는 책들을 추천합니다. 또한 건강과 웰빙에 관한 독서도 중요해집니다.

50대의 뇌: 지혜의 결정체

50대의 뇌는 경험과 지식을 바탕으로 한 직관적 판단력이 크게 향상됩니다. 이것은 8장에서 배운 결정체 지능(Crystallized Intelligence)과 관련이 있습니다. 평생 쌓아온 지식과 경험이 통합되어, 복잡한 상황에서도 빠르고 정확한 판단을 내릴 수 있게 됩니다. 이 시기의 독서는 축적된 경험과 새로운 통찰의 만남을 통해 깊은 지혜를 얻는 과정입니다.

5. 60대 이후: 전수와 나눔의 독서 문화

60대 이후는 평생에 걸쳐 쌓아온 지혜를 정리하고 후세에 전하는 시기입니다. 이때의 독서는 마치 노련한 정원사가 아름다운 정원을 가꾸며 그 비법을 제자들에게 전수하는 것과 같습니다. 회고록이나 자서전을 읽으며 인생을 돌아보고, 역사서를 통해 인류의 지혜를 되새기며, 다음 세대를 위한 조언과 격려가 담긴 책들을 읽어 보세요. 동시에 자신만의 독서 경험과 인생 경험을 글로 남기는 것도 의미 있는 일입니다.

60대 이후의 뇌: 언어와 지혜의 보고

60대 이후의 뇌는 결정체 지능이 지속적으로 향상됩니다. 특히 어휘력과 일반 지식에서 뛰어난 성과를 보입니다. 이것은 평생 독서의 결실입니다. 2장에서 배운 것처럼, 뇌는 사용하는 만큼 발달합니다. 평생 독서를 해온 사람의 뇌는 노년에도 언어 관련 영역이 젊은 사람 못지않게 활발합니다.

- 은혜의 깨달음: 그러니까 지금 열심히 독서하면, 나이 들어서도 뇌가 건강하게 유지되는 거군요. 이는 평생 독서의 결실이자 새로운 도전의 기반이 됩니다.

6. 세대 간 독서 경험 공유와 전수

각 세대의 독서 경험은 독특한 가치를 가지고 있습니다. 젊은 세대의 열정과 새로운 관점, 중년 세대의 실무적 경험과 통합적 사고, 노년 세대의 지혜와 성찰은 서로 보완하면 더 풍부한 독서 문화를 만들어 낼 수 있습니다. 가족 내에서 직장에서 지역사회에서 세대 간 독서 경험을 나누는 시간을 만들어 보세요. 할아버지가 손자에게 고전의 가치를 전하고, 손자가 할아버지에게 새로운 기술의 활용법을 알려주는 상호 학습의 아름다운 모습이 펼쳐질 것입니다.

7. 뇌과학 근거: 연령에 따른 인지 능력 변화와 적응

연령별 뇌의 강점 비교

연령	강점 영역	관련 뇌 기능 (2장 복습)
10~20대	처리 속도, 작업기억	전전두피질의 빠른 정보 처리
30~40대	패턴 인식, 통합적 사고	좌뇌-우뇌 연결 강화
50~60대	직관적 판단, 지혜	경험 기반 신경 회로
70대 이상	어휘력, 결정체 지능	언어 중추의 풍부한 연결

이러한 뇌의 변화는 결함이 아닌 각 시기의 특성입니다. 중요한 것은 나이를 핑계로 포기하지 않고, 각 시기의 강점을 살린 독서 활동을 지속하는 것입니다.

이러한 뇌의 변화는 결함이 아닌 각 시기의 특성이며 이에 맞는 독서 전략을 사용하면 모든 연령대에서 최적의 독서 효과를 얻을 수 있습니다. 중요한 것은 나이를 핑계로 포기하지 않고 각 시기의 강점을 살린 독서 활동을 지속하는 것입니다.

8. 실습: 개인별 생애 독서 종합계획 설계

지금 여러분의 현재 연령대에서 시작해서 향후 30~40년간의 독서 종합계획을 설계해 보겠습니다.

나의 생애 독서 종합계획

현재(___ 대): 현재 가장 중요한 독서 목표

주요 관심 분야: ________________________________

올해의 독서 목표: ________________________________

현재 시기에 꼭 읽고 싶은 책: ____________________

다음 단계(___ 대): 앞으로 10년의 독서 비전

예상되는 관심사 변화: ____________________________

준비해야 할 지식 영역: ____________________________

도전해 보고 싶은 새로운 분야: ____________________

미래(___ 대 이후): 장기적 독서 목표

평생에 걸쳐 완성하고 싶은 독서 계획: ______________

후세에 전하고 싶은 독서 경험: ____________________

독서를 통해 이루고 싶은 궁극적 목표: ______________

핵심 도구: 생애 주기별 독서 계획 견본

연령대별 독서 점검 가이드

20대: 탐험과 기초 구축

고전 문학 30% + 전문 서적 40% + 다양한 분야 탐험 30%

월 3~4권, 연 40-50권 목표

독서 노트 작성 습관 형성

30대: 전문성과 실용성

전문 분야 50% + 실용 서적 30% + 관련 분야 확장 20%

월 2~3권, 연 30-40권 목표

실무 적용 중심의 독서

40대: 통합과 리더십

통섭적 독서 40% + 리더십/소통 30% + 철학/역사 30%

월 2~3권, 연 25~35권 목표

멘토링을 위한 독서

50대: 의미와 지혜

철학/영성 40% + 인생의 의미 30% + 건강/웰빙 30%

월 2-3권, 연 25~30권 목표

깊이 있는 성찰 중심

60대 이상: 전수와 나눔

역사/회고 40% + 지혜 전수 30% + 창작/기록 30%

월 1-2권, 연 15~25권 목표

경험 공유와 기록

이 가이드는 절대적 기준이 아닌 참고 자료입니다. 개인의 상황과 관심사에 따라 유연하게 조정하세요.

독서 환경의 지속적 진화:
변화에 적응하는 독서

우리가 살고 있는 시대는 전례 없는 속도로 변화하고 있습니다. 새로운 기술이 등장하고, 새로운 매체가 생겨나며 정보를 습득하고 처리하는 방식도 계속 진화하고 있습니다. 그러나 변화 속에서도 변하지 않는 것이 있습니다. 바로 인간이 지식을 통해 성장하고 이해를 통해 지혜를 얻으며 통찰을 통해 더 나은 삶을 살아가려는 본능적 욕구입니다.

변화에 적응하는 뇌의 힘

2장에서 배운 신경가소성을 다시 떠올려 보세요. 우리의 뇌는 놀라운 적응력을 가지고 있어, 새로운 환경과 도구에 적응할 수 있는 무한한 능력을 지니고 있습니다. 이것은 독서에서도 마찬가지입니다. 책의 형태가 바뀌고 읽는 방법이 진화해도, 우리의 뇌는 충분히 적응하고 오히려 더 나은 성능을 발휘할 수 있습니다.

- 은혜의 경험: 처음에 전자책 읽을 때는 어색했는데, 9장에서 배운 대로 하니까 이제는 종이책 만큼 집중이 잘 돼요.

- 준서의 질문: 그런데 앞으로 VR로 책 읽는 세상이 오면 어떻게 해요?

걱정하지 마세요. 뇌는 새로운 기술에도 적응할 수 있습니다. 중요한 것은 변하지 않는 독서의 핵심 원리를 지키는 것입니다. 책의 형태가 바뀌고 읽는 방법이 진화해도 우리의 뇌는 충분히 적응하고 오히려 더 나은 성능을 발휘할 수 있습니다.

1. 기술 발전과 사회 변화에 따른 독서 환경 적응

지난 20년간만 되돌아봐도 독서 환경은 극적으로 변했습니다. 전자책의 등장, 오디오북의 대중화, 인공지능을 활용한 독서 도구들, 그리고 소셜 미디어를 통한 독서 경험 공유까지. 이 모든 변화는 위협이 아닌 기회입니다. 예를 들어, 전자책은 단순히 종이책의 디지털 버전이 아닙니다. 검색 기능, 하이라이트 공유, 즉석 사전 기능, 글자 크기 조절 등 종이책에서는 불가능했던 다양한 기능들이 독서 경험을 더욱 풍부하게 만들어줍니다. 오디오북은 바쁜 현대인들에게 '시간의 틈새'를 활용한 독서 기회를 제공합니다. 출퇴근 시간, 운동 시간, 집안일을 하는 시간까지도 귀중한 독서 시간으로 전환해 줍니다.

2. 새로운 매체와 플랫폼[22]의 등장에 대한 열린 자세

앞으로도 우리가 상상하지 못한 새로운 독서 매체와 플랫폼들이 등장할 것입니다. VR이나 AR을 활용한 몰입형 독서 경험, AI가 개인 맞춤형으로 추천하고 요약해 주는 독서 시스템, 뇌파를 활용한 직접적 정보 전달 기술까지도 가능해질 수 있습니다. 중요한 것은 이러한 변화에 대해 두려워하거나 거부하지 않는 것입니다. 대신 호기심과 열린 마음으로 새로운 가능성을 탐험해 보세요. 다만 모든 새로운 기술을 무조건 받아들이지는 마세요. 자신의 독서 목적과 스타일에 맞는 것들을 선별적으로 받아들이는 지혜가 필요합니다.

3. 불변의 독서 원리와 변화하는 독서 방법의 구분

변화하는 환경에서 중요한 것은 '변해도 되는 것'과 '변하면 안 되는 것'을 명확히 구분하는 능력입니다.

---

22) platform을 우리말로 다음과 같이 풀이할 수 있다. 1. 거래터: 거래가 이루어지는 공간 2. 이음마당: 서로 연결되고 소통하는 마당(공간) 3. 기반: 무엇이 이루어지는 토대나 바탕

(1) 변하지 않아야 할 독서의 핵심 원리들(1~9장 복습)

핵심 원리	관련 장	배운 내용
능동적이고 비판적인 사고	1장, 7장	왜 다르게 읽어야 하는가, 메타인지
뇌의 원리에 맞는 학습	2장	전전두피질, 해마, 신경가소성
개념 중심의 이해	3장, 4장	4가지 원리, 개념의 이해와 적용
의미 단위로 읽기	5장	의미 하나치 읽기
텍스트 유형별 전략	6장	맞춤형 독서법
창의적 연결과 통합	7장	독서 효과 극대화
개인화된 접근	8장	나만의 독서 스타일
디지털 환경 적응	9장	온-오프라인 통합

이 원리들은 기술이 아무리 발전해도 절대 변하지 않습니다.

(2) 변해도 되는 독서의 방법들

요소	과거	현재	미래
책의 형태	종이책	전자책, 오디오북	VR/AR 책?
노트 방식	손글씨	디지털 노트	AI 자동 정리?
정보 검색	색인, 목차	키워드 검색	AI 대화형 검색?
독자 소통	독서 모임	온라인 커뮤니티	메타버스 북클럽?

- 준서의 깨달음: 아, 도구는 바뀌어도 핵심 원리는 안 바뀌는 거군요. 그러니까 원리를 제대로 배워 두면 어떤 기술이 나와도 적응할 수 있는 거네요.

4. 다른 독자들과의 소통 방식

이처럼 핵심 원리는 지키되, 방법은 유연하게 변화에 적응하는 것이 진정한 독서인의 자세입니다.

미래 독서 트렌드에 대한 대비와 준비

인지과학자들의 연구에서 미래의 독서는 더욱 개인화되고 상호작용적이며 다감각적인 경험으로 발전하리라고 예측합니다. 이러한 변화에 대비하기 위해서는 다음과 같은 준비가 필요합니다.

디지털 리터러시(Digital literacy)[23] 향상: 새로운 기술과 플랫폼을 빠르게 학습하고 활용할 수 있는 능력을 기르세요. 이는 마치 새로운 언어를 배우는 것과 같습니다. 처음에는 어렵더라도 꾸준히 연습하면 자연스럽게 몸에 배게 됩니다.

멀티모달(multimodal)[24] 독서 능력: 텍스트뿐만 아니라 이미지, 영상, 음성 등 다양한 형태의 정보를 통합적으로 처리하는 능력을 기르세요. 현대의 정보는 점점 더 다양한 형태로 제공되고 있습니다.

네트워크 독서 능력: 혼자만의 독서를 넘어 다른 사람들과 연결되어 함께 읽고, 토론하고, 새로운 지식을 창조하는 능력을 기르세요.

5. 뇌과학 근거: 뇌의 가소성과 평생 학습 능력

평생 학습이 가능한 이유

2장에서 배운 신경가소성의 핵심 원리를 다시 정리해 봅시다:

---

23) 디지털 기술을 이용해서 정보를 찾고, 이해하며, 평가하고, 소통하는 능력.
24) 다양한 형식의 데이터를 함께 처리하는 것.

원리	의미	독서에의 적용
"Use it or lose it"	사용하지 않으면 약해진다	꾸준히 읽어야 독서력 유지
"Use it and improve it"	사용할수록 강해진다	읽을수록 더 잘 읽게 됨
"Neurons that fire together, wire together"	함께 활성화되면 연결된다	독서 습관이 자동화됨

이는 나이와 상관없이 새로운 독서 기술과 방법을 배울 수 있음을 의미합니다. 특히 새로운 환경과 도구에 적응하는 과정에서 뇌의 전전두피질과 측두엽이 활발하게 활동합니다. 이러한 활동은 오히려 뇌 기능을 향상시키는 긍정적 효과를 가져옵니다.

- 은혜의 격려: 그러니까 새로운 독서 도구를 배우려고 노력하는 것 자체가 뇌 건강에 좋은 거네요.

특히 새로운 환경과 도구에 적응하는 과정에서 뇌의 전두엽과 측두엽이 활발하게 활동하며 이러한 활동은 오히려 뇌 기능을 향상시키는 긍정적 효과를 가져온다고 보고되고 있습니다. 즉 변화에 적응하려는 노력 자체가 뇌 건강에 도움이 됩니다.

6. 실습: 개인별 독서 환경 진화 계획 수립

현재 여러분의 독서 환경을 점검하고, 미래를 위한 성장 계획을 세워 보겠습니다.

(1) 현재 독서 환경 진단
주로 사용하는 독서 매체: ＿＿＿＿＿＿＿＿＿＿＿＿＿＿＿＿

독서 시간과 장소: ＿＿＿＿＿＿＿＿＿＿＿＿＿＿＿＿＿

독서 노트 및 정리 방식: ＿＿＿＿＿＿＿＿＿＿＿＿＿＿＿

다른 독자들과의 소통 방식: ＿＿＿＿＿＿＿＿＿＿＿＿＿

(2) 향후 3년간 독서 환경 성장 목표

새롭게 시도해 보고 싶은 독서 매체: ________________

독서 효율성을 높이기 위한 기술 활용: ____________

독서 경험을 풍부하게 할 새로운 방법: ____________

독서 공동체 참여 확대 계획: ________________

(3) 장기적 독서 환경 비전(10년 후)

이상적인 독서 환경의 모습: ________________

새로운 기술과의 조화로운 독서 방식: ____________

독서를 통한 평생 학습 시스템: ________________

(4) 핵심 도구: 독서 환경 적응력 진단 도구

독서 환경 적응력 자가 진단 점검 리스트

새로운 독서 기술이나 도구에 대해 호기심을 가지고 있는가?

변화를 두려워하지 않고 실험해 볼 용기가 있는가?

다양한 매체를 활용한 독서 경험이 있는가?

온라인 독서 커뮤니티에 참여하는가?

독서 관련 새로운 정보를 지속적으로 습득하고 있는가?

독서를 통한 지식 창조: 소비에서 생산으로

소비에서 생산으로: 창조하는 독서인

- 준서의 도전: 선생님, 저 요즘 읽은 책 내용을 블로그에 정리해 보고 싶어요. 그런데 어떻게 써야 할지 모르겠어요.

- 은혜의 경험: 저는 독서 모임에서 제가 읽은 책을 발표했는데, 책 내용을 설명하면서 제가 더 잘 이해하게 됐어요. 신기해요.

지금까지의 독서 여정은 주로 '받아들이고 이해하는' 과정이었다면, 이제는 '창조하고 기여하는' 단계로 나아가야 할 차례입니다.

이것은 마치 요리를 배우던 사람이 이제 자신만의 요리를 만들어 내는 것과 같습니다. 독서를 통한 지식 창조는 단순히 읽은 내용을 요약하거나 정리하는 것을 넘어섭니다. 여러 책에서 얻은 통찰을 연결하고 자기의 경험과 결합해서 새로운 관점이나 해결책을 제시하는 것입니다. 이 과정에서 여러분은 단순한 독서인에서 지식 창조자로 진화하게 됩니다.

1. 독서를 통해 얻은 통찰의 체계화와 공유

독서를 통해 얻은 수많은 통찰이 머릿속에만 머물러 있다면 그 가치는 반감됩니다. 이러한 통찰을 체계적으로 정리하고 다른 사람들과 나눌 때 비로소 진정한 지식이 됩니다. 블로그나 SNS를 통해 독서 후기를 작성하거나 독서 모임에서 발표하거나 심지어 작은 에세이나 칼럼을 써보는 것도 좋은 방법입니다. 처음에는 어색하고 부족하게 느껴질 수 있지만 지속적으로 연습하다 보면 자신만의 독특한 관점과 목소리를 찾게 될 것입니다.

(1) 독서 경험의 기록과 정리를 통한 개인 지식 체계 구축

여러분의 독서 경험을 단순한 기록을 넘어 하나의 지식 체계로 구축해 보세요. 이는 마치 개인 도서관을 만드는 것과 같습니다. 단순히 책을 수집하는 것이 아니라 각 책에서 얻은 핵심 아이디어들을 주제별, 분야별로 연결하고 정리하는 것입니다. 디지털 도구를 활용하면 이러한 작업이 훨씬 수월해집니다. 독서 노트 앱이나 개인 위키, 마인드맵 도구 등을 활용해서 자신만의 지식 데이터베이스를 구축해 보세요. 시간이 지날수록 이러한 개인 지식 체계는 여러분의 사고력과 창의력을 기하급수적으로 향상해 줄 것입니다.

(2) 타인과의 독서 경험 나눔을 통한 집단 지성 참여

개인의 지식 창조를 넘어 다른 사람들과 함께 더 큰 지식을 만들어 가는 경험도 중요합니다. 이는 마치 여러 악기가 모여 하나의 아름다운 오케스트라를 만드는 것과 같습니다. 온라인 독서 커뮤니티나 북클럽에 적극적으로 참여하고, 자신의 통찰을 나누며 다른 사람들의 관점에 귀 기울여보세요. 때로는 격렬한 토론을 통해, 때로는 조용한 성찰을 통해 개인으로서는 도달할 수 없었던 깊은 이해에 이를 수 있습니다.

2. 뇌과학 근거: 창작 활동이 뇌에 미치는 긍정적 영향

창작 활동은 뇌의 여러 영역을 동시에 활성화합니다. 2장에서 배운 뇌 영역들을 복습해 봅시다.

활동	활성화되는 뇌 영역	효과
독서 후기 쓰기	언어 중추 (브로카, 베르니케)	표현력 향상
핵심 내용 정리	전전두피질	분석력, 조직력 향상
개인 의견 작성	전두엽 전체	창의성, 비판적 사고
기억 회상하며 쓰기	해마	기억 강화

3장에서 배운 정교화 전략을 기억하시나요? '남에게 설명하듯 정리하면 더 잘 기억된다.'라는 원리입니다. 창작 활동은 이 정교화의 최고 수준입니다.

- 준서의 발견: 아, 그래서 블로그에 정리하면 더 잘 기억나는 거구나. 그냥 읽기만 할 때보다 훨씬 효과적이네요.

또한 자기의 생각을 글로 표현하는 과정에서 기억의 강화와 재조직화가 일어나며 이는 학습 효과를 상당히 증진한다고 밝혀졌습니다. 즉 독서 후 글쓰기는 단순한 기록이 아닌 뇌 기능 향상을 위한 강력한 도구입니다.

3. 실습: 개인별 지식 창조 계획 설계

지금부터 여러분만의 지식 창조 계획을 설계해 보겠습니다.

(1) 1단계: 창작 영역 선택
가장 관심 있는 독서 분야: _______________________
자기의 경험과 연결할 수 있는 주제: _______________
다른 사람들에게 도움이 될 것 같은 영역: ____________

(2) 2단계: 창작 형태 결정
선호하는 글쓰기 형태(에세이, 리뷰, 분석 글 등): __________
활용할 플랫폼(블로그, SNS, 커뮤니티 등): _____________
목표 독자 층: ________________________________

(3) 3단계: 구체적 실행 계획
월별 창작 목표: _______________________________
정기적인 발표 계획: ____________________________
피드백 수집 방법 ______________________________

핵심 도구: 독서-창작 연결 시스템

독서에서 창작까지의 5단계 프로세스(Merrill 원리 적용)

단계	활동	Merrill 원리	구체적 방법
1	핵심 아이디어 포착	문제 중심	이 책의 핵심 질문은 무엇인가?
2	개인적 연결 만들기	활성화	내 경험과 어떻게 연결되는가?
3	다양한 관점 수집	시연	다른 책, 다른 의견과 비교
4	개인적 통찰 도출	적용	내가 새롭게 기여할 수 있는 것은?
5	창작과 공유	통합	자신의 언어로 표현하고 나누기

은혜의 5단계 실천 예시

은혜가 읽은 책: 『나에게 맞는 미니멀리즘』

핵심 포착: 적게 가지면 더 행복할 수 있다.

개인 연결: 내 방도 물건이 너무 많아서 스트레스받았던 적 있어.

관점 수집: 그런데 다른 책에서는 '필요한 건 갖춰야 한다.'라고도 했어.

통찰 도출: 무조건 버리는 게 아니라, '나에게 의미 있는 것'을 선별하는 게 핵심이구나.

창작 공유: 인스타그램에 '10대를 위한 미니멀리즘 실천법' 포스팅

- 은혜: 이렇게 정리하고 나니까, 책 내용이 완전히 제 것이 된 느낌이에요.

독서 멘토링과 전수:
받은 것을 나누는 기쁨

받은 것을 나누는 기쁨

- 준서의 경험: 선생님, 제가 동생한테 '의미 하나치 읽기'를 알려줬는데, 동생이 '오빠 덕분에 국어 시험 잘 봤어.'라고 하더라고요. 진짜 뿌듯했어요.
- 은혜의 경험: 저는 친구한테 '개념 기반 독서법' 설명해 줬는데, 설명하면서 제가 더 확실하게 이해하게 됐어요.

여러분이 이 워크북을 통해 얻은 소중한 독서 능력과 경험은 혼자만 간직하기에는 너무나 아까운 보물입니다. 마치 맛있는 음식을 혼자 먹기보다는 사랑하는 사람들과 나누어 먹을 때 더 큰 기쁨을 느끼는 것처럼 독서의 즐거움과 지혜도 나눌 때 그 가치가 배가 됩니다.

자녀가 있다면 책을 읽어주는 것부터 시작해 보세요. 그러나 단순히 글을 읽어주는 것이 아니라 함께 상상하고, 질문하고, 이야기를 나누는 시간으로 만들어보세요. '이 주인공이 왜 그런 선택을 했을까?', '너라면 어떻게 했을 것 같니?'와 같은 질문을 통해 아이의 사고력을 자연스럽게 기를 수 있습니다. 후배나 동료들에게는 여러분의 독서 경험을 솔직하게 나누어 보세요. 처음에는 어려웠던 점, 시행착오를 겪었던 경험, 그리고 그것을 극복한 방법들을 진솔하게 이야기하면 더 큰 감동과 도움을 줄 수 있습니다.

1. 독서 모임이나 연구 모둠 리더십

독서 모임을 이끄는 것은 단순히 책에 대해, 이야기하는 것을 넘어서 하나의 작은 공동체를 만들어 가는 일입니다. 이는 마치 정원사가 씨앗을 심고 정성껏 가꾸어 아름다운 정원을 만드는 것과 같습니다.

(1) 효과적인 독서 모임을 위해서는 몇 가지 원칙이 필요합니다.

첫째, 모든 참여자가 자유롭게 의견을 나눌 수 있는 안전한 분위기를 만드는 것입니다. 둘째, 단순한 줄거리 요약이 아닌 깊이 있는 토론이 가능하도록 좋은 질문들을 준비하는 것입니다. 셋째, 다양한 관점과 해석을 존중하고 서로 격려하는 것입니다. 온라인 독서 모임도 좋은 선택입니다. 지역적 제약 없이 더 많은 사람과 연결될 수 있고, 다양한 디지털 도구를 활용해 더 풍부한 토론 경험을 나눌 수 있습니다.

(2) 지역사회나 온라인에서의 독서 문화 확산 활동

여러분의 독서 열정이 가족과 친구를 넘어 더 넓은 공동체로 확산할 때 그 영향력은 상상 이상으로 커집니다. 지역 도서관에서 독서 프로그램을 제안하거나 동네 카페에서 작은 북클럽을 만들거나 온라인에서 독서 콘텐츠를 제작하는 것 모두가 의미 있는 기여입니다. 특히 어려운 환경에 있는 아이들이나 독서 기회가 부족한 사람들을 위한 활동에 참여해 보세요. 여러분의 적은 노력이 누군가에게는 인생을 바꾸는 계기가 될 수 있습니다. 이는 마치 어둠 속에서 길잃은 사람에게 등불을 밝혀 주는 것과 같습니다.

(3) 세대 간 독서 경험의 교류와 소통

각 세대는 서로 다른 독서 경험과 관점을 가지고 있습니다. 이러한 차이를 벽이 아닌 다리로 만들어 세대 간 소통의 매개체로 활용해 보세요. 어르신들에게는 고전 명작들의 깊은 의미를 배우고 젊은 세대에게는 새로운 트렌드와 관점을 얻을 수 있습니다. 할머니가 손녀에게 고전 소설의 아름다움을 들려주고 손녀가 할머니에게 그래픽 노블(graphic novel)[25]의 새로운 재미를 보여 주는 것과 같은 아름다운 교류가 가능합니다.

---

25)   소설만큼 길고 복잡한, 문학적인 구성과 서사를 지닌 만화 형태의 작품.

2. 뇌과학 근거: 가르치는 활동이 학습자 뇌에 미치는 효과

가르치는 것이 배우는 것이다: 뇌과학적 증거

다른 사람을 가르치는 활동은 가르치는 사람의 뇌에 놀라운 긍정적 효과를 가져옵니다.

가르칠 때 활성화되는 영역	효과
해마(기억 중추)	설명하면서 기억이 강화됨
전전두피질(논리적 사고)	체계적으로 정리하는 능력 향상
거울 뉴런(공감)	상대방의 이해도를 파악하는 능력
언어 중추	표현력과 설명력 향상

3장에서 배운 '설명 효과'를 기억하시나요? 다른 사람에게 설명하기 위해 지식을 재구성하는 과정에서 자신의 이해도 더욱 깊어집니다.

- 준서의 깨달음: 그러니까 동생 가르쳐 주는 게 동생만 좋은 게 아니라, 저한테도 좋은 거였네요.

맞습니다! 독서법을 가르치는 것은 타인을 위한 봉사이면서 동시에 자신의 실력 향상을 위한 최고의 방법입니다. 또한 다른 사람에게 설명하기 위해 지식을 재구성하는 과정에서 자신의 이해도 더욱 깊어지는 '설명 효과'가 나타납니다. 즉 독서법을 가르치는 것은 타인을 위한 봉사이면서 동시에 자신의 실력 향상을 위한 최고의 방법이기도 합니다.

3. 실습: 개인별 독서 멘토링 계획 수립

여러분만의 독서 멘토링 계획을 세워 보겠습니다.

(1) 멘토링 대상 설정

우선 대상: ___________________________________

각 대상의 현재 독서 수준: ___________________________

각 대상의 관심사와 필요: ___________________________

(2) 멘토링 방식 계획

일대일 멘토링: _______________________

그룹 멘토링: _______________________

온라인 활동: _______________________

(3) 구체적 실행 계획

정기 만남 계획: _______________________

추천 도서 목록: _______________________

성과 측정 방법: _______________________

효과적인 독서 멘토링을 위한 7가지 원칙

원칙	나쁜 예	좋은 예
1. 강요하지 말고 이끌기	오늘 30페이지 읽어!	이 책 재미있네, 같이 볼래?
2. 질문하고 경청하기	이 책은 이런 의미야	어떤 부분이 가장 인상적이었어?
3. 시범 보이기	"책 좀 읽어" (본인은 스마트폰 보면서)	함께 있을 때 책 읽는 모습 보여 주기
4. 작은 성공 축하하기	겨우 한 장?	한 장 다 읽었네! 어떤 내용이었어?
5. 함께 읽고 나누기	각자 읽기	같은 책 읽고 서로 생각 나누기
6. 환경 조성하기	TV 틀어 놓고 "책 읽어"	조용한 독서 시간 함께 만들기
7. 인내심 갖기	왜 아직도 못 읽어?	천천히 해도 괜찮아, 네 속도가 있어

- 은혜의 멘토링 경험: 저도 처음에는 친구한테 '이렇게 해!'라고 했는데, 친구가 부담스러워하더라고요. 그래서 '나는 이렇게 하니까 좋았어, 너도 한번 해 볼래?'로 바꿨더니 친구가 더 잘 받아들였어요.

독서와 삶의 통합: 책에서 삶으로, 삶에서 책으로

책에서 삶으로, 삶에서 책으로

- 준서의 일상 속 독서: 요즘은 뭔가 고민이 생기면 '이거 어떤 책에서 읽었던 것 같은데,' 하고 떠올라요. 친구랑 싸웠을 때도 심리학책에서 읽은 '상대방 입장에서 생각해 보기'가 생각나서 먼저 사과했어요.
- 은혜의 일상 속 독서: 저는 요리할 때도 책에서 배운 걸 써요. '순서대로 하나씩'이라는 원리를 적용하니까 요리 따라 하기가 더 쉬워졌어요.

진정한 독서인에게는 독서가 단순한 활동이 아닌 삶의 방식이 됩니다. 마치 숨을 쉬는 것처럼 자연스럽게, 독서는 일상의 모든 순간에 스며들게 됩니다. 마치 숨을 쉬는 것처럼 자연스럽게 마치 햇빛이 모든 곳을 비추는 것처럼 독서는 일상의 모든 순간에 스며들게 됩니다. 아침에 일어나서 하루를 계획할 때 어제 읽은 시간 관리책의 조언이 떠오를 수 있습니다. 직장에서 동료와 갈등이 생겼을 때 심리학 서적에서 읽은 소통 기법을 활용할 수 있습니다. 자녀를 교육할 때는 교육학 이론이, 건강을 관리할 때는 의학 상식이, 인생의 중요한 결정을 내릴 때는 철학적 통찰이 자연스럽게 도움을 줄 것입니다.

1. 직업, 인간관계, 취미, 가치관에서의 독서 활용

직업 영역에서의 독서 활용: 독서는 단순히 전문 지식을 늘리는 것을 넘어 업무 능력 전반을 향상해 줍니다. 비즈니스 서적을 통해 전략적 사고력을 기르고 자기계발서를 통해 조직을 이끌 리더십을 개발하며 인문학 서적을 통해 창의적 문제 해결 능력을 키울 수 있습니다. 특히 빠르게 변화하는 현대 사회에서는 평생 학습이 필수입니다. 독서를 통해 지속

적으로 새로운 트렌드를 파악하고 필요한 기술을 습득하며 변화에 적응하는 능력을 기를
수 있습니다.

인간관계에서의 독서 활용: 독서는 인간관계의 질을 크게 향상시킵니다. 심리학 서적을
통해 타인의 마음을 이해하는 능력을 기르고 소통 관련 책을 통해 대화 기술을 향상시킬
수 있습니다. 또한 다양한 문학작품을 통해 감정적 지능을 높이고 타인에 대한 공감 능력
을 기를 수 있습니다. 독서는 또한 대화의 소재를 풍부하게 만들어줍니다. 책에서 얻은 다
양한 지식과 통찰은 일상 대화를 더욱 깊이 있고 흥미롭게 만들어 줍니다.

취미와 여가에서의 독서 활용: 독서 자체가 훌륭한 취미가 될 뿐만 아니라 다른 취미 활
동도 더욱 풍부하게 만들어 줍니다. 요리를 좋아한다면 요리책을 통해 새로운 요리와 기
법을 배우고 여행을 좋아한다면 여행안내나 현지 문화에 관한 책을 통해 더 깊이 있는 여
행 경험을 만들 수 있습니다. 독서는 시간과 공간의 제약 없이 즐길 수 있는 취미이기도 합
니다. 바쁜 일상 중에도 짧은 시간을 활용해서 즐거움과 성장을 동시에 얻을 수 있습니다.

가치관 형성에서의 독서 역할: 독서는 우리의 가치관과 세계관을 형성하는 데 중요한 역
할을 합니다. 다양한 철학서, 종교서, 자서전 등을 통해 인생의 의미와 목적에 대해 깊이
성찰할 수 있습니다. 또한 역사서를 통해 인류의 경험을 배우고 과학서를 통해 세상을 이
해하는 관점을 넓힐 수 있습니다.

2. 인생의 중요한 결정에서 독서 경험의 역할

인생에는 크고 작은 결정의 순간들이 있습니다. 진로 선택, 결혼, 이직, 자녀 교육, 은퇴
준비 등의 중요한 결정을 내릴 때, 독서를 통해 얻은 지혜와 통찰이 든든한 나침반 역할을
합니다. 독서는 단순히 정보를 제공하는 것을 넘어 다양한 관점을 제시하고 비슷한 상황
을 경험한 다른 사람들의 이야기를 들려줍니다. 이를 통해 더 신중하고 현명한 결정을 내
릴 수 있게 됩니다.

또한 독서를 통해 기른 비판적 사고력과 분석 능력은 복잡한 상황을 객관적으로 판단하

고 감정에 휩쓸리지 않는 합리적인 의사결정을 가능하게 합니다.

3. 독서를 통한 삶의 질 향상과 행복 추구

최근 뇌과학 연구에 따르면 독서는 스트레스 호르몬을 감소시키고 행복 호르몬 분비를 촉진한다고 합니다. 특히 문학작품을 읽을 때는 뇌의 감정 중추가 활성화되어 정서적 안정감을 얻을 수 있습니다. 독서는 또한 우리에게 현실 도피가 아닌 현실 초월의 경험을 제공합니다. 책 속에서 다양한 인물들과 만나고, 다른 시대와 공간을 여행하며 새로운 가능성을 탐험할 수 있습니다. 이러한 경험은 일상의 스트레스를 해소하고 정신적 여유를 가져다줍니다.

4. 뇌과학 근거: 독서가 전반적 인지 능력에 미치는 영향

권위 있는 연구기관들의 발표에서 독서는 뇌의 여러 영역을 동시에 활성화해서 전반적인 인지 능력을 향상한다고 보고하고 있습니다. 특히 언어 능력, 기억력, 집중력, 추론 능력, 공감 능력 등이 상당히 개선되는 것으로 나타났습니다. 또한 규칙적인 독서는 뇌의 노화를 지연시키고 치매 예방에도 효과적이라고 밝혀졌습니다. 인지과학자들의 연구에서는 평생에 걸친 독서 습관이 뇌 건강을 유지하는 가장 효과적인 방법 중, 하나라고 강조하고 있습니다.

5. 실습: 독서-삶 통합 계획 수립

독서와 삶을 통합하는 구체적인 계획을 세워 보겠습니다.

일상 영역별 독서 활용 계획

직업 영역
전문성 향상을 위한 독서 계획: ______________________

리더십 개발을 위한 서적: ______________________

창의성 증진을 위한 독서: ______________________

인간관계 영역
소통 능력 향상을 위한 독서: ______________________

갈등 해결을 위한 심리학 서적: ______________________

공감 능력 기르기 위한 문학 작품: ______________________

건강과 웰빙 영역
신체 건강 관련 독서: ______________________

정신 건강 관련 서적: ______________________

스트레스 관리 관련 도서: ______________________

자기 계발 영역
목표 달성을 위한 독서: ______________________

습관 형성 관련 서적: ______________________

인생철학 관련 도서: ______________________

핵심 도구: 생활 영역별 독서 활용 가이드

독서와 삶의 통합을 위한 실천 방법
① 아침 독서 습관

　　하루를 시작하며 15분간 긍정적인 내용의 책 읽기

　　읽은 내용 중 하나를 그날의 실천 목표로 설정

② 문제 해결형 독서

　특정 문제나 고민이 생겼을 때 관련 서적 찾아 읽기

　여러 관점의 해결책을 비교하고 자신에게 맞는 방법 선택

③ 대화형 독서

　가족이나 친구와 같은 책을 읽고 토론하기

　서로 다른 해석과 적용 방법 나누기

④ 실천형 독서

　읽은 내용을 즉시 실생활에 적용해 보기

　실천 결과를 기록하고 효과 검증하기

⑤ 성찰형 독서

　저녁 시간에 그날의 경험과 책 내용 연결해 보기

　배운 것과 느낀 것을 일기로 정리하기

독서 유산 만들기: 후세에 남길 독서의 유산

후세에 남길 독서의 유산

- 준서의 비전: 나중에 제가 어른이 되면, 이 워크북을 제 아이한테 물려주고 싶어요. '아빠가 중학생 때 이걸로 독서법 배웠어'라고요.
- 은혜의 비전: 저는 독서 일기를 계속 쓸 거예요. 나중에 늙어서 다시 보면 '이때 이런 책 읽었구나, 이런 생각 했구나'라고 할 것 같아요.

여러분의 독서 여정은 단순히 개인적인 성장으로 끝나서는 안 됩니다. 마치 한 그루의 나무가 열매를 맺어 새로운 나무들의 씨앗을 내는 것처럼, 여러분의 독서 경험과 통찰도 다음 세대로 전해져야 합니다. 독서 일기나 독후감을 체계적으로 정리해 개인 독서 저장고(archive)를 만들어 보세요. 여러 책에서 얻은 핵심 통찰, 인생에 미친 영향, 추천하고 싶은 이유 등을 상세히 기록해 둡니다. 이는 단순한 기록을 넘어 후대를 위한 소중한 지혜의 보고가 될 것입니다.

또한 자녀나 후배들을 위한 추천 도서 목록을 연령대별 상황별로 정리해 두는 것도 좋은 방법입니다. 각 책에 대한 간단한 소개와 함께 '언제 읽으면 좋을지' '어떤 도움이 될지'에 대한 조언을 덧붙여 주세요.

1. 가족과 공동체를 위한 독서 문화유산 만들기

가정에서 독서 문화를 정착시키는 것은 후세에 남길 수 있는 가장 소중한 유산 중 하나입니다. 가족 독서 시간을 정기적으로 만들고 서로 읽은 책에 대해 나누는 시간을 가져 보세요. 이는 마치 가족의 전통이 되어 대대로 이어질 수 있습니다. 가족 도서관을 만드는 것도 의미 있는 일입니다. 각 가족 구성원이 특별히 좋아하는 책들을 모아두고 왜 그 책을 선택했는지 어떤 감동을 가졌는지에 대한 기록을 남겨두세요. 이는 후에 가족사의 일부가 되어 소중한 추억이 될 것입니다.

2. 개인 도서관과 독서 기록의 체계적 관리

개인 도서관은 단순한 책의 집합이 아닌 여러분의 지적 여정을 보여 주는 살아 있는 박물관입니다. 각 책에 언제 왜 읽게 되었는지 어떤 감동을 경험했는지에 대한 간단한 메모를 남겨두세요. 디지털 도구를 활용해서 독서 데이터베이스를 구축하는 것도 좋은 방법입니다. 독서 일자, 평점, 핵심 내용, 관련 책들과의 연결 고리 등을 체계적으로 정리해 두면 나중에 다시 찾아볼 때도 유용하고 다른 사람들에게 추천할 때도 도움이 됩니다.

3. 독서를 통한 사회적 가치 창출과 기여

여러분의 독서 경험이 개인과 가족을 넘어 사회에도 이바지할 방법을 모색해 보세요. 지역 도서관에서 독서 프로그램을 운영하거나 독서 관련 봉사활동에 참여하거나 온라인에서 양질의 독서 콘텐츠를 제작하는 것 모두가 의미 있는 기여입니다. 특히 독서 기회가 부족한 환경의 아이들이나 성인들을 위한 활동에 참여해 보세요. 여러분이 가진 독서의 기쁨과 지혜를 나누는 것만으로도, 누군가의 인생에 큰 변화를 불러올 수 있습니다.

나눔이 뇌에 미치는 영향
자신의 경험과 지식을 다른 사람들과 나누는 의미 있는 활동은 뇌의 보상 체계를 활성화합니다. 2장에서 배운 신경전달물질을 복습해 봅시다.

나눔 활동	분비되는 물질	효과
책 추천하기	도파민	성취감, 기쁨
독서 경험 공유	옥시토신	연결감, 소속감
멘토링 활동	세로토닌	자존감, 만족감
독서 문화 기여	엔도르핀	의미감, 행복감

또한 자신의 지식과 경험을 체계화하고 전수하는 과정에서 해마(기억 중추)가 강화되고 인지 능력이 향상되는 효과도 나타납니다.

- 은혜의 깨달음: 그러니까 독서 유산을 만드는 게 다른 사람을 위한 것만이 아니라, 저 자신을 위한 것이기도 하군요.

독서가 행복에 미치는 영향

독서는 뇌의 화학적 균형에 긍정적인 영향을 미칩니다. 2장에서 배운 신경전달물질을 복습해 봅시다.

독서 활동	분비되는 물질	효과
몰입 독서	엔도르핀	스트레스 감소, 평온함
감동적인 문학	옥시토신	공감, 정서적 연결감
새로운 발견	도파민	성취감, 동기 부여
깊은 이해	세로토닌	만족감, 안정감

특히 문학 작품을 읽을 때는 뇌의 편도체(감정 중추)가 활성화되어 정서적 안정감을 얻을 수 있습니다.

- 은혜의 경험: 저는 스트레스받을 때 책 읽으면 마음이 편해져요. 특히 소설 읽으면 다른 세계에 가 있는 것 같아서 걱정을 잊게 돼요.

독서가 뇌 건강에 미치는 영향

독서는 뇌의 여러 영역을 동시에 활성화합니다.

향상되는 능력	관련 뇌 영역	일상에서의 효과
언어 능력	브로카, 베르니케 영역	표현력, 이해력 향상
기억력	해마	학습 효율 증가
집중력	전전두피질	과제 수행 능력 향상
추론 능력	전두엽	문제 해결력 향상
공감 능력	거울 뉴런	인간관계 개선

평생 독서의 장기적 효과

2장에서 배운 신경가소성 원리(Use it or lose it)를 기억하시나요? 규칙적인 독서는 뇌의 신경 연결을 계속 활성화시켜서, 뇌의 노화를 지연시킵니다. 인지 기능 저하를 예방합니다. 평생에 걸쳐 뇌 건강을 유지하는 데 도움이 됩니다.

- 준서의 동기 부여: 와, 지금 열심히 책 읽으면 나중에 할아버지가 되어서도 뇌가 건강한 거예요? 그러면 평생 책 읽어야겠다.

4. 실습: 개인별 독서 저장소 계획 작성

여러분만의 독서 저장소 계획을 구체적으로 세워 보겠습니다.

단기 저장소 계획(1~3년)

독서 기록 체계화 방법: ____________________________

가족과 나눌 독서 활동: ____________________________

주변 사람들과의 독서 경험 공유: ____________________

중기 저장소 계획(3~10년)

개인 독서 아카이브(archive) 구축: _______________________

멘토링 활동 확대: _______________________________

지역사회 독서 문화 기여: _______________________

장기 저장소 계획(10년 이상)

후세에 남길 독서 유산: _______________________

독서를 통한 사회적 기여: _______________________

평생 독서인으로서의 비전: _______________________

핵심 도구: 독서 유산 관리 시스템

독서 저장소를 위한 5가지 핵심 요소

① 기록 시스템

    독서 일지: 날짜, 책 정보, 핵심 내용, 개인적 소감

    인용 노트: 인상 깊은 구절과 개인적 해석

    연결 지도: 책과 책 사이의 연관성과 주제별 분류

② 공유 시스템

    가족 독서 일지: 가족 구성원들의 독서 기록과 소감

    추천 목록: 상황별, 연령별 추천 도서와 이유

    토론 기록: 가족이나 친구들과의 독서 토론 내용

③ 멘토링 시스템

    멘티 현황: 누구를, 어떻게, 얼마나 도와주고 있는지

    진행 상황: 각 멘티의 성장 과정과 변화

    피드백: 멘토링을 통해 배운 점과 개선점

④ 기여 시스템

    봉사활동: 독서 관련 봉사활동 내역과 성과

    콘텐츠 제작: 블로그, SNS 등을 통한 독서 콘텐츠 활동

네트워킹: 독서 관련 인맥과 협력 활동
⑤ 평가 시스템
주기적 점검: 분기별 또는 연간 독서 저장소 활동 평가
목표 수정: 변화하는 상황에 맞는 목표 조정
미래 계획: 장기적 비전에 따른 구체적 실행 계획
대통합 실습: 평생 독서인으로의 완전한 변신

이제 9장에서 배운 모든 내용을 통합해서 여러분만의 평생 독서 완성 계획을 완결해 보겠습니다. 이는 단순한 계획이 아닌 여러분의 인생을 바꿀 혁신적인 선언입니다.

5. 평생 독서 완성 계획 1: 개인별 독서 헌장 작성

나의 평생 독서 헌장

이 헌장은 마치 국가의 헌법과 같이 여러분의 독서 인생을 이끌어갈 근본 원칙입니다. 진심으로 신중하게 작성해 보세요.

나의 평생 독서 헌장

전문: 나, ___________는 독서를 통해 평생에 걸쳐 성장하고, 지혜를 구하며, 세상에 기여할 것을 다짐하며 이 헌장을 작성합니다.

제1조 독서 정체성: 나는 독서하는 사람입니다. 독서는 나의 ___________ 이며, 나는 ___________ 한 독서인으로 살아갑니다.

제2조 독서 목적: 나는 독서를 통해 ___________을 추구하며 ___________한 삶을 살아가겠습니다.

제3조 독서 원칙: 나는 다음과 같은 원칙으로 독서합니다.
 1)
 2)
 3)
제4조 사회적 책임: 나는 독서를 통해 얻은 지혜와 경험을 ___________한 방식으로 사회에 기여하겠습니다.

제5조 평생 다짐: 나는 어떤 상황에서도 ___________하며 평생에 걸쳐 ___________하는 독서인으로 성장해 나가겠습니다.

서명: ___________   일자: ___________

---

6. 평생 독서 완성 계획 2: 100년 독서 계획 수립

100년을 내다보는 장대한 독서 비전

인생을 100년으로 보고 시기별로 독서 목표와 전략을 세워 보겠습니다. 이는 단순한 목록이 아닌 인생의 큰 그림입니다.

0~20세: 기초 다지기(이미 지나간 시기라면 앞으로의 계획으로 조정)

핵심 목표: 독서 습관 형성과 기초 소양 쌓기

주요 분야: 문학, 과학, 역사, 자기 계발

특별 계획: ________________________________

21~40세: 전문성 구축과 인생 설계

핵심 목표: 전문 분야 깊이 있는 독서와 인생철학 정립

주요 분야: 전문 서적, 실용서, 철학서

특별 계획: ________________________________

41~60세: 통합과 기여

핵심 목표: 지식의 통합과 사회적 기여

주요 분야: 리더십, 멘토링, 통섭 분야

특별 계획: ________________________________

61~80세: 지혜의 완성과 전수

핵심 목표: 인생 지혜의 정리와 후세 전수

주요 분야: 회고록, 철학서, 영성서

특별 계획: ________________________________

81~100세: 유산 정리와 영적 완성

핵심 목표: 독서 유산의 완성과 영적 성숙

주요 분야: 영성서, 명상서, 유언서

특별 계획: _________________________________

7. 평생 독서 완성 계획 3: 독서 공동체 참여 및 기여 계획

나만의 독서 생태계 구축하기

개인의 성장을 넘어 더 큰 독서 공동체에 기여하는 구체적인 계획을 세워 보겠습니다.

가족 독서 생태계

배우자와의 독서 나눔: _________________________________

자녀(미래 자녀) 독서 교육: _________________________________

확대 가족과의 독서 문화: _________________________________

직장 독서 생태계

동료들과의 독서 모임: _________________________________

업무 관련 독서 스터디: _________________________________

조직 내 독서 문화 확산: _________________________________

지역사회 독서 생태계

지역 도서관 활동: _________________________________

독서 봉사 활동: _________________________________

지역 독서 문화 기여: _________________________________

온라인 독서 생태계

독서 블로그나 채널 운영: _________________________________

온라인 독서 커뮤니티 참여: _________________________________

독서 콘텐츠 제작과 공유: _________________________________

8. 전체 워크북 총정리 및
새로운 시작 1~10장 전체 여정의 정리

여러분과 함께한 이 여정을 돌아보며 얼마나 큰 변화와 성장이 있었는지 함께 확인해 보겠습니다.

(1) 1~10장 전체 여정의 정리

준서와 은혜의 성장 스토리

장	준서의 변화	은혜의 변화
1장	책 읽어도 기억 안 나요. → 왜 다르게 읽어야 하는지 알겠어요.	무슨 말인지 모르겠어요. → 새로운 방법이 있구나!
2장	뇌가 어떻게 작동하는지 몰랐음 → 전전두피질, 해마 이해	신경가소성이라는 말 처음 들음 → 뇌가 변할 수 있다는 희망
3장	그냥 눈으로 읽기만 함 → 4가지 원리 체득	수동적 독서 → 능동적 독서 시작
4장	개념 파악 못함 → 개념 연결 능력 습득	단어만 읽음 → 의미를 이해
5장	한 글자씩 읽음 → 의미 하나치 읽기	느린 독서 → 효율적 독서
6장	모든 글을 똑같이 읽음 → 유형별 전략	어려운 글 피함 → 자신감 생김
7장	읽고 끝 → 창의적 연결, 메타인지	기억 안 남 → 효과 극대화
8장	남들 방식 따라함 → 나만의 스타일 발견	시각형 학습자임을 깨달음
9장	디지털에서 산만함 → 온-오프라인 통합	스마트폰에 휘둘림 → 도구로 활용
10장	이걸 어떻게 계속하지? → 평생 독서인의 비전	다시 잊어버리면? → 습관과 정체성 확립

- 준서의 소감: 와, 이렇게 보니까 진짜 많이 달라졌네요. 1장 때의 저와 지금의 저는 완전히 다른 사람 같아요.
- 은혜의 소감: 저도요! 이제는 어떤 책을 만나도 자신 있어요. 그리고 이 능력을 평생 유지할 수 있다는 게 정말 든든해요.

개념 기반 독서법 완성자가 갖춘 능력

능력	정의	관련 장	실생활 적용
개념적 사고력	정보를 개념으로 연결하고 통합하는 능력	3장, 4장	복잡한 문제를 체계적으로 분석
비판적 분석력	논리를 검토하고 판단하는 능력	7장	가짜 뉴스 구별, 합리적 의사결정
적용력	배운 것을 실생활에 창의적으로 적용	4장, 6장	문제 해결, 창의적 아이디어
메타인지 능력	자신의 사고 과정을 관찰하고 개선	7장	자기 주도 학습, 지속적 성장
평생 학습 역량	변화에 적응하며 지속 성장	10장	어떤 환경에서도 학습 가능

(2) 평생 독서 여정의 시작 선언

그러나 이 모든 것은 끝이 아닙니다. 오히려 진정한 시작입니다. 마치 의과대학을 졸업한 의사가 진짜 의료 현장에서 환자를 돌보기 시작하는 것처럼, 여러분도 이제부터 진짜 독서인의 삶을 시작하는 것입니다. 앞으로 여러분이 읽게 될 수많은 책 속에서 만나게 될 무수한 아이디어들, 경험하게 될 놀라운 깨달음들이 기다리고 있습니다. 때로는 어려운 책을 만나 좌절할 수도 있겠지만 때로는 평범해 보이는 책에서도 인생을 바꾸는 통찰을 얻을 수 있을 것입니다.

(3) 독자에 대한 따뜻한 격려와 축복

이 순간 여러분 한 분 한 분에게 진심으로 격려와 축복의 말씀을 전하고 싶습니다. 이 긴 여정을 포기하지 않고 끝까지 함께해 주신 것만으로도 여러분은 이미 상위 1%의 독서인입니다. 많은 사람이 중도에 포기하거나 깊이 있는 학습을 피하는 상황에서 여러분은 끝까지 성장하고자 노력했습니다.

이제 여러분에게는 단순히 책을 읽는 기술을 넘어 인생을 풍요롭게 만드는 지혜가 체득되었습니다. 이 지혜를 혼자만 간직하지 마시고 주변 사람들과 나누어주세요. 여러분의 성장이 다른 사람들의 성장으로 이어질 때, 그 의미는 더욱 깊고 숭고해집니다.

(4) 끝이 아닌 새로운 시작의 메시지

이 워크북의 마지막 페이지를 넘기는 순간은 끝이 아닌 새로운 시작입니다. 마치 졸업식이 학업의 끝이 아니라 새로운 도전의 시작인 것처럼, 이 순간부터 여러분의 진짜 독서 인생이 시작됩니다.

앞으로 여러분이 만나게 될 모든 책은 이 워크북에서 배운 원리와 기술을 적용할 수 있는 무대가 될 것입니다. 매번 읽을 때마다 새로운 발견이 있을 것이고 매번 적용할 때마다 더 큰 성장이 있을 것입니다.

준서와 은혜의 마지막 인사

준서: '여러분, 저도 처음에는 '책 읽기 싫다.'라고 했던 사람이에요. 근데 이 워크북 덕분에 완전히 달라졌어요. 여러분도 할 수 있어요.'

은혜: '저는 원래 조용히 혼자 책 읽는 걸 좋아했는데, 이제는 친구들한테 좋은 책도 추천하고, 같이 이야기도 나눠요. 독서가 더 즐거워졌어요.'

준서: '가끔 귀찮을 때도 있지만, '나는 독서하는 사람이야'라고 생각하면 다시 책을 펴게 돼요.'

은혜: '완벽하게 안 해도 돼요. 저도 가끔 며칠 못 읽을 때 있어요. 중요한 건 다시 시작하는 거예요.'

준서와 은혜: '여러분의 평생 독서 여정을 응원합니다!'

기억하세요.

완벽한 독서는 없습니다. 중요한 것은 지속성입니다.

느린 독서도 괜찮습니다. 자신의 속도로 꾸준히 나아가세요.

실패를 두려워하지 마세요. 모든 실패는 성장의 씨앗입니다.

혼자가 아닙니다. 전 세계 수많은 독서인이 같은 길을 걷고 있습니다.

그리고 무엇보다 독서를 즐기세요. 독서는 의무가 아닌 축복입니다.

책 한 권 한 권이 여러분을 새로운 세계로 데려다줄 마법의 문이라는 것을 잊지 마세요. 때로는 감동으로, 때로는 지식으로, 때로는 위로로 여러분의 삶을 더욱 풍요롭게 만들어 줄 것입니다.

여러분은 평생 독서인입니다.

이제 여러분은 단순히 책을 읽는 사람이 아닙니다. 독서를 통해 끊임없이 성장하고, 세상을 더 깊이 이해하며 다른 사람들에게 지혜를 나누는 진정한 평생 독서인입니다. 여러분의 독서 여정에 무한한 축복이 함께하기를 기원합니다.

마지막 점검 리스트: 나는 정말 제대로 준비되었는가?
이 워크북을 마무리하기 전에, 마지막으로 자신에게 물어보세요.
나는 독서하는 사람이라는 정체성을 확실히 받아들였는가?
평생에 걸친 독서 계획을 구체적으로 세웠는가?
변화하는 환경에 적응할 준비가 되어 있는가?
독서를 통해 새로운 지식을 창조할 자신이 있는가?
다른 사람들과 독서의 기쁨을 나눌 계획이 있는가?
독서와 삶을 통합적으로 살아갈 의지가 있는가?
후세에 남길 독서 유산을 만들어 갈 다짐이 있는가?
모든 항목에 '네'라고 표시했다면, 여러분은 준비된 평생 독서인입니다.

9. 특별 선물: 평생 독서인을 위한 좌우명

마무리하면서, 평생 독서인 여러분께 드리는 선물입니다. 어려운 순간마다 기억하고, 기쁜 순간마다 나누어줄 수 있는 좌우명입니다.

'책은 길이요 독서는 여행이며 우리는 평생 여행자입니다.'
'읽는 만큼 성장하고 나누는 만큼 행복합니다.'
'오늘 읽은 한 페이지가 내일의 지혜가 됩니다.'

이 좌우명들이 여러분의 평생 독서 여정에 등불이 되기를 바랍니다. 감사합니다.

| 참고 문헌 |

1. Clear, J. (2018). Atomic Habits. Avery. (제임스 클리어 저, 이한이 옮김, 『아주 작은 습관의 힘』, 비즈니스북스, 2019)

2. 정체성 기반 습관 형성 이론

- Duhigg, C. (2012). The Power of Habit. Random House. (찰스 두히그 저, 강주헌 옮김, 『습관의 힘』, 갤리온, 2012)

3. 습관의 신경과학적 메커니즘

- Erikson, E. H. (1950). Childhood and Society. W. W. Norton. (에릭 에릭슨 저, 송제훈 옮김, 『유년기와 사회』, 연암서가, 2014)

새로운 여행의 시작

전체 워크북을 마치며 감회가 새로울 것입니다. 여러분은 방금 인생을 바꿀 수 있는 도구를 갖추었습니다. 앞으로 여러분이 펼쳐나갈 독서 인생은 무한한 가능성으로 가득합니다.

아직 만나지 못한 수많은 훌륭한 책들
아직 경험하지 못한 놀라운 깨달음들
아직 나누지 못한 소중한 지혜들
아직 도달하지 못한 성장의 계단들

이 모든 것들이 여러분을 기다리고 있습니다.
기억하세요. 여러분은 이미 충분히 훌륭한 독서인입니다. 그리고 앞으로 더욱 놀라운 독서인이 될 것입니다. 늘 행복한 독서 여행의 나그네가 되세요.

'아무리 위대한 여행이라도 첫걸음부터 시작됩니다. 여러분의 평생 독서 여행도 바로 이 순간부터 새롭게 시작됩니다.'

국내 출판 참고문헌

- 이광모 외 16인 공저(2019). 『인지심리학(3판)』. 학지사

- 임혜원(2013). 『언어와 인지』. 한국문화사

- 신현정(2011). 『개념과 범주적 사고』. 학지사

- 정태혁(1994). 『붓다의 호흡과 명상 1, 2』. 정신세계사.

- 양용칠(2014). 『수업의 조건』. 교육과학사

- David W. Carroll(2008). 『Psychology of Language.(5th ed)』. 언어 심리학(5판). 이광오. 박현수 역(2009). 서울: 박학사

- Judith W. Irwin(2006). 『Teaching Reading Comprehension Process.(3th ed)』. 독서 교육론(3판). 천경록. 이경화. 서혁 역(2012). 도서출판박이정.

- Larry R. Squire, Eric R. Kandel(2009). 『MEMORY: From Mind to Molecules』. 기억의 비밀. 전대호 역(2016). 해나무.

- Paul Whitney(1999). 『Psychology of Language』. 언어 심리학. 이승복, 한기선 역(1999). 시그마프레스(주)

- Christof Koch(2019). 『The Feeling of Life Itself』. 생명 그 자체의 감각(의식의 본질에 관한 과학적 탐구). 박제윤 역(2024). ㈜북이십일아르테

- Henning Beck(2020). 『Das neue Lernen verstehen』. 이해의 공부법. 강민경 역(2020). 흐름출판

- Jim Kwik(2020). 『Limitless: Upgrade Your Brain, Learn Anything Faster, and Unlock Your Exceptional Life』. 마지막 몰입. 김미정 역(2021) 비즈니스북스

- Jared Cooney Horvath(2019) 『Stop talking, Start Influencing: 12 Insights From Brain Science to Make You Message Stick』. 사람은 어떻게 생각하고 배우고 기억하는가. 김나연 역(2020). 토네이도미디어그룹(주)

- Maryanne Wolf(2007). 『Proust and the Squid』. 이희수 역(2024). 프루스트와 오징어. 어크로스출판그룹(주)

- John Robert Anderson(2010). 『Cognitive Psychology and Its Implications(7th ed)』. 이영애 역(2012). 인지심리학과 그 응용. 이화여자대학교출판부

- John Field(2003). 『Psycholinguistics: A Resource Book for Student』. 이성은(2020). 심리언어학, 말과 마음의 학문. 서울.학이시습

- Wendy Heydorn, Susan Jesudason, Richard van de Lagemaat(2020). 『Theory of Knowledge for the IB Diploma Course Guide with Access(3th ed)』. 강수희 외 역(2023). 지식론. 사회평론아카데미

- Peter Russell(2002). 『From Science To God』. 김유미 역(2007). 과학에서 신으로. ㈜북하우스

- Jon Kabat-Zinn(1994). 『Wherever You Go, There You Are』. 엄성수 역(2019). 존 카밧진의 왜 마음챙김 명상인가? 불광출판사

- Lisa Feldman Barrett(2017). 『How Emotions Are Made』. 최호영 역(2017). 감정은 어떻게 만들어지는가? KPI출판그룹

- Rupert Spira(2017). 『Being Aware of Being Aware』. 김주환 역(2023). 알아차림에 대한 알아차림. 퍼블리온

- Theodore Dimon(2013). 『The Element of Skill』. 원성완 역(2017). 도서출판 민들레

- Daniel J. Siegel. MD(2018) 『AWARE: The Science and Practice of Presence-The GroundBreaking Meditation Practice』. 윤승서, 이지안 공역(2020). 알아차림. 불광출판사